修订版

冯友兰文集

【第十一卷】

中国哲学史新编（第四册）

长春出版社
国家一级出版社
全国百佳图书出版单位

图书在版编目（CIP）数据

中国哲学史新编. 第四册 / 冯友兰著；邵汉明编. —修订本. —长春：长春出版社，2017.1
（冯友兰文集；第十一卷）
ISBN 978-7-5445-4654-6

Ⅰ.①中… Ⅱ.①冯… ②邵… Ⅲ.①哲学史—中国 Ⅳ.①B2

中国版本图书馆CIP数据核字（2016）第276742号

冯友兰文集

著　　者：冯友兰
编　　者：邵汉明
责任编辑：张中良　李春龙
封面设计：王国擎

出版发行：长春出版社　　　　　总编室电话：0431-88563443
地　　址：吉林省长春市建设街1377号　　发行部电话：0431-88561180
邮　　编：130061
网　　址：www.cccbs.net
制　　版：吉林省久慧文化有限公司
印　　刷：吉广控股有限公司
经　　销：新华书店

开　　本：787毫米×1092毫米　1/16
字　　数：3960千字
印　　张：209
版　　次：2017年1月第1版
印　　次：2017年1月第1次印刷
印　　数：3 000册
定　　价：（全十二卷）598.00元

版权所有　盗版必究
如有印装质量问题，请与印厂联系调换　　　印厂电话：0431-81067999

1982年，冯友兰访美时与老朋友D.布德先生在一起。

1982年9月10日，美国哥伦比亚大学授予冯友兰名誉博士学位。

1982年,冯友兰与孙子冯岱在尼亚加拉大瀑布美国一侧。

1985年，北京大学哲学系为冯友兰举行九十寿辰祝寿活动。前排左起第三人为冯友兰，第四人为张岱年。

20世纪80年代中期,冯友兰与儿子钟辽和女儿宗璞在北京。

80年代后期,冯友兰与旅加华人、加中友好协会理事余景山在三松堂合影。

目 录

自　序	001
绪　论	003
第一节　门阀士族的形成与发展	003
第二节　门阀士族为什么叫士族	005
第三节　东汉末伦理教条的没落	007
第四节　南北朝的分裂和隋唐的统一	009
第三十六章　玄学的先河——刘劭的《人物志》和钟会的《四本论》	011
第一节　汉魏之际的名实问题	011
第二节　刘劭的《人物志》	012
第三节　钟会的《四本论》	017
第四节　从名实到名理	020
第三十七章　通论玄学	022
第一节　玄学的主题	022
第二节　玄学的方法	024
第三节　玄学中的派别和发展阶段	029
第四节　玄学与抽象思维	031
第三十八章　王弼、何晏的贵无论——玄学的建立及其发展的第一阶段	033
第一节　王弼、何晏的生平与著作	033
第二节　何晏的《道论》	035
第三节　王弼、何晏关于"无名"的辩论	037
第四节　王弼关于一般和特殊的关系的几种说法	039
第五节　王弼关于"一"和"多"的理论	040

第六节　王弼关于常、变、动、静的理论 ………………………………… 043
　　第七节　王弼关于社会人生方面的理论 …………………………………… 047
　　第八节　王弼、何晏关于"圣人"有情、无情的辩论 …………………… 049

第三十九章　嵇康、阮籍及其他"竹林名士" ………………………………… 053
　　第一节　从黄老到老庄 ……………………………………………………… 053
　　第二节　嵇康论精神境界的第一层次——"越名教而任自然" ………… 054
　　第三节　嵇康论精神境界的第二层次——"心不违乎道" ……………… 057
　　第四节　嵇康论音乐 ………………………………………………………… 060
　　第五节　嵇康对于当时社会迷信的态度 …………………………………… 065
　　第六节　阮籍的《大人先生传》 …………………………………………… 069
　　第七节　阮籍的《达庄论》 ………………………………………………… 072
　　第八节　"达"与"作达" ………………………………………………… 074

第四十章　裴頠的崇有论和欧阳建的言尽意论——玄学发展的第二阶段 …… 076
　　第一节　裴頠和他的《崇有论》 …………………………………………… 076
　　第二节　裴頠全部哲学思想的自述 ………………………………………… 077
　　第三节　裴頠所提出的贵无论的社会根源 ………………………………… 079
　　第四节　裴頠所说的贵无论的社会影响 …………………………………… 080
　　第五节　裴頠总论有无 ……………………………………………………… 081
　　第六节　所谓"言意之辨" ………………………………………………… 083
　　第七节　欧阳建的《言尽意论》 …………………………………………… 084
　　第八节　从王弼到郭象 ……………………………………………………… 087

第四十一章　郭象的"无无论"——玄学发展的第三阶段 …………………… 089
　　第一节　向秀的《庄子注》和郭象的《庄子注》的关系 ………………… 089
　　第二节　郭象关于"有""无"的理论 …………………………………… 093
　　第三节　郭象关于"性""命"的理论 …………………………………… 099
　　第四节　郭象关于动、静和生、死的理论 ………………………………… 102
　　第五节　郭象关于"无对"和"有对"的理论 …………………………… 104
　　第六节　郭象关于"有言"和"无言"的理论 …………………………… 109
　　第七节　郭象关于"无心""无为""无待"的理论 …………………… 112

  第八节 郭象关于"圣人"的理论 …………………………………… 117

  第九节 郭象关于"名教"与"自然"的理论 ……………………… 121

  第十节 郭象的《庄子序》和《庄子注序》 …………………………… 124

第四十二章 魏晋之际玄学以外的唯物主义和进步的社会思想 ……………… 128

  第一节 曹植的唯物主义思想 …………………………………………… 128

  第二节 杨泉的《物理论》 ……………………………………………… 130

  第三节 鲍敬言的"无君论" …………………………………………… 132

第四十三章 玄学的尾声及其历史的功过 ……………………………………… 136

  第一节 《列子》和《列子注》 …………………………………………… 136

  第二节 玄学与孔丘 ……………………………………………………… 138

  第三节 玄学历史功过的哲学根源 …………………………………… 141

第四十四章 通论佛学 ……………………………………………………………… 144

  第一节 所谓儒、释、道三教 …………………………………………… 144

  第二节 佛教和佛学的主题——神不灭论 ………………………… 146

  第三节 佛学的方法 ……………………………………………………… 147

  第四节 中国佛教和佛学发展的阶段 ………………………………… 148

  第五节 一个辩论,一个问题 …………………………………………… 149

第四十五章 佛学在中国发展的第一阶段——"格义" ……………………… 150

  第一节 僧肇及其著作 ………………………………………………… 150

  第二节 慧远的"神不灭论"及其他 …………………………………… 155

  第三节 道生的诸"义" ……………………………………………… 159

  第四节 谢灵运的《辩宗论》 …………………………………………… 163

第四十六章 中国佛学发展的第二阶段——"教门" ………………………… 165

  第一节 三论宗 …………………………………………………………… 165

  第二节 《大乘起信论》 ……………………………………………… 169

  第三节 玄奘的《成唯识论》 ………………………………………… 172

  第四节 华严宗的三个"义" ………………………………………… 174

第四十七章 中国佛学发展的第三阶段——"宗门" ………………………… 178

  第一节 禅宗出现的历史意义 ………………………………………… 178

第二节　慧能和神秀——禅宗中的客观唯心主义和主观唯心主义 ………… 179
　　第三节　禅宗的"不道之道" ……………………………………………… 182
　　第四节　禅宗的"无修之修" ……………………………………………… 184
　　第五节　禅宗中的派别 ……………………………………………………… 189
第四十八章　隋唐佛学向宋明道学的过渡 ……………………………………… 191
　　第一节　所谓"三教合流" ………………………………………………… 191
　　第二节　韩愈、李翱在过渡时期的贡献 …………………………………… 195
　　第三节　柳宗元的唯物主义思想和反迷信的斗争 ………………………… 206
　　第四节　刘禹锡的唯物主义和法制思想 …………………………………… 223

自 序

我的《中国哲学史》两卷本在30年代发表以后，我总觉得其中的玄学和佛学部分比较弱，篇幅不够长，材料不够多，分析不够深。在40年代，卜德先生翻译下卷的时候，我曾经对其中的玄学部分作了一些补充，所以这一部分的英译本和通行的中文本不相符合。这一点卜德先生在英译本中已经作了说明。

在《新编》的这一册中，我改写了玄学和佛学部分。经过改写的章节与两卷本的有关内容比较起来，材料没有加多，篇幅没有加长，但是分析加深了。其所以能够如此，因为我抓住了玄学和佛学的主题，顺着它们的主题，说明它们发展的线索。

玄学的主题，是有、无的关系。我以《老子》第一章帛书本的读法为根据，认为有、无是"异名同谓"，分析下去，说明玄学发展的三个阶段，这就"要言不繁"，一切问题都迎刃而解了。

在佛学部分，关于佛教和佛学的材料，真是浩如烟海。如果抓不住其中的主题，那就要沉没于海中，不能自拔。我发现，佛学和佛教各派别的斗争，从哲学上看，就是主观唯心主义和客观唯心主义的斗争，这就是它们的主题。以此为线索，说明了中国佛学发展的三个阶段。这样的说明既合乎中外哲学史中唯心主义发展的一般规律，也合乎隋唐佛学各派别在当时发展的具体情况。因此，也就"要言不繁"，一切问题都迎刃而解了。在两卷本的《中国哲学史》中就已经有这个意思，不过隐而未发，现在把它明确地提出来。

自从开始写《新编》以来，我逐渐摸索出来了一个写哲学史的方法：要抓时代思潮，要抓思潮的主题，要说明这个主题是一个什么样的哲学问题。能做到这几点，一部哲学史就可以一目了然了。《新编》的这一册就是有意识地照着这个方法做的。我认为它是成功的。

在第四十五章讲僧肇的《肇论》的时候，我讲了"般若"和"涅槃"的确切意义。这是佛教和佛学的两个基本概念。在一般的资料中，这两个概念都笼罩着神秘的气氛或宗教的灵光。我扫除了这种气氛，戳穿了这种灵光，用现代常用的语言说明了它们指的是什么。这可能是一个发现,也可能是一个错误。希望佛学的专家们予以印证。

以上所说,似乎是"自夸其谈",是否真正如此,那就看读者的意见了。

在这一册的写作过程中,有朱伯崑同志、李中华同志、陈来同志、张跃同志帮助看稿子,收集资料,查对资料,对于这部书他们都付出了辛勤的劳动,花费了宝贵的时间。

借此出版机会,谨向他们表示谢意。

冯友兰

绪　论

第一节　门阀士族的形成与发展

　　从东汉以来，地主阶级内部逐渐形成了一个特殊的阶层。在封建社会中，地主阶级是当时的专政阶级，但并不是所有的地主都能直接掌握国家机器。因此就有当权派与不当权派之分。其直接掌握国家机器的是当权派；不直接掌握国家机器的是不当权派。在当权派中，除了皇室以外，都不是世袭的。秦始皇灭了六国，同时把六国的世袭贵族都消灭了。照秦始皇的原则，除了皇帝可以一世、二世、三世，世代传下去以外，其余政权结构中的人都是皇帝可以随时任免的官僚，都是他的臣。无论多么大的官僚，就其为臣这一方面来说，同老百姓是一样的。这个原则在西汉就没有完全实行。地主阶级当权派总有些特权，但这些特权还不是世袭的。到了东汉，当权派的有些特权，就已于无形之中实际上成了世袭的了。在这种情况下，这些当权派就不仅是当权派，而是一种新兴的贵族了。这是地主阶级内部新形成的贵族，也是地主阶级内部的一个新的阶层。按其阶级性质说，应该称为地主阶级贵族。魏晋时期称为门阀士族或门阀世族。跟它相对的，魏晋时期称为庶族。应该特别指出的是，无论是士族或庶族，都是地主阶级内部的区别，劳动人民并不包括在内。荀况说："持手而食者，不得立宗庙。"（《荀子·礼论》）从地主阶级的立场看，劳动人民连祭祀自己祖宗的权利都没有，更说不上什么族。因此，不能把当时所谓庶族同劳动人民混为一谈。

　　门阀士族在政治上的特权是很明显的，他们实际上世世代代掌握国家机器。更重要的是他们在社会上的特权。士族的社会地位是优越的，它同庶族之间有一条不可逾越的鸿沟。

　　王充自己说："充细族孤门。或啁之曰：'宗祖无淑懿之基，文墨无篇籍之遗，虽著鸿丽之论，无所禀阶，终不为高。夫气无渐而卒至曰变，物无类而妄生曰异，不常有而忽见曰妖，诡于众而突出曰怪。吾子何祖？其先不载，况未尝履墨途，出儒门，吐论数千万言，宜为妖变。安得宝斯文而多贤？'"（《论衡·自纪》）这是专从王充的门第来否定《论衡》的价值。意思是说，照王充的门第，他不会写出有价值的东西来，如果他写出的东西真有价值，那就更奇怪了，那只证明他不是正常的人，而是"妖怪"。这种批判的办法，说明当时的门第偏见已经很普遍。这种偏见认为，不仅士族的政治、社会上的特权是世袭的，就是聪明才智也是世袭的。王充针对这个偏见，反驳说："士贵故孤兴，物贵故独产。文孰常在，有以放贤。是则醴泉有故源，而嘉禾有旧根也。"（《论衡·自纪》）"文孰"两字无义，据考证"文孰"应作"文族"（参看刘盼遂《论衡集解》）。文族指有文化的家族，意思就是说，不一定士族的人才能著书立说。王充的回答，不仅是为他自己的《论衡》辩护，实际上是对于士族的批判。

《世说新语》有一条说，周浚做安东将军的时候，有一次出去打猎，遇见暴雨，在一个姓李的人家避雨。那一家很富足，可是男人都出去了，只有一个姑娘叫络秀在家。这个姑娘看见贵人来了，就带着一个丫环，预备了几十个人的丰盛的饭菜。周浚偷看，只见一个年轻的姑娘，"状貌非常"。周浚很赏识这位姑娘的才干，就向李家求婚，要这位姑娘为妾。姑娘的父兄不同意，络秀就自己说话了。她说："门户殄瘁，何惜一女？若联姻贵族，将来或大益。"她的父兄同意了。后来姑娘生了两个儿子，都成了名人。她对两个儿子说："我所以屈节为汝家做妾，门户计耳。汝若不与吾家做亲亲者，吾亦不惜余年。"所谓亲亲，就是说，周李两家应该成为对等的亲家，她的两个儿子都答应了。"由此李氏在世，得方幅齿遇。"（《贤媛》）就是说，李家在社会上就公然和周家处于对等的地位。

这个故事，有人说是不符合历史的事实，但总是当时的一种传说吧。传说不能证明所说的那些事一定有，但可以反映一定的社会情况，在其中可能有所说的那类事。照《世说新语》所记载的传说看起来，周李两家的社会地位有根本的不同。周家的地位高，是士族；李家的地位低，是庶族。这就是李络秀所说的门户问题。李家也是很"富足"的。李络秀能于仓促之间，办出来几十个人的饭食，可见李家也是一个不小的地主。但李络秀还是说李家"门户殄瘁"，可见这个问题不是专在贫富上决定的。李络秀为了要改变李家的社会地位，就不惜到周家做妾。一直等到她所生的两个儿子都成了名人之后，她才向他们提出要求，并以死相要挟。儿子们照办了，李家的社会地位也就公然与周家对等了。

第二节 门阀士族为什么叫士族

这种新兴的地主阶级贵族，为什么称为门阀，道理是显然的，因为它是靠门第（即李络秀所说的门户）以维持它的社会地位。称它为世族，道理也是显然的，因为它的社会地位是世袭的。称它为士族，道理就不很显然，可是，它的社会意义，就在这个"士"字上。

当权派和不当权派之间的矛盾，中国地主阶级有一种自我调整的办法。当权派常吸收不当权派的人参加各级政权机构，这是当权派对于不当权派的一种照顾。这在中国封建社会中称为"选举"。选举主要有两个渠道，一个叫"征辟"；一个是考试。汉朝用的办法是征辟。考试的办法有时也用，像汉武帝策问贤良，那就是考试。这是一种特殊情况，主要渠道是征辟。中央政府的大官和地方政府的长官都有权任用他们自己衙门的官吏。他们都可以选择自己认为有才干的人做自己本衙门的官吏。中央政府也可以设立各种称号，叫各地方推荐合乎这些称号的人才，以备一般的任用。皇帝也可以特别下诏，征辟他所认为有才干的人。这是当时民间的人进入政权机构的主要渠道。这些有征辟之权的人，在征辟的时候，所用的标准是什么呢？在原则上说，主要的是"乡评"。就是说要看被征辟者的家乡对他的议论，也就是他在家乡的声名。一个人的声名越大，他被征辟的机会越多，他被征辟去所担任的职务就越高。

这是一个很不容易掌握的标准，在这个标准的掩饰之下，有征辟之权的人，实际上可以凭着他们自己的主观判断，征辟同他有一定关系的人。这些人不一定是有才能的人。

当权派定规下一些名号，叫下边推举合乎这些名号的人。可是，下面所推举的，往往可能正是同这些名号相反的人。王符嘲笑说："或以顽鲁应茂才，以桀逆应至孝，以贪饕应廉吏，以狡猾应方正，以谀谄应直言，以轻薄应敦厚，以空虚应有道，以嚚暗应明经，以残酷应宽博，以怯弱应武猛，以愚顽应治剧。名实不相副，求贡不相称，富者乘其材（财）力，贵者阻其势要，以钱多为贤，以刚强为上。"（《潜夫论·考绩》）这里所说的"茂才""至孝""廉吏"等都是政府所立的称号，政府对下边所推举的合乎这些称号的人才给以重任，而下边所推举的恰好都是与这些称号相反的人，这就叫"名实不相副，求贡不相称"。其所以如此，因为推举者都是那些有钱有势的子弟。

晋朝的葛洪说：在汉末的时候，"时人语曰：举秀才，不知书。察孝行，父别居。寒清素白浊如泥。高第良将怯为鸡"（《抱朴子·审举》）。"秀才"本来应该是能够掌握笔杆子的人，可是当时举出来的"秀才"，还不认识字。被举为"孝行"的人，把他的父亲赶出家门，另外居住。号称为"寒清素白"的人，实际上同泥一样浊。住在大房子里边，号称为"良将"的人，实际上比鸡还胆小。葛洪说：这就叫"名不准实，贾不本物"（《抱朴子·名实》），就是说，名一定要同实相符合，就好像买卖东西一样，一分价钱一分货。

魏文帝曹丕为了纠正这种情况，开设了一种专门评定人才的独立机构，称为九品中正。负责这一机构的官吏把他所认为是人才的人分为九等，以备各级政府的任用。这些中正官，以什么为标准来区分那些等级呢？还是那个难以掌握的标准，即使这些中正官真正中正，也还是要以被评定者的声名的大小为标准，至于那些不十分中正的中正官，那就还是以被评定者的家庭地位的高下以及被评定者与他的关系为标准。所以，实行"九品中正制"的结果，还是"上品无寒门，下品无士族"。

"上品"的人，"官官相护"，世世传下去，这就成为"门阀"。为什么称为"士族"呢？

在中国奴隶社会中"士"是最低级的贵族，在战国时代"士"是一个特殊的阶层，在政治上和文化上有很大的活动能力。在中国的封建社会里"士"是四民之首，由于在政治上和文化上有较大的活动能力，"士"在乡里之中比较容易有声名，也善于为自己制造声名。在政府的征辟中，他最容易露尖子，他在征辟制度下有优越的条件。在开始的时候，也许是客观情况起主要的作用，到后来又加上主观的成分，被征辟的人又成为有征辟之权的人，他们在行使他们权力的时候，不免要照顾他们的宗族和同类。这样世代相传下去，这一类人就成为贵族了。他们就成为门阀。这种门阀是以"士"为主体的，所以称为士族。因为他们是以"士"为主体的，所以他们不仅是政治上的贵族，而且是文化上的贵族，精神贵族。

上面所说的东汉末年的那些情况，可以说明当时的士的活动能力之大。

当时有点名气的人，一般称为"名士"。"名士"们又互相吹捧，建立一些称号。范晔说："海内希风之流，遂共相标榜，指天下名士，为之称号。上曰'三君'，次曰'八俊'，次曰'八顾'，次曰'八及'，次曰'八厨'。犹古之'八元'、'八凯'也。……君者，言一世之所宗也。……俊者，言人之英也。……顾者，言能以德行引人者也。……及者，言其能导人追宗者也。……厨者，言能以财救人者也。"（《后汉书·党锢列传》）这些名士得到老百姓的拥护，因为他们敢于批评当时的政治。因为敢于批评，他们逐渐成为当时政府的反对派。

他们本来是征辟的对象。后来逐渐成为被打击的对象。政府说他们是党人，把他们禁锢起来。所谓禁锢就是使他们永远不能成为征辟的对象，而且在社会上不能出头露面，终身成为"黑人"。这就是东汉历史中所说的"党锢之祸"。这是在征辟制度之下进行的政治斗争。

不过这种敢于斗争的人毕竟是少数。大多数有被征辟资格的人，仍然循规蹈矩地接受征辟。随着东汉政治上的腐败，征辟制度越来越不像样子，如上边所引王符和葛洪所说的那种情况。

从魏晋以后，中国的封建社会一般地说是地主阶级专政，分析起来是军阀和士族联合统治，在三国时期，曹操、刘备和孙权都是军阀，他们都联合他们所占领的地区之内的士族进行统治。在隋唐统一全中国之前，换了几个朝代，那些朝代的皇帝也都是军阀，他们都联合当时的士族进行统治。

隋唐开始用考试的渠道替代征辟，这是军阀打击门阀士族的一个重要步骤。宋、元、明、清都用这个办法，考试制度越来越严密，也越来越机械。在这种制度下，士虽仍不失为"四民之首"，但不能成为门阀，也不是贵族了。

第三节 东汉末伦理教条的没落

到了东汉末年，西汉建立起来的道德准则和伦理规范逐渐成为教条，称为名教，或礼法。在精神文明领域内，一种规范如果成为教条，它就没有生命力了，成为一种死的条条框框，容易被冲破，而且实际上是一定要被冲破的。在东汉末年，出现了一些冲破名教和礼法的言论。

曹操出身于宦官家庭。在当时，皇帝的大权往往落在宦官手里，宦官的权有时很大。但是宦官家庭的社会地位很低，为士族所不齿。曹操在开始争夺政权的时候，他的最大政敌是袁绍。袁绍的家庭是当时的一个大门阀士族，四世三公，门生故吏遍于天下。曹操灭了袁绍，又杀了当时几个大名士，以立他的威权。被杀的人中，有大名士孔融。

曹操要杀孔融，叫一个名叫路粹的人揭发孔融的罪状。路粹报告说，孔融说：父亲对于儿子有什么亲？按父亲本来的意思，不过是发泄自己的性欲。儿子对于母亲有什么关系？比如一个东西寄在一个瓶子里，当那个东西出来以后，就跟瓶子分开了（"父之于子当有何亲？论其本意，实为情欲发耳。子之于母亦复奚为？譬如寄物瓶中，出则离矣"。见《后汉书·孔融传》）。曹操在宣布孔融罪状中引用路粹所说的这一段话。不过他说这些话是祢衡宣传孔融的话，大概因为祢衡比路粹有名。此外又加了一段。曹操说：孔融说，在荒年时候，一个人的父亲如果不是好人，他宁可把粮食养活别人。（"若遭饥馑而父不肖，宁赡活余人"，见《三国志魏书·崔琰传》注引《魏氏春秋》）曹操根据这些据说是孔融的话，判定说：孔融"违天反道，败伦乱理"。于是把孔融一家全都杀了。

当时还有一个传说的故事，说是有一个叫管秋阳的人，同他的弟弟还有一个伙伴一起逃难。在路上遇见大雪，所带粮食已经吃完。管秋阳同他的弟弟商议说：如果不把这个伙伴吃了，三人都要死。管秋阳就同他的弟弟把这个伙伴杀吃了。孔融评论说：管秋阳爱护他的父母所给他的身体，把他的同伴杀吃了也没有什么不妥的。（"管秋阳爱先人遗体，食伴无嫌也。"）另一个很有名的人荀彧同孔融辩论说，管秋阳贪图他自己的生命，而害了别人的生命，这不是犯罪吗？（"秋阳贪生杀生，岂不罪邪？"）孔融回答说：这个伙伴并不是管秋阳的朋友，他所杀的不过是一个会说话的禽兽。一个狗咬死一个猫，一个猫咬死一个鹦鹉，这又有什么可以奇怪的？（"此伴非会友也……向所杀者犹鸟兽而能言耳。今有犬齧一狸，狸齧一鹦鹉，何足怪也？"又见杨泉《物理论》，马总《意林》卷五引。一说：这是傅玄《傅子》中的话。）

本书提到这些故事，并不是肯定它们，更不是宣传它们，只是用以说明在东汉末年社会上的思想是很混乱的，门阀士族的放纵以及玄学家们的反名教，都是当时社会风气的一种表现。有些历史家以为，玄学家冲破名教的束缚，自我解放了。有些历史家认为士族比较接近平民。其实士族是一种贵族，他们自以为生来就和一般人不同。

照《世说新语·伤逝》的记载："王戎丧儿万子，山简往省之，王悲不自胜。简曰：'孩抱中物，何至于此？'王曰：'圣人忘情，最下不及情；情之所钟，正在我辈。'简服其言，更为之恸。"王戎把人分为三等，第一等是"圣人"，第二等是"我辈"，就是士族，第三等是最下，就是劳动人民。他们认为第一等人超过了情感，第三等人不配有情感，只有他们这些贵族才有情感。

《世说新语·任诞》又说："阮籍嫂尝还家，籍见与别。或讥之。籍曰：'礼岂为我辈设也？'"这个"我辈"也是士族自指。士族并不是从根本上、原则上反对礼教的条条框框。但认为那些条条框框不是为他们设的，他们可以不受其约束。士族的言论行动，表面上看，似乎有解放的精神，但他们所要解放的只是他们自己。

从这两条的记录看起来，士族不但有社会上、政治上的特权，而且他们自以为是天生的高人一等的人。这就像在西方的封建社会中，贵族们自以为他们的血是蓝的不是红的。这种高人一等的人，自然应该有政治上、社会上的特权，而且这些特权应该世世代代传下去。这种人就是地主阶级贵族，当时称为门阀士族。

《世说新语》中在某一人初见的条下，刘孝标的注往往引某氏谱以说明此人的家世。每一家士族都有它的家谱，在东晋时候有所谓"百家谱"，在这百家之内的才算是真正的士族。每一家的祖先的名字都成为这一家的家讳，这一家的子孙固然要避家讳，这一家人的下属也要避他的长官的家讳，朋友们相互之间也要尽力避对方的家讳。又有所谓郡望，譬如说，"琅玡王氏"，琅玡就是这家王氏的郡望。郡望表示这一家原来称王称霸的地方。东晋时期大家士族都迁到江南，这就叫"衣冠南渡"。南渡的士族离开了他们原来称王称霸的地方，但是还要保持着他们的郡望，以表示他们的门第，显示他们的贵族身份。这些传统都是士族用以保护他们地位的办法。

魏晋时期所流行的玄学，就是士族的意识在思想战线上的反映。士族是玄学的阶级根源和社会基础。

第四节　南北朝的分裂和隋唐的统一

从后汉中期，随着中国和"西域"的交通的发展，传来了印度的佛教。佛教初到中国是靠着医药技术和宗教迷信进行推广和宣传的。其迷信的主要部分是说佛有无边的法力，可以保佑信佛教的人免除灾难，逢凶化吉，转危为安。初期信佛教的人，都是受这种宣传的影响而信奉佛教的。至于佛教的理论基础——佛学，还没有传来。佛学是靠玄学的接引进入中国的知识界。在晋朝时期玄学和佛学混为一谈，名士和名僧合为一起。《世说新语》记录了名士，也记录了名僧。其实从哲学的观点看，佛学的根本思想和玄学的根本思想是不同的，而且是互相违反的。

随着东汉王朝的没落，统一全中国的中央政权崩坏了，汉朝的"兼容并包"的民族政策也不行了。经过三国的割据，晋朝暂时恢复了统一，可是又恢复了分封制。民族矛盾也激化了。当时，少数民族统治了北方，晋朝的皇室被赶到江南，门阀士族也跟着"南渡"。全中国分裂了，形成了"南北朝"的对立。隋唐恢复了政治上的统一。唐朝还恢复了民族的统一。这个重新统一的民族称为"唐人"。一直到现在，在海外中国人聚居的地方还称为"唐人街"。

一个新的统一的国家，新的统一的民族，需要有一个新的统一的哲学，把精神文明的各方面统一起来，贯穿起来。这种广泛的哲学体系，在唐朝还没有出现。韩愈提出了一个"道统"论，企图请古代的幽灵来担负这个任务。可是他所说的道统没有新的内容，可以说是旧瓶装旧酒。旧瓶装新酒或新瓶装旧酒都要有一点新的东西，才有可能解决新时代的问题。旧瓶装旧酒就没有这个可能了。旧时代的幽灵，担负不了新时代的任务。

韩愈的企图和努力，虽然没有解决问题，但也是当时社会需要的反映。其所以没有成功，固然是由于一个广泛的哲学体系、一个时代思潮的出现，需要长时期的酝酿，也是由于唐朝的统一并不十分彻底，唐朝中期以后又出现了藩镇的割据，其后果是五代的分裂。宋朝在统一以后，一个新体系、新的思潮出现的条件具备了，随着出现的就是道学。道学给韩愈所讲的道统以新的内容。道学也讲韩愈所讲的道统，但道学讲起来，就不是旧瓶装旧酒，而是旧瓶装新酒了。道学为什么还要旧瓶呢？因为当时中国的社会还是封建社会。

第三十六章 玄学的先河——刘劭的《人物志》和钟会的《四本论》

第一节 汉魏之际的名实问题

在绪论中，本书讲了东汉末年王符和葛洪所嘲笑的那种名实混乱的情况。针对这种情况，当时论政治的人都主张"综核名实"。王符认为"综核名实"是太平之基。"有号则必称于典，名理者必效于实，则官无废职，位无非人。"（《潜夫论·考绩》）"典"的意思是"主管"，"号"是指政府中的职位。一个"号"必须和它主管的事相称，一个"名"必须在实际上有相应的效果，这就是"综核名实"。

徐干说："名者所以名实也，实立而名从之，非名立而实从之。故长形立而名之曰长、短形立而名之曰短，非长短之名先立，而长短之形从之也，仲尼之所以贵者，名实之名也。"（《中论·考伪》）就是说，名是从实起的，有了那样的实，跟着就有那样的名，并不是先有那样的名，才跟着有那样的实。有了长的东西，才给他一个长的名。有了短的东西，才给他一个短的名。并不是先有长短的名，然后才有长短的东西，他说：孔丘所讲的正名，以名为贵，就是因为名就是实的名。贵名就是所以贵实。

刘廙《政论·正名》说："名不正则其事错矣。……王者必正名以督其实，……行不美则名不得称，称必实所以然。效其所以成。故实无不称于名，名无不当于实也。"（《全三国文》卷三十四）这也是孔丘的正名思想的发挥。意思就是说，孔丘所说的正名，是要确定名的意义，用以督察有这个名的实。一个人的行为如果不好，就不可称那个名。如果称那个名，就必须实际上合乎那个名的意义，照那个名的意义做出来那个名所要求的成绩。实和名必须相应；名和实必须相当。

名实问题是中国哲学史中的一个重要问题。在这个问题上，也有唯心主义和唯物主义的斗争。名和实，本来是对立的统一。在这个统一体的两个对立面中，有哪一个是主要，哪一个是次要的问题。以"名"为主要对立面的，是唯心主义的说法，承认"实"是主要的对立面的，是唯物主义的说法。孔丘的正名论，原来是以"名"为主要对立面。徐干和刘廙都说到孔丘的正名论，但是他们都认为"实"是主要的对立面，徐干讲的，特别清楚。在这一点上他们是唯物主义者。

在汉末魏初时代所讨论的名实问题，有两方面的实际意义。

一方面是，汉朝立了很多的人才的称号。这些称号是"名"，这种推选出来的人是"实"。如果这些人的行为真是合乎这种称号，这就是名实相符；如果不然，这就是名实不符。

另外一方面，在政府中，有许多职位，每一个职位也是一个"名"，担任这个职位的人就是"实"。担任这种职位的人，如果真能办理这个职位所要办的事情，这就是名实相符。如果不然，就是名实不相符。

魏武帝曹操，夺了汉朝的政权，建立了魏国。针对着当时的情况，规定了些"综核名实"的措施。曹操的儿子魏文帝曹丕，实行了"九品中正之法"，选举人才。照这个"法"，在各地方设中正官，负责把他认为有才能的优秀人物评定为九品。中央有吏部尚书，根据地方中正官的推荐，分别等级，给予官职。这是针对上面所说的"综核名实"的第一个方面所作的措施。曹丕在主观上是企图用这个独立的机构，以独立的判断推选出人才。实际上，一个地方的中正官，在评定人才的时候，还是以他们的家世为标准，实行的结果，还是"上品无寒门，下品无士族"。所谓"寒门"、"士族"，就是统治阶级的上层和下层。下层还是升不上去，至于劳动人民，那就更不必说了。关于"综核名实"的第二个方面，曹丕也采取了措施，考察政府机构中各级官僚的成绩。他叫刘劭制定了"都官考课法"七十二条，还有《说略》一篇，大概就是说明那七十二条的。这些都是汉末农民大起义后的新的统治者为了应付农民起义而制定的调整内部机构的措施。

第二节　刘劭的《人物志》

刘劭（劭或作邵，今依《三国志·魏书》本传），广平邯郸（今属河北）人，是当时的一个法律家和著作家。除了上面提到《都官考课》七十二条及《说略》一篇外，魏明帝叫他制定《新律》十八篇。他还著有《律略论》，大概是关于《新律》的理论说明。此外还著有《乐论》、《法论》、《人物志》。（《三国志·魏书》卷二一《刘劭传》）

据我的推测，《刘劭传》所说的《法论》，可能就是《律略论》。这个著作，附于《新律》，就叫《律略论》。《人物志》如果不是《新官考课》所附的《说略》的扩大，也是同《都官考课》有关系的著作。《都官考课》的根本问题是怎样考察各级官吏的成绩。《人物志》的根本问题是怎样识别人物，什么人物适合于做什么官，能发生什么作用。这两方面的问题是互相配合的。

刘劭说："凡有血气者，莫不含元一以为质，禀阴阳以立性，体五行而著形。苟有形质，犹可即而求之。"（《人物志·九征》）

从淮南王刘安到张衡，都讲一种宇宙发生论，认为，在还没有天地以前，就有原始的气。这就是刘劭所说的"元一"。这种原始的气，分化为两个部分，一部分是清轻的，上浮为天。一部分是重浊的，下沉为地。清轻的气就是阳气，重浊的气就是阴气。从阴阳二气中，又生出五种元素：水、火、木、金、土，称为五行。刘劭根据这种宇宙发生论把"人物"分为三类：有英；有雄；有英雄兼备者。

刘劭说："故明白之士达动之机，而暗于玄虑。玄虑之人，识静之原，而困于速捷。犹火、日外照不能内见，金、水内暎不能外光。二者之义，盖阴阳之别也。"（《九征》）这就是说，生来就有两种不同的人物。一种人物得到阳气多一点，阳气是动的，所以这种人物懂得动的道理，遇见事情，能够迅速地行动，但是不能作详细深入思考。这就是"明白之士"。还有一种人物得到的阴气多一点，阴气是静的，所以这种人物懂得静的道理，对事情能够详细深入地思考，但是不能采取迅速果断的行动。这就是"玄虑之人"，这两种人的区别，就是阴阳之别。

刘劭说，在自然界也有这两种情况。火和太阳的光能照见在他们外面的东西，而不能照见他们自己的内部。金和水不能照见他们外面的东西，而却能把他们外面的东西反映到他们内部来（古代的镜子是用铜做的，所以说金能内映）。刘劭说：这也是阴阳之别，火和太阳都属于阳，金和水都属于阴。

刘劭说："若量其材质，稽诸五物，五物之征，亦各著于厥体矣。其在体也，木骨、金筋、火气、土肌、水血，五物之象也。"（《九征》）这就是说，人的形体是五行（五物）的体现。五行各有一定的特征，在人的身体各部分中，体现出来。骨是木的体现，筋是金的体现，气是火的体现，肌是土的体现，血是水的体现。在生理方面说，人当然都有筋、骨、肌肉、血气这些部分。说这些部分是五行的体现，也不算大错。但是刘劭说的并不是这些生理方面的东西。他主要是说：人所禀受的五行，是人的道德品质和性格、才能的基础。照他所说的，木在人的道德品质方面的表现是仁，火在人的道德品质方面的表现是礼，土在人的道德品质方面的表现是信，金在人的道德品质方面的表现是义，水在人的生理方面的表现是智。仁、义、礼、智、信这五种道德，在封建社会中称为"五常"。刘劭说："五质恒性，故谓之五常矣。"（《九征》）就是说，五行各有不可改变的性，所以他们所表现的五种道德品质，也就是不可改变的了。"常"就是不可改变的意思。刘劭的这种说法，也是企图证明封建道德是不可改变的。

刘劭在论五常和五行的关系以后，总结说："虽体变无穷，犹依乎五质。故其刚柔、明畅、贞固之征，著乎形容，见乎声色，发乎情味，各如其象。"（《九征》）就是说，人的品质和性格、才能有很多的变化，但是都不能离开五行的本质。刘劭认为，人所禀受五行的成分不同，这不仅表现在他们的道德品质和性格、才能上，甚至他们的容貌、声音、颜色和情味都有不同。刘劭说："然皆偏至之材，以胜体为质者也。"（《九征》）就是说，这种人的品质才能都有所偏，即所谓偏至之材。偏至的根据，就是"胜体"或"胜质"，就是说，在他的身体里边占优势的那种"质"。

这种说法在当时相当流行。当时吴国的姚信所作的《士纬》说："孔文举（孔融）金性太多，木性不足，背阴向阳，雄俾孤立。"（《意林》卷四引）《太平御览》三百六十引任子曰："木气人勇，金气人刚，火气人强而躁，土气人智而宽，水气人急而贼。"（《意林》引此文注云：任子名奕）刘劭、姚信和任奕都认为，五行中的什么行在一个人的身体中是"胜质"，这个人就有什么品质和性格。刘劭他们都承认这个原则。在怎样配合的细节上，他们不尽相同。本来这些说法都是主观随意拉扯的。不过他们都认为，人的品质性格是人所禀受的五行所决定的，我们所要注意的就是这一点。

刘劭说：人所禀受的五行，表现于他的容貌、态度，也表现于他说话的声音，脸上的颜色。关于说话的声音，据说"有和平之声，有清畅之声，有回衍之声"等（《九征》）。关于颜色，据说，"诚仁必有温柔之色，诚勇必有矜奋之色，诚智必有明达之色"等（《九征》）。这都是很难捉摸的，至于所谓神味，那就更难捉摸了。刘劭说："故曰物生有形，形有神精。能知精神，则穷理尽性。"（《九征》）情味也是关乎精神之一类的。意思是说，就是必须讲到这里，这才算是把道理讲透了，把"性"认识透了，也就是，把识别人物的标准完全搞清楚了。

刘劭在这里所讲的，也不是他个人的思想。从汉末一直到魏晋"名士"们都讲究评论和赏鉴人物。在评论和赏鉴的时候，他们所着重的就是人的精神或神味，《世说新语》这部书记载了汉末魏晋时期"名士"们互相评论和赏鉴人的话。他们作了许多比喻，以说明一个人的精神和风度。比如说，"世目李元礼谡谡如劲松下风"（《世说新语·赏誉上》）。李元礼是汉朝末年的大"名士"。"世目"就是说，当时的人都认为他是那样。《世说新语》又说："裴令公目夏侯太初……如入宗庙，琅琅但见礼乐器。见钟士季如观武库，但睹矛戟。见傅兰硕汪廱靡所不有。见山巨源如登山临下，幽然深远。"（《世说新语·赏誉上》）裴令公是裴秀，钟士季是钟会，傅兰硕是傅嘏，山巨源是山涛，都是当时的大"名士"。这一段说的是裴秀对于这几个人的评语。他们都是用形象的语言，比喻之辞，说明一个人的精神和风度。当时的官僚文人常常这样地互相吹捧，以自高声价。刘劭《人物志》的特点，是给这些思想找一种理论的根据。

刘劭认为人的品质才能都是天赋的，都是人所禀受的阴阳五行的成分所决定的。既然如此，所以一个人如果生来就是一种"偏至之材"，那就要一直偏至下去，没有办法可以改变。他说："夫学所以成材也，恕所以推情也，偏材之性不可移转矣。虽教之以学，材成而随之以失。虽训之以恕，推情各从其心。信者逆信，诈者逆诈。故学不入道，恕不周物，此偏材之益失也。"（《人物志·体别》）就是说，照一般道理讲，教育人，可以叫他学，学可以使他的才得到发展。可以叫他恕，这样他可以推己及人。借人之长补己之短。但是对于"偏材"，这些办法就不行，他的"偏至"是无法移转的。他越学，他的"偏至之性"就越发展，他的缺点也随着这"偏至之性"的发展而越暴露出来。虽然叫他推己及人，但是他所推的，还是他的"偏至之性"所有的东西。他所喜欢的是同他一样"偏至"的人。如果他是容易相信别人的，他就认为别人也很容易相信他，如果他偏于欺诈，他就认为别人也很容易欺诈他。他无论怎样学，可是总是不能深入地懂得道理。他无论怎样恕，也总不能认识事物的全面。

刘劭认为，偏至之材总是有长处有短处。长处叫"益"，短处叫"失"。他的益、失，是联系在一起的。他有那一种益，就跟着有那一种失。比如说，"宽恕之人不能速捷，论仁义则弘详而长雅，趋时务则迟缓而不及"（《人物志·流业》）。宽恕是这种人的优点，是他的益，迟缓是他的缺点，是他的失。可是他的失和他的益是联系在一起的。他所以有这种失，正是由于他有这种益。他的这种益越发展，他的失也就跟着越发展。

刘劭认为社会上有各种不同的事业，他称为"流业"，每种流业都有它的特点。这些特点，同"偏至之材"的特点可以互相配合，什么"材"可以成为什么"家"。刘劭说，共有十二个家，"有清节家，有法家，有术家，有国体，有器能，有臧否，有伎俩，有智意，有文章，有儒学，有口辩，有雄杰"。清节家的特点是"德行高妙，容止可法"。法家的特点是"建法立制、强国富人"。术家的特点是"思通道化，策谋奇妙"（《人物志·流业》）。兼有这种三才的人，能够统率天下，就是"国体家"。兼有这种三才而规模比较小的人不能统率天下，只能统率一个地方区域。这种人就是"器能"家。虽兼有三才，但是其中有所偏至，这些人因他们的偏至不同而分为臧否家，伎俩家，智意家。这三种人都在一定程度上各有三才。以下的三家，是不兼具三才，而在不同的方面有一定的才能，这就是儒学，口辩，雄杰。

照刘劭说，这十二种才能，都是各级统治者，人臣的才能。至于最高统治者，人主的才能，那就完全是另外一回事。刘劭认为，能够当人主的人，是同一般人完全不同的人，他就是所谓"圣人"。

刘劭说："凡人之质量，中和最贵矣。中和之质，必平淡无味，故能调成五材，变化应节。……阴阳清和，则中睿外明，圣人淳耀，能兼二美。"(《人物志·九征》)所谓"二美"，就是上面所说的那两种人物，一种禀受阳气多，称为"明白之士"；一种禀受阴气多，称为"玄虑之人"。刘劭认为，"圣人"所禀受的阴阳之气，恰到好处。这就是"阴阳清和"，也就是所谓"中和"。中和的表现，就是"平淡无味"。"中和"也就是"中庸"。

刘劭又说："是故中庸之质，异于此类。五常既备，包以澹味。五质内充，五精外章，是以目彩五晖之光也。"(《人物志·九征》)所谓"此类"，就是得到五行或多或少的那些"偏至之材"。"中庸之质"就是"圣人"的品质。在他的"质"中，五行的成分都达到恰好之处，五种道德完全具备。他的内部的完备的"五行之质"，自然地表现在外边，这在他的容貌、态度、说话声音，都表现出来，特别表现在他的眼中。就"偏至之材"说，他的眼只能表现一种的精神。刘劭说："故仁目之精，悫然以端，勇胆之精，晔然以强。"(《人物志·九征》)"圣人"既然是"五常具备"，所以他的眼也具有五种的光彩。

刘劭认为，看人要看他的精神，也就是要看他的神味。所谓"包以澹味"，这个"味"就是神味的味。"圣人"的各个方面都是平衡的发展，不是哪一方面特别突出，所以看起来似乎是"平淡"，可是这种"平淡"，并不是平庸，也不是庸碌。这是"五质内充"的表现。这就是"包以澹味"的那个包字的含义。

刘劭说："主德者，聪明平淡，总达众材而不以事自任者也。是故主道立则十二材各得其任也。"(《人物志·流业》)意思是说，人主的品质的特点，就是"平淡"，表面上平平无奇，不表现什么才能，如果说他有才能，他的才能就在于他能任用有才能的人，叫他们办他们所能办的事情，而他自己任何事情都不办。

刘劭说："若道不平淡，与一材同用好，则一材处权，而众材失任矣。"(《人物志·流业》)意思是说，如果"君"表现一种才能，他对于有这一种才能的人就要有所偏好。如果那样，有这种才能的人就处于优先的地位，而有别的才能的人，就不能得到适当的任用了。

刘劭认为，这种情况正说明为"君"的人是有更高才能的人。他在《人物志》中，特别写了《英雄》篇。刘劭说："是故聪明秀出谓之英，胆力过人谓之雄，此其大体之别名也。"(《人物志·英雄》)他认为英和雄是有分别的，但是一个成大业立大功的人，还须兼而有之。刘劭说："夫聪明者英之分也，不得雄之胆，则说不行。胆力者雄之分也，不得英之智，则事不立。"(同上)就是说：聪明是属于英的一方面的，如果不得雄的一方面的胆力，那就只能说不能行。胆力是属雄的一方面的，如果没有英的方面的智力，事情也不能成功。

刘劭说：大人物中没有只是雄而不英者，也没有只是英而不雄者，都是英和雄两方面都有，只是其成分不同。刘劭说："各以二分，取彼一分。……体分不同，以多为目，故英雄异名，然皆偏至之才。人臣之任也。故英可以为相，雄可以为将，若一人之身兼有英雄，则能长世，高祖项羽是也。"（同上）就是说，有的人物英的成分多，有的人物雄的成分多，有的人物英占二份，雄占一份，有的人物雄占二份，英占一份，以其多的成分为主，所以还是有英和雄之别。这两种人还是"偏至之才"，还是只能当"人臣"。英可以当宰相，雄可以当大将。如果一人真是兼有英雄的两方面，那就可作为一世的首长，刘邦和项羽就是这样的人。但是项羽在英的方面还是少一点，所以有智谋的人，都离开他了。所以项羽虽然气力盖世，还是被刘邦打败了。刘邦的英的成分比项羽多一点，所以他能征服群雄，收罗群英，能够得有天下。刘劭说："故一人之身，兼有英雄，乃能役英与雄。能役英与雄，故能成大业也。"（同上）

英和雄怎样能成为英和雄？刘劭在《九征》篇中已经作了他自己的回答。他所谓英，就是他所说的得阴气多的"玄虑之人"；他所谓雄，就是他所说的得阳气多的"明白之士"。这两种人各有优点和缺点，只有"圣人"才能兼有这两种人的优点而无其缺点。他一个人必须兼英和雄，英和雄的人才能为他使用。英和雄的人都归于他，所以他才能够创大事业。

由此可见，刘劭在讲君道的时候，所谓"平淡"，并不是庸碌无能，而是像所谓"绚烂之极，归于平淡"的那种平淡。为君的人，也是英和雄，而且兼有英和雄，所以他就能驾驭使用英和雄的人。而其所以兼有英和雄，是由于他所禀受的阴阳之气，恰到好处，成为"中和"，如《九征》篇所说的。

刘劭说："然则俊杰者，众人之尤也。圣人者，众尤之尤也。其尤弥出者，其道弥远。……出尤之人，能知圣人之教，不能究之入室之奥也。由是论之，人物之理，妙不可得而穷已。"（《人物志·七缪》）就是说：俊杰是众人中特殊的人物，圣人是特殊人物中特殊人物，他越特殊，他的道理就越深远。突出的人物，能够一般的理解圣人的道理，但是不能理解其更深的奥妙，至于圣人之所以能有这些奥妙，那就更不容易理解了。这样看起来，关于人物的道理，实在是神秘得很，没有办法可以完全理解。

第二节　钟会的《四本论》

刘劭在《人物志》中所讨论的问题，后来发展成为当时所谓"才性"的问题。关于这个问题，有各种的说法。锺会对于当时各种的说法，作了分析研究，写了一个著作，叫《四本论》。

钟会是魏晋时期的政界和学术界中的一个有名人物。《魏志》说："会论才性同异，传于世。四本者，言才性同，才性异，才性合，才性离也。尚书傅嘏论同，中书令李丰论异，侍郎钟会论合，屯骑校尉王广论离。文多不载。"（《世说新语·文学篇》刘注引《魏志》）这就是说，当时讨论才性问题的辩论，分为四家。第一家主张才和性是一回事（"才性同"），第二家主张才和性不是一回事（"才性异"），第三家主张才和性虽然不是一回事，但是二者之间有密切的关系（"才性合"），第四家主张才和性不是一回事，两者之间也没有什么关系（"才性离"）。《四本论》现在遗失了。《魏志》所说的关于才性的著作也都遗失了。上面所说的这四家的分歧之点，只是就字面上作的一种推测。

还有一个问题就是，所谓才、性，究竟是指的什么？从一些现存的残缺材料看起来，所谓才、性，有两方面的意义。一方面，所谓性，是指人的道德品质；所谓才，是指人的才能。在这一方面说，所谓才、性问题，就是"德"和"才"的关系的问题。另外一方面，所谓才，是指人的才能；所谓性，是指人的才能所根据的天赋的本质。在这个方面，所谓才、性问题就是一个认识论的问题：人的才能主要是由一种天赋本质所决定的，还是主要从学习得来；是先天所有的，还是后天获得的。现在看起来，这两方面所讨论的问题，是两个问题，其间没有必然的联系。但是，以前的人习惯于"人性善"的说法，一说到性，就牵涉到道德品质的问题。于是就把这两方面的问题混为一谈了。由于史料不足，我这里说的也只是一种推测。

《三国志·魏书》说：刘劭作考课法，傅嘏批评他，说："昔先王之择才，必本行于州闾，讲道于庠序。行具而谓之贤，道修则谓之能。"（《三国志·魏书》卷二一《傅嘏传》）意思就是说，以前的统治者选拔人才，要看一个人的道德品质，看他所居住的地方的人对他的行为的意见，要看他在学校里面道德修养的成绩。他的行为好，这就叫贤，他的道德修养很好，这就叫能。这就是说，道德和才能是分不开的，其实是一回事。《魏书》说，傅嘏主张"才性同"，大概就是这个意思。

当时还有一个卢毓，也主张才性同。《三国志·魏书》说："毓于人及选举，先举性行而后言才。黄门李丰尝以问毓。毓曰：'才所以为善也，故大才成大善，小才成小善。今称之有才，而不能为善，是才不中器也。'丰等服其言。"（《三国志·魏书》卷二二《卢毓传》）卢毓关于才性问题的见解，大概同傅嘏是一类的。李丰是主张"才性异"的，所以他对于卢毓的主张有怀疑。所谓"问毓"，就是向卢毓提出问题，表示不同的意见。卢毓回答说：才本来是用以行善事的，大才就能成大善事，小才也可以成小的善事。如果说一个人有才，可是不能行善事，那就是才不中用，也就是无才。这一段话，虽然简单，却说出了"才性同"的主张的主要内容。《卢毓传》说："丰等服其言。"似乎主张"才性异"的人，在这个辩论中被说服了。是否如此，这就无可考了。

无论如何，当时主张"才性异"的人是很多的，头一个就是曹操。他发了几次"求贤令"，主张"治平尚德行，有事赏功能"。"今天下尚未定，此特求贤之急时也，……唯才是'举'。"他要用那些"负污辱之名，见笑之行，或不仁不孝而有治国用兵之术"的人。（见《三国志·魏书·武帝纪》及注）徐干《中论·智行》篇也主张，才能（智）比道德品质（行）更重要。他说："圣人之可及（当作不可及），非徒空行也，智也。""是故圣人贵才智之特能立功立事益于世矣。"就是说，必须有才智然后可以立功，有益于世，不然，所谓"行"就是空的。这些都是主张"才性异"的论点。

当时还有一个人叫袁准，他说："凡万物生于天地之间，有美有恶。物何故美？清气之所生也，物何故恶？浊气之所施也。夫金石丝竹，中天地之气，黼黻玄黄，应五方之色。……曲直者，木之性也。曲者中钩，直者中绳，轮桷之材也。贤不肖者，人之性也。贤者为师，不肖者为资，师资之材也。然则性言其质，才名其用，明矣。"（《才性论》，《艺文类聚》卷二一引）

袁准在这里所说的和刘劭在《人物志·九征》篇所说的，意思大致相同。他们都是以人所得的天地之气的性质，说明人的性的不同。《书经·洪范》说："木曰曲直"。就是说，木的本性就是有曲有直，能曲能直。袁准根据这句话就说，曲直是木之性。曲的木可以做车轮，直的木可以做椽子，这就是木之才能。人的性生来有贤有不肖，贤的人可以做大事（"贤者为师"），不肖的人可以做小事（"不肖者为资"）。做大事或做小事，为师或为资，这是人的才。他说，性指天赋的本质，有什么样的本质，就能发挥什么样的作用。"性言其质，才名其用"，袁准的这两句话，明确地说明了他所理解的才和性的分别。照他所说的，才性包括了天赋与后得的问题，也包括了才、德的问题。这一派的主张，似乎是"才性合"。照这个说法，性和才的关系，是本质和作用的关系。本质和作用是不同的，但是其间有密切的关系，这就是"才性合"。如果"才性合"是这样的意义，刘劭也是主张"才性合"的。

嵇康的《明胆论》说："有吕子者，精义味道，研核是非，以为人有胆可无明，有明便有胆矣。嵇先生以为明胆殊用，不能相生。"（《嵇康集》卷六）这里所讨论的明和胆的关系的问题，就是刘劭《人物志》所讨论的英和雄的关系的问题。刘劭说："是故聪明秀出谓之英，胆力过人谓之雄。"这里所说的吕子是吕安，是嵇康的一个好朋友。他认为，明可以生胆，只要有了明，自然就有胆。照这种说法，胆是从明生出来的，而不是一种从天赋本性生出来的。也就是说，这种才并不需要一种特殊天赋本质，以为其根据。这种说法，大概就是主张"才性离"的说法。嵇康认为，明和胆有不同的作用，应该各自从不同的天赋本质生出来，不能从明生出胆，也不能从胆生出明。嵇康说，"明胆异气，不能相生"。就是说，明和胆是两种不同的"气"生出来的，所以不能相生。嵇康的这种说法和刘劭、袁准的说法都是一致的。大概这就是"才性合"的说法。关于嵇康的《明胆论》，下面第三十九章还要讲。

从这些史料看起来，大概可以说：钟会所说的四本，可以分为两组。"才性同"、"才性异"，是就才、德的关系这个问题说的，上面所引的卢毓和李丰的辩论，可以说明这一点。"才性合"、"才性离"，是就人的才能是天赋还是后得这个问题说的。刘劭、袁准、吕安、嵇康所讨论的，主要是这一方面的问题。

第四节　从名实到名理

刘劭和钟会的著作，就其内容说，没有很大的哲学价值，就其思想方法说，表示一种思想上的过渡，从汉末"综核名实"到魏晋"辩名析理"的过渡。"综核名实"和"辩名析理"，其相同在一个"名"字上，其不同在于"实"和"理"上。

刘劭的《人物志》是一种分类学，人物分类学。钟会的《四本论》也是一种分类学，社会思想分类学。刘劭把人物分为三大类：英、雄、英而且雄。钟会把当时论才、性的思想，分为四类：才性同、才性异、才性合、才性离。

凡是分类学都要用三个概念。一个是类，就是它所要分的类；一个是名，就是它所要分的类的名字；一个是实，就是属于它所要分的类的具体的个体。从事分类学的人，不一定有这样明确的认识，但这是分类学的前提，离开了这个前提就没有分类学。从事分类学的人所分的类可能有错误，那是另一个问题。

分类学的工作，就是把某一类的名字，加在他所认为是属于这一类的个体的头上，就是扣帽子。帽子要扣得恰当，不能把张三的帽子给李四戴上。因为要恰当，必须要明确某一类之所以为某一类者，这就是这一类名字的定义。还要研究属于这一类的个体是否有合乎那个定义的性质。这就是某一类事物的规定性。用逻辑的话说，名就是一类的名，它的定义就是它的内涵，属于这一类的具体的个体就是它的外延。它的外延必须合乎它的内涵，所谓"综核名实"，就是要使一个名的外延合乎它的内涵。"实"就是一个类的名的外延。

司马迁说，"申子之学本于黄老而主刑名"，韩非"喜刑名法术之学，而其归本于黄老"（《史记·老子韩非列传》）。刑名就是形名，形就是具体的个体，形名的问题就是名实的问题。刑名法术之学是先秦学术界的一个名词，它把刑名法术联系在一起，这是有道理的。法是用某种形式把社会上政治上的某些事物明确地规定出来，也就是把某些事物的名的内涵，明明地规定出来。在战国时期，郑国的刑书，晋国的刑鼎，都是这一类的形式。术是用这些规定的形式约束属于这一类的人，这就叫"循名责实"。刑名法术本来出于一源。这并不是说有一个原始的祖师爷，后来分成许多派别。而是说刑名法术，归根到底是一个问题，即名实问题。刘向和刘歆整理先秦学术，把刑名归为名家，法术归为法家，这一源就不显了。

司马迁说：申不害和韩非都归本于黄老，这一点后人都认为是归本于黄老的清静无为，这固然不错；但还不止如此。

《老子》的第一章所讲的就是名实问题。它开头就说："道，可道非常道。名，可名非常名。"结尾说："两者同出，异名同谓。"（帛书本）它所说的两者就是有、无。照它看起来，这是两个最大的名。这两个名虽然不同，但它们的意义是一样的。《老子》的这一句话，说明它对于名和名实的关系，有深刻的认识和理解。所谓名实关系，就是一般和特殊的关系。这是玄学所讨论的一个主要内容，本书下章有详细的说明。

刘劭是一个法律学家，他所作的《都官考课》是把政治上的官职的职权和所负的责任明确地规定出来，用于督责担任这些官职的人。这就是"循名责实"。《人物志》是把人物依其天赋的本质分为许多类，指出某一类的人宜于做某一类的事，这就是人物分类学。钟会的《四本论》也是一种分类学。

《三国志·魏书》的《钟会传》说："会尝论易无互体，才性同异。及会死后，于会家得书二十篇，名曰《道论》，而实刑名家也，其文似会。"钟会也是讲《周易》的。他主张"易无互体"，可见他也是反对汉易的，同王弼一样。在他家里发现的那二十篇稿子，名曰《道论》而实刑名家。这就是"刑名法术之学"而"归本于黄老"这句话的一个例子。

总起来说，所谓"综核名实"，就是要求这个名所指的实合乎这个名的定义。用逻辑的话说，一个名的外延必须合乎这个名的内涵。这也就是所谓"循名责实"。

如果只对名的内涵进行分析，不管它的外延，那就是后来玄学家所说的"辩名析理"。刘劭和钟会的分类学，还不是"辩名析理"，但可以导致"辩名析理"。从这一方面说，刘劭和钟会虽然不是玄学家，但可以说是玄学家的前驱。他们的分类学虽然不是玄学，但可以说是玄学的先河。

第三十七章　通论玄学

玄学这个名词，有现代的用法和历史上的用法。在20世纪20年代，中国学术界有一次大辩论，称为科学与玄学的"论战"，简称"科玄"论战。当时有一派人认为科学不能解决人生问题，自称为"玄学家"家。拥护科学的人，称他们为"玄学鬼"，自称为"科学家"。其实，这些"玄学家"并不真正懂得中国哲学史中的玄学；这些"科学家"也不懂得科学的真正性质，他们基本上都是马赫主义者和不可知论者。无论如何，这次论战借用了一个古代的名词。这次借用使人认为玄学就是神秘主义和唯心主义，玄学这个名词就是神秘主义和唯心主义的别名。这是玄学这个名词的现代用法。

中国哲学史中的所谓玄学，是指一种时代思潮，其中也有唯物主义和唯心主义的斗争，这是中国哲学史发展的一个阶段，一个环节。哲学史发展中的任何阶段、任何环节都不是唯心主义所能单独占有的。这是玄学这个名词的历史上的用法。

本书在这里讲到这一点，并不是要判断哪个用法对，哪个用法错，因为名词是人所创造以供人使用的，就其本质说无所谓对错。本书就是要人们认识这两种用法的区别，使人们注意到本书（《中国哲学史新编》第四册）所讲到的，是指作为魏晋时代思潮的玄学，并不是上边所说的"科玄论战"中的所谓"玄学"。

第一节　玄学的主题

玄学中有三个主要的派别，实际上是两个主要派别，就是"贵无论"和"崇有论"。从字面上就可以看出来，它们的辩论的主题是关于"有"和"无"的问题。有和无究竟是什么意思，如果不弄清楚，它们的辩论就好似玩弄名词。其实它们所讨论的是共相与殊相、一般和特殊的关系的问题。这是一个古今中外哲学家所共同讨论的问题，是一个真正的哲学问题。

我们走出房门，看见一棵树，我们说："这是一棵树。"这一句普通的话，代表着人类认识发展过程的一个阶段。人们的感性认识所能认识的只是一个"这"。人们感觉到的"这"多了，他们就发现这许多"这"有一些共同之点，他们就知道这些有共同之点的"这"，是一类的。他们就给这一类的东西一个名字叫"树"，这个"树"并不是许多"这"中的一个，而是树的共相。这样人们的认识就从感性认识上升到理论认识。这是一个飞跃。

感性认识的对象是这棵树，那棵树，这是树的殊相。各个殊相千差万别，有的高，有的低，有的大，有的小，有的黄，有的绿，这些就是殊相的特点。理性认识的对象，是树的共相。理性认识不管那千差万别，只管树那一类的东西的共同点，这就是树的规定性。理性认识把殊相的千差万别都不要了，只要树的规定性，这就是抽象。有些人很害怕抽象，其实如果没有抽象，连"这是一棵树"都不能说了。人们只能指着这棵树、那棵树说："这，这，这。"具体的树的性质当然比抽象的树的性质多得多，具体当然比抽象丰富，因为具体包括有千差万别，但是人类的认识，不能停留在那样的具体上。

形式逻辑把人类认识的这个过程用简单的话说出来，用形式逻辑的话说，每一个东西都属于某一类，一类的东西都有一个名。每一个名都有两个方面。一方面是这一类东西的规定性，这就是这个名的内涵。另一方面是这个名所指的那一类具体的个体，这就是这个名的外延。内涵越多，外延就越小；外延越大，内涵就越少。比如树和植物这两个名，植物这个名的外延比树的外延大，因为它还包括草，但是它的内涵就少了，因为其中没有草的规定性。反过来说，树的内涵比植物多，但是它的外延就小了，因为它不包括草。

类有大有小，相对于植物说，树是小的，因为它被包括在植物之中。相对于树说，植物是大类，因为它包括树。大类之上还有大类。例如生物，它又包括了植物，照这样推上去，有一个最大的类，把一切的东西都包括在内。

这个"一切"，中国哲学叫"天地"或"万物"或"天地万物"。不过这些名都是集体名词。如果用一个类名，那就是"有"。为了区别于这一类名的"有"，中国哲学称天地万物为"群有"或"众有"。"有"是一个最大的类名，它的内涵就很难说了。因为天地万物除了它们都"存在"以外，就没有别的共同性质了。所以这个最高类，就只能称为"有"，这个最高类的规定性，就是"没有规定性"。所以"有"这个名的内涵也就是没有规定性。实际上没有，也不可能有没有任何规定性的东西。这就是说实际上没有、也不可能有不是任何东西的东西，这样也就是无了。直截了当地说，抽象的有就是无。

从逻辑上说，一个名的外延越大，它的内涵就越少，在理论上说"有"这个名的外延最大，可以说是"至大无外"，它的内涵就越少，少至等于零，既然它的内涵等于零，它的外延也就等于零，这也就是无，《老子》和玄学贵无派把"道"相当于"无"，所以强调"道"是"无名"。《老子》（帛书本）第一章最末一句："二者同出，异名同谓，玄之又玄，众妙之门。"两者就是有、无。有无是"异名同谓"，这真是有点玄之又玄。玄学的玄字，是由此而来。其实照上边所说的，这并没有什么玄，这是人们生活中的事情所应有的含义，不过人们没有加以分析。这就叫"百姓日用而不知"。

这是一个概括的说明。了解这个说明就可以知道道家和玄学家们并不是随便玩弄有、无这两个名词。不过，他们可能没有想得这么清楚，至少是没有说得这么清楚，他们只是用了"辩名析理"的方法，照这个方法，没有规定性就是无名。比如《老子》第一章开宗明义就说："道，可道非常道。名，可名非常名。"指的就是这个情况。每一个名言，都代表一种规定性，所谓常道常名，没有规定性，所以就不可说不可名。就这一方面说，有就是无了。所以，第一章的末尾就说有、无是"异名同谓"。这些都是从逻辑和本体论方面讲的。如果从宇宙发生论方面讲，那就是《老子》所说的"天下万物生于有，有生于无"（四十章）。照这个讲法，那就不能说有、无是"异名同谓"了。本体论是对于事物作逻辑的分析，它不讲发生的问题。《老子》没有把宇宙发生论的讲法和本体论的讲法区别清楚，往往混而不分，引起混乱。玄学也有这个缺点。

道家和玄学的贵无论都说"无"就是"道"，它们都强调道是无名。所谓无名就是没有规定性。这是本体论的讲法。如果说道能生天地万物，那就是宇宙发生论的讲法了。上面所说的那一套，就是本体论的讲法。玄学家们也没有讲得这样清楚，他们是围绕着这个问题进行辩论的。我们自己必须先弄清这个问题，才可以看出他们辩论的实质。

第二节 玄学的方法

玄学的方法是"辩名析理"，简称"名理"。名就是名词，理就是一个名词的内涵。一个名称代表一个概念，一个概念的对象就是一类事物的规定性，那个规定性就是理。上节所讲的那一套，用的就是"辩名析理"的方法。

"辩名析理"这四个字是郭象提出来的。郭象《庄子注》说："昔吾未览《庄子》，尝闻论者争夫尺棰连环之意，而皆云庄生之言，遂以庄生为辩者之流。按此篇较评诸子，至于此章，则曰其道舛驳，其言不中，乃知道听涂说之伤实也。吾意亦谓无经国体致（别本作制），真所谓无用之谈也。然膏粱之子，均之戏豫，或倦于典言，而能辩名析理，以宣其气，以系其思。流于后世，使性不邪淫，不犹贤于博奕者乎！故存而不论，以贻好事也。"（《庄子·天下篇》注）

郭象的这一大段话，是郭象写在《天下篇》评论名家那一段之后的。名家的方法也是辩名析理。郭象在这一段话中，是不是批判辩名析理？实际上，是对于辩名析理的如实的评定。他首先指出，像名家的那些辩论，"无经国体致，真所谓无用之谈也"。就是说，那些辩论不能解决实际问题，所以是没有什么用处，同时又说能够辩名析理可以使性不邪淫，比打牌赌博下棋总要好一点吧。这就是说，辩名析理不能解决实际上的问题，但是可以改善人的精神境界。现在有人说，哲学是一种理智的游戏，那也是把它与打牌赌博下棋相比。我说哲学不能增加人对于实际事物的知识，但能提高人对于实际的理解，随着这种理解的提高，人的精神境界也提高了。郭象倒是先我而言之了。

"辩名析理"这个名称，是郭象提出来的，但是这个方法，不是郭象创始的。当时的士族中有一种辩论的风气，郭象是从这种风气中概括出来一个方法论，称之为"辩名析理"。简称为"名理"。关于这种风气，《世说新语》有许多生动的记载。下面引几条以为说明。

"客问乐令'旨不至'者，乐亦不复剖析文句，直以麈尾柄确几曰：'至不？'客曰：'至！'乐因又举麈尾曰：'若至者，那得去？'于是客乃悟服。乐辞约而旨达，皆此类。"（《世说新语·文学》）

乐广对于客所提出的问题，虽然没有做言语上的说明，但他的表示却是一篇很好的"辩名析理"的辩论。"辩名析理"是就一个名词分析它所表示的理，它所表示的理就是它的内涵。现在写逻辑的人常讲概念有内涵和外延，这是错误的。概念是指一类事物的规定性说的。照我看，只能说一个名词有内涵、有外延。名词的内涵即是概念，所以不能说概念还有什么内涵，也不能说概念有外延。名词的内涵是不变的，可变的是名词的外延，是这个名词所指的那一类的东西，这一点在我们的日常的言语中往往没有分别清楚。比如说，困难可以转化为容易，容易可以转化为困难。这是说一件容易的事，如果办不好，它就成为困难的事；一件困难的事，如果办得好，它就成为容易的事。这都是就容易、困难这两个名词的外延说的。如果就这两个名词的内涵说，容易就是容易，困难就是困难，永远不能互相转化。就"至"这个名词说，按它的内涵说，"至"就是至，不能转化为去，"去"就是去，不能转化为至。但就"至"的外延说，一个具体的至的东西又可以转化为去，乐广说的"至不"的至，是指共相的至，而他说"若至者哪得去"的至，是指具体的至，他的麈尾又至又去，这个具体的至，其内容实际是不至，乐广用他的麈尾表示这个道理。乐广这一系列的表示，是辩"至"之名，析"至"之理。所以他这一系列的表示是一篇典型的"辩名析理"的文章。

先秦的名家就是用"辩名析理"的方法进行辩论。他们以辩论见长，所以当时称为辩者。玄学家们喜欢辩论，所以也喜欢名家。《世说新语·文学》说："谢安年少时，请阮光禄道《白马论》。为论以示谢，于时谢不即解阮语，重相咨尽。阮乃叹曰：'非但能言人不可得，正索解人亦不可得！'"可见，当时在士族中名家是一个热门，可是真正懂得名家的人也不多。上边所引郭象《庄子·天下》注也说，当时有许多人研究辩者，可是他们竟然把辩者和庄子混为一谈，可见他们不但不懂辩者，也不真懂庄子。

无论如何，魏晋的名士们，见面总是要辩论，辩论的方法总是"辩名析理"。他们所用的理是抽象的概念，不是事，不是实际的问题。所以他们的辩论称为"清谈"或"玄谈"。《世说新语·文学》有一条说："何晏为吏部尚书，有位望，时谈客盈坐，王弼未弱冠往见之。晏闻弼名，因条向者胜理语弼曰：'此理仆以为极，可得复难不？'弼便作难，一坐人便以为屈，于是弼自为客主数番，皆一坐所不及。"

又一条说，"卫玠始渡江，见王大将军。因夜坐，大将军命谢幼舆。玠见谢，甚说之，都不复顾王，遂达旦微言。王永夕不得豫"（《世说新语·文学》）。

又一条说，"裴散骑娶王太尉女。婚后三日，诸婿大会，当时名士，王、裴子弟悉集。郭子玄在座，挑与裴谈。子玄才甚丰赡，始数交未快。郭陈张甚盛，裴徐理前语，理致甚微，四座咨嗟称快。王亦以为奇，谓诸人曰：君辈勿为尔，将受困寡人女婿！"（同上）刘孝标注引邓粲《晋纪》说："（裴）遐以辩论为业，善叙名理，辞气清畅，泠然若琴瑟，闻其言者，知与不知，无不叹服。"（同上）

从《世说新语》的这几条可以看出来，当时流行于士族之间的一种风气，称为"玄风"。那些名士们一见面、一碰头就辩论起来，所辩论的内容，就是分析概念，当时称为"析理"。何晏和王弼不过是初次见面，但是何晏一开始就提出了几条析理的见解，王弼也不客气，把那些见解都驳倒了。随后又自己立论，自己反驳（"自为客主"），反驳了许多次。卫玠在王敦那里，王敦把他介绍给谢鲲，卫谢两个人一见面就开始辩论，一直谈论到天明，王敦始终插不上嘴。在这些辩论之中，双方都处于平等的地位。何晏政治地位和学术地位在当时都是很高的，王弼不过是一个小青年，可是两个人辩论起来都毫不客气，各抒己见。王敦是大将军，对于卫玠的辩论插不上嘴，也毫不介意。裴遐和王衍那种情况就更突出了，王衍大会宾客，宴请他的新女婿。照一般情况，宴会完了应该是举行一些娱乐，可是在王衍的宴会后，接着就是一个辩论会。郭象先发言，裴遐与之讨论。会结束后，参加的客人都很满意，王衍更是高兴。

名士们一见面就谈，就辩论。他们所谈的内容就是"理"。《世说新语·文学》说：王导南渡后，只讲"声无哀乐，养生，言尽意三理"。他们讲究"剖析"。《世说新语》说：乐广给卫玠"剖析"关于梦的理（同上）。这就叫析理。《世说新语·文学》又说，王导有一天召集一些"名士"聚会，他同殷浩说："身今日当与君共谈析理。""既共清言，遂达三更。"王导说："正始之音，正当尔耳。"对于理的分析和辩论，就叫"清言"或"清谈"，这种风气开始于正始，即何晏和王弼的时代。这就是所谓"正始之音"。

上面讲过，乐广为客讲"旨不至"，这也就是剖析"至"之理。不过他的剖析不是用言语，而是用一种姿态。

上边讲了许多名词，现在清理一下。一类事物的规定性，对于那一类事物的"名"说，它是那个名的内涵。对于人的认识说，它是一个概念。对于客观事物说，它是一个理。把一个理用言语说出来，这就是一个"义"。《世说新语》中常说到义，比如，对于《庄子》的"逍遥游"，有支遁义，有向郭义。这些名词所说的都是一回事，不过是在不同的场合下有不同的称呼。

在当时的情况下，郭象把名士们的辩论内容和方法总结为四个字："辩名析理"。

在表面上看起来，郭象很轻视辩名析理。他认为，名家的那些辩论"无经国体致，真所谓无用之谈也"。他又认为，辩名析理是一种与赌博下棋差不多的游戏。其实，郭象在这里所说的，倒确是玄学的本质。他所说的"膏粱之子"就是士族，他们本来没有什么实际的事情可做，辩名析理可以使他们的气力有所发泄（"以宣其气"），思想有所寄托（"以系其思"），可以使他们"性不邪淫"。这虽然也是一种"戏豫"，但和赌博下棋比较起来总还是好一点吧。

魏晋名士们的辩名析理的言论，如果都写下来，那都是很丰富的哲学史材料。可是除了少数人外，他们都不写，因为他们认为这些谈话是一种乐事或游戏，写文章是一种苦事。《世说新语·文学》"向秀注庄子"条下，刘孝标注引《向秀别传》说，向秀将注庄子，先把计划告诉嵇康和吕安，嵇、吕都说："此书讵复须注？徒弃人作乐事耳！"这就是说，谈谈庄子是一种快乐，注庄子就得抛弃这种快乐。后来金圣叹很了解这个意思，他说"微言求乐，著书心苦"（《水浒传》序，原题施耐庵作）。魏晋的名士们，本来是把辩名析理作为一种"戏豫"，是作乐，要叫他们写文章，他们就不干了。

"性不邪淫"这四个字的内容，可以多也可以少，所说的那种精神境界可以高也可以低。郭象的《庄子序》说："故其长波之所荡，高风之所扇，畅乎物宜，适乎民愿。弘其鄙，解其悬，洒落之功未加，而矜夸所以散。故观其书，超然自以为已当，经昆仑，涉太虚，而游惚怳之庭矣。虽复贪婪之人，进躁之士，暂而揽其余芳，味其溢流，仿佛其音影，犹足旷然有忘形自得之怀，况探其远情而玩永年者乎！遂绵邈清遐，去离尘埃，而返冥极者也。"他在这里所说的"贪婪"、"进躁"就是"邪淫"；他所说的"弘其鄙，解其悬"，就是"性不邪淫"。说到"无用"，郭象认为《庄子》也是无用的。他在《庄子序》中说："夫应而非会，则虽当无用。言非物事，则虽高不行。"意思就是说，如果一个言论不是针对着一个实际问题说的，不是为解决一个实际问题而说的，它虽然不错，也没有什么用处；如果是离开了实际事物讲的，虽然很高明，也不能成为现实。照这样说起来，《庄子》也是无用之谈了。不过他对于提高人的精神境界却是很有用。照他在下文所说，所谓"玄冥之境"、"惚怳之庭"，就是他和玄学家们所说的最高精神境界。

郭象在《庄子序》中所说的"混芒"、"玄冥之境"，"惚怳之庭"，就是郭象所谓的"冥极"。达到"玄冥之境"，游"惚怳之庭"，"返冥极"，贵无派玄学家称为"体无"。这是一种精神境界，可以称为浑沌。浑沌就是无分别，可是像"体无"这种浑沌，是经过分别而后得到的。贵无派的玄学家们说了许多关于"无"的话，这就是分别。"体无"这种浑沌是经过分别而后得到的，可以称为后得的浑沌，没有经过分别而自然有的浑沌，可以称为原始的浑沌。此二者虽然统称为浑沌，但有本质的不同。原始的浑沌和辩名析理是对立的，后来的浑沌是辩名析理的结果。

关于精神方面的东西，都有原始与后得的区别。中国的诗人乐草木之无知，羡儿童之天真。其实，草木并不知道它们是无知，更不知道无知之可乐，儿童也不知道他们是天真。草木的无知和儿童的天真是原始的，诗人所羡慕的这个无知和天真是后得的。"初生之犊不畏虎"，它不怕老虎，是不知老虎可怕。它不怕是由于它的无知，并不是由于它的勇敢。只有在它知道老虎的可怕，而又偏偏不怕的时候，才是勇敢。原始和后得的分别，就在于有自觉和没自觉。郭象在《庄子序》中说："故观其书，超然自以为已当，经昆仑，涉太虚，而游惚怳之庭矣。""超然自以为"这五个字很重要，并不是别人以为而是自以为，这就是自觉。原始的浑沌是不自觉的，后得的浑沌是自觉的，这就是二者的主要区别。

《庄子·应帝王》末段所说的"浑沌死"，是原始的浑沌死了，郭象应该就这个机会说明原始浑沌和后得浑沌的分别，可是他只轻描淡写地引用了老子的一句话："为者败之。"这说明他没有在理论上弄清楚原始的浑沌和后得浑沌的区别。

《世说新语》说："傅嘏善言虚胜，荀粲谈尚玄远。每至共语，有争而不相喻。裴冀州（裴徽）释二家之义，通彼我之怀，常使两情皆得，彼此俱畅。"（《世说新语·文学》）刘孝标注引《荀粲别传》的意思大概相同，但是说，傅嘏"善名理而粲尚玄远"。"虚胜"这个词在别处很少见。照字面看，虚胜和玄远也不是相对立的，有什么区别，也不清楚。我认为当照《荀粲别传》所载的，"傅嘏善名理，荀粲尚玄远"。

裴徽怎样把两个人的思想都讲通了呢？原来名理和玄远本来就是玄学的两个方面，名理是一种学问，玄远是一种境界，名理是方法，玄远是目的，这两者本来是相通的，所以经过裴徽的解释，他们两人就都觉得满意了。

《荀粲别传》说：这两个人，"宗致虽同，仓卒时或格而不相得意"（《世说新语·文学》刘孝标注引）。这几句话就是说，他们两个的意思，归根到底，是相同的，但是在谈论之间，各有偏重，所以就不能互相了解。经过裴徽的解释，他们就互相了解了。

《世说新语》常说某人"善名理"，某人"尚玄远"，因此有人说名理和玄远是玄学中的两派，这种说法是不对的。上边所引《世说新语》的那一条，可以说明这一点。

第三节　玄学中的派别和发展阶段

玄学中是有派别的，玄学家们对于有无的了解有所不同，因此就分为三派，都是围绕有无问题立论的。一派是王弼、何晏的"贵无论"，一派是裴頠的"崇有论"，一派是郭象的"无无论"。现在需要说明的是，从哲学的观点看，这些不同应该怎样理解。

上边讲过，"群有"、"有"、"无"是玄学中的三个主要概念。从人类的认识过程说，认识是从"群有"抽象出来"有"，或者说是概括出来，又从"有"分析出来"无"，这是人类认识发展的一个过程。这个过程的详细经过上边已经讲了。从认识论方面说，"无"是这个过程最后得到的一个概念。它是从"辩名析理"得来的。到了这个概念，"辩名析理"的方法就用尽了。"辩名析理"的方法就是本体论的方法。从本体论的方法看，这个认识发展的过程是很容易了解的，也没有什么不合理之处。

可是有些人，把这个过程了解为宇宙形成的过程，把用本体论方法所得的最后的概念，了解为宇宙形成的最初的实体，把认识的过程弄颠倒了。这种颠倒，在《老子》中就已经有了。它说："天下万物生于有，有生于无。"（四十章）王弼也说："凡有皆始于无。"（《老子注》）从认识的过程说，本来是天地万物——→有——→无；把它颠倒了，就成为无——→有——→天地万物。经过这样一颠倒，这个无就成为一种实体，称之为"道"。《老子》本来说道是"象帝之先"，经过这么一颠倒，就不仅"象帝之先"，而且就是"帝之先"了，成为造物主了。对于"无"持这种理解的玄学家，就是贵无派。

反对贵无派的崇有派，反对这种理解，把贵无派的这种颠倒又颠倒过来，这就是裴頠崇有论的主要之点。

不承认"道"或"无"是一种实体，天地万物都是自然生出，不需要有一个造物者，这就是郭象所说的："造物者无主，而物各自造。"（《庄子·齐物论》"恶识所以然，恶识所以不然"注）这就是无无派的主要论点。无无派和崇有派在反对"无"是一种实体这一点上，是一致的，他们所说的"有"，都是"群有"。所以从哲学意义上说，无无派就是崇有派。因此"贵无"和"崇有"的不同，也就是唯物主义与唯心主义的根本不同之点。

刘孝标说，袁宏的《名士传》把魏晋时期的名士分为"正始名士"、"竹林名士"、"中朝名士"。（《世说新语·文学》注）这实际上就是把玄学的发展分为三个阶段。按这些名士的思想内容说，"正始"和"竹林"应该是一个阶段，即贵无论阶段。"竹林名士"的主要代表人物阮籍和嵇康主张"越名教而任自然"，实际上是对正始玄风的一种补充。正始玄风的代表人物何晏、王弼是在自然观方面讲贵无；阮籍、嵇康是在社会思想方面讲贵无。这种贵无表现在对于名教的批判，所以他们是互相补充的。竹林七贤的时代也是紧接着正始的，其中有些人也都是正始时代的人，所以袁宏所说的这两个阶段实际上是一个阶段。袁宏把竹林七贤从正始玄风中划分出来，这种做法不能反映玄学发展的实际情况。

袁宏所说的"中朝"，是指西晋中期，在这个时期出现了裴頠的崇有论和郭象的无无论。裴頠的崇有论，否定了贵无论的自然观，认为"无不能生有"；也否定了贵无论的社会政治理论，认为名教不可越。郭象的无无论否定了贵无论的自然观，但不否认贵无论所讲的玄远精神境界，认为自然与名教不是对立的，而是统一的，认为任自然不必越名教。他也讲所谓"玄冥之境"、"惚恍之庭"，并且认为有了这种精神境界的人，才最宜于做社会的统治者，这即是他所说的"内圣外王之道"。他的三个主要论点是"造物无物"、"物之自造"、"内圣外王"。他把这三个论点都在《庄子序》中明确扼要地讲了出来。

照这样看起来，魏晋玄学的发展，主要有三个阶段：第一阶段是贵无论，第二阶段是裴頠的崇有论，第三阶段是郭象的无无论。就玄学说，贵无论是肯定，裴頠的崇有论是否定，郭象的无无论是否定之否定。郭象的《庄子注》是魏晋玄学发展的高峰。

郭象以后，出现了《列子》和张湛的《列子注》。《列子》是一部拼凑的书，《列子注》也没有提出什么新的论点，这不能算是玄学发展的一个阶段，只能算是一个尾声。

玄学发展的这三个阶段中，王弼、何晏的贵无论是肯定，裴頠的崇有论是否定，郭象的无无论是否定之否定，它否定了裴頠对于"玄远"和"越名教"的否定。

第四节　玄学与抽象思维

本册的绪论讲了玄学的阶级根源。上边所讲的是玄学的认识论的根源。关于有、无的问题，在人类认识发展的过程中，是这样发展起来的。玄学家们不会讲得这样清楚，我也不是说他们就讲得这样清楚。但我们研究哲学史的人必须讲清楚，说清楚，才可以懂得玄学家们的思路的来龙去脉，才可以懂得他们所讨论的是个什么问题，才可以看出来他们的思想在哪一点上是正确的，在哪一点上是错误的，才可以区分玄学中的唯物主义和唯心主义。魏晋之际的一些社会情况，也给玄学起了启发和促进的作用。

上边讲过，"辩名析理"是玄学的方法。一种思想的方法和它的内容是分不开的，它的方法同时也是它的思想内容的一部分。玄学注重"辩名"，因为关于"名"的问题是从汉末以来人们所关心的问题。这不是一个脱离实际的学术问题，它实际上是一个社会问题。

从东汉末年以来，就有所谓"名教"的问题，这个问题的主要内容，就是董仲舒所讲的"三纲"：君为臣纲、父为子纲、夫为妻纲。其所以称为名教，因为"三纲"只管名不管实。例如：君为臣纲，这里所谓君，有名义上的君，有实际上的君。君为臣纲，要求为臣的人要无限忠于他的名义上的君，不管某一个实际为君的人怎样不合为君之道。实际上不合为君之道的君，就是所谓"无道昏君"。无道昏君不合为君之道，实际上已经不是君了。可是照"名教"的说法，这不是一个为人臣的人所应该讨论的问题，不管他的名义上的君是有道或是无道，是昏或是明，作为他的臣的人，都应该绝对服从，无限尽忠。这种"教"只管名不管实，所以称为"名教"。这里最突出的是一个名、实的问题，在封建社会中人们还不能提出从根本上废除名教的要求，但是关于名、实的问题，还觉得可以提出讨论。

还有从汉朝以来实行的征辟制度所引起的名、实不符的情况，也使人们注意所谓名、实问题，人们普遍的要求综核名、实，成为一种社会风气。玄学的"辩名析理"就是这种风气在哲学上的反映。这种风气开始于"辩名"，"析理"是"辩名"的进一步深入。

汉魏之际的"综核名实"的风气，对于玄学起了启发和促进的作用。但玄学把那个风气的方向改变了。这个风气本来是要用"综核名实"的方法纠正当时社会的实际情况，玄学却用"辩名析理"的方法，脱离实际，成为"清谈"。这是玄学的阶级根源所决定的。

如郭象所说的，"辩名析理"是魏晋时期士族的一种精神游戏，这是不错的。但他认为这种游戏的用处只是使人"性不邪淫"，这是不全面的。这种游戏的最大的用处，是训练和提高人的抽象思维的能力。

汉朝的人是伟大的，但是他们的抽象思维的能力是比较低的，汉朝哲学家们的根本观念都还是具体思维。例如，董仲舒所说的"天"好像是一个活灵活现的玉皇大帝，坐在凌霄宝殿上发号施令，赏善罚恶。王充批判董仲舒所说的"天"的时候，也是用具体思维的话。刘歆、扬雄所说的气，是一种有形有象的东西，是可以感觉的，只要人们有足够灵敏的感觉和工具。王充、张衡所说的气也是如此。至于董仲舒所说的气，那就更是如此了。这些观念都是图画式的，都是属于具体思维的。

玄学的辩名析理完全是抽象思维，从这一方面说，魏晋玄学是对两汉哲学的一种革命。研究中国哲学史的人，从两汉到魏晋，觉得耳目一新，这是因为玄学的精神面貌和两汉哲学比较起来，完全是新的。人们对于魏晋玄学也觉得不易了解，不知道它说的是什么，这是因为习惯于具体思维的缘故，在中国哲学史中，魏晋玄学是中华民族抽象思维的空前的发展。

恩格斯说："理论的思维仅仅是一种天赋的能力。这种能力必须加以发展和锻炼，而为了这种锻炼，除了学习以往的哲学，直到现在还没有别的手段。"（恩格斯《自然辩证法》，第23页）

恩格斯所说的理论思维同我所说的抽象思维，意义不完全相同。其相同之处是它们不同于"经验的方法"。但我也认为抽象思维是一种天赋的能力，这种能力的发展和锻炼除了学习以往的哲学，直到现在还没有别的手段。在中国哲学史中，玄学是这种能力的发展的一个高峰。学习中国哲学史的这一段，对于发展抽象思维的能力，是很有帮助的。

第三十八章 王弼、何晏的贵无论——玄学的建立及其发展的第一阶段

第一节 王弼、何晏的生平与著作

王弼字辅嗣，魏国山阳（今河南焦作）人；何晏字平叔，南阳宛县（今河南南阳）人；二人是魏晋时期新经学和新哲学的主要创始人。在曹爽和司马懿争夺政权的时候，何晏是曹爽这一边的一个当权派。魏正始十年（公元249年）曹爽失败，何晏为司马懿所杀。在政治上王弼是同何晏在一起的。因为他的政治上的位置不很高，后来被免职，在同年也病死了，仅活了二十四岁。他们都是所谓"正始（魏齐王芳年号，240—249）玄风"的主要人物。

何晏的著作有《论语集解》。《世说新语·文学》篇有两条关于何晏注《老子》的故事。一条说，何晏注《老子》已完成，见王弼的《老子注》，自以为不及，乃以所注改为"道德二论"。另一条说何晏本来也要作《老子注》，还没有完成。一次，听王弼谈他自己的《老子注》的大意。何晏觉得王弼的见解比他自己高明，所以就放弃了自己原来的计划，只作了一篇《道德论》。我认为何晏的关于《老子》的著作，应是"道德二论"即《道论》和《德论》。《世说新语》所说的《道德论》当即《道论》、《德论》的统称。《列子·天瑞》篇张湛注所引的《道论》，就是《世说新语》所说的《道论》。《列子·仲尼》篇所引的《无名论》，可能就是《世说新语》所说的《德论》。

王弼的著作有《周易注》、《周易略例》、《周易大演论》（已佚）、《老子注》、《老子指略》、《论语释疑》（已佚）。《老子注》和《周易注》是随文注解的。《老子指略》和《周易略例》是王弼所认为是《老子》和《周易》的主要思想的通论。《魏氏春秋》说："初，夏侯玄、何晏等名盛于时，司马景王亦预焉。晏尝曰：'唯深也，故能通天下之志，夏侯太初是也。唯几也，故能成天下之务，司马子元是也。唯神也，不疾而速，不行而至。吾闻其语，未见其人。'

盖欲以神况诸己也。"（《三国志·魏书》卷九《曹爽传》注引）夏侯太初是夏侯玄，司马子元是司马师，也就是司马景王，司马懿的儿子。司马懿死后，司马师做了他的继承人，从而是魏朝的实际统治者。他在政治上是何晏、王弼的敌人，但也参加了何晏和王弼的"玄谈"。何劭《王弼传》说："弼之卒也，晋景王闻之，嗟叹者累日。"（《三国志·魏书》卷二八《钟会传》注引）何晏的这几句评论，是根据《周易·系辞》的几句话。《系辞》说："夫易，圣人之所以极深而研几也。唯深也，故能通天下之志。唯几也，故能成天下之务。唯神也，故不疾而速，不行而至。"何晏认为系辞的这三句话，可以用来形容三种人物。他所说的"唯深也"那一种人物，就是刘劭《人物志》所说的"玄虑之人"。他所说的"唯几也"那种人物，就是刘劭《人物志》所说的"明白之士"。他所说的"唯神也"那种人物，就是刘劭《人物志》所说的"能兼二美"的圣人。再用刘劭的话说，何晏认为夏侯玄是英而不雄，司马师是雄而不英，而他自己是又英又雄的最大人物。何晏这些话也可以说明，何晏对于《周易》也是很有研究的。《管辂别传》说何晏与管辂谈《周易》中的九个问题（"九事"，见《三国志·魏书》卷二九《管辂传》注引），《魏氏春秋》说"晏少有异才，善谈《易》、《老》"（《世说新语·文学》刘孝标注引），这是有根据的。

由此可见，何晏和王弼所研究的经典，都是《论语》《周易》和《老子》。他们研究这些经典，都是借以发挥他们自己的哲学思想，建立他们自己的哲学体系，同时也就是给这些经典以新的内容。

他们的工作也好像是互相配合的。何晏已经有了《论语集解》，王弼对于《论语》的解释就不是"注"而是"释疑"，就是说，有可疑的问题，才再作进一步的解释。何晏认为王弼对于《老子》的见解比他高明，他就放弃了自己的"注"。他对于《周易》很有研究，但是他没有作《周易注》。这可能也是因为王弼已经作了《周易注》，所以他就不必再作了。这是我的猜想。

何晏《论语集解》是一部官书，是当时的四个"大臣"和何晏一起作的。可见当时的统治者是有意识地要改造汉朝的经学，以适应农民大起义后的新形势。

何晏的《论语集解》和王弼的《周易注》是魏晋时期的"新经学"的主要著作。唐朝把这两部著作定为《论语》和《周易》的官方标准注解。在形式上，"新经学"是废除了汉朝"经学"的文字上的繁琐考证，在内容上，是废除谶纬的荒唐迷信，把孔丘的经典《老子》化。在这两个方面，王弼的《周易注》可以算是"新经学"的典型作品。"新经学"的哲学内容，就是玄学。

第二节　何晏的《道论》

"玄"这个字，出于《老子》："玄之又玄，众妙之门。"（第一章）从战国时代起老子与黄帝并称，即所谓"黄老之言"。在汉朝初年"黄老之言"很盛行。在东汉，王充也用"黄老之言"批判董仲舒。东汉末年农民大起义也是以"黄老道"为组织形式和思想斗争的工具。当时的农民政权，如张鲁在汉中号召群众读《老子》，宣传《老子》为其文化纲领的一部分。《老子》的影响越来越大。王弼、何晏都注《老子》，讲《老子》，把《老子》作为与《周易》《论语》并重的经典。

《三国志》说："何晏好老庄言。"（《三国志·魏书》卷九《曹爽传》）《晋书·王衍传》说："何晏、王弼等祖述老庄，立论以为，'天地万物皆以无为（依下句，第二个为字当是衍文）为本。无也者，开物成务，无往不成者也。阴阳恃以化生，万物恃以成形，贤者恃以成德，不肖恃以免身。故无之为用，无爵而贵矣'。"

照这里所说的，何晏、王弼也祖述老庄，这是不确切的。他们二人并不讲《庄子》，嵇康、阮籍才开始讲《庄子》。向秀、郭象更扩大了《庄子》的影响。从此以后人们才把《庄子》和《老子》并称为"老庄"。在此以前，人们只说"黄老"，不说"老庄"。从"黄老"到"老庄"，这是当时思想界的一个不小的变化。

《三国志》和《晋书》把何晏、王弼同"老庄"拉在一起，这是不确切的。但《晋书·王衍传》所说的何晏、王弼那几句话，却是很确切扼要。最后那一句明确地揭出"贵无"，尤可见这几句话是"贵无"论的要点。王弼、何晏可能有一些文章，题目就是《贵无论》。在上边的引文下，《王衍传》紧接着说："衍甚重之，惟裴頠以为非，著论以讥之。"裴頠所著的论，题目是《崇有论》。这个题目是针对着《贵无论》说的。

何晏的《道论》说："有之为有，恃无以生。事而为事，由无以成。夫道之而无语，名之而无名，视之而无形，听之而无声，则道之全焉。故能昭音响而出气物，包形神而章光影。玄以之黑，素以之白，矩以之方，规以之圆，圆方得形，而此无形，白黑得名，而此无名也。"（《列子·天瑞》篇，张湛注引）

何晏的这段话的头十八个字就是对"无也者，开物成务，无往不存者也"那句话的注解。"有之为有，恃无以生"就是"开物"。"事而为事，由无以成"就是"成务"。下边的话虽然相当长，但意思却很简单。意思就是说"无"什么都不是，正因为它什么都不是，所以它才能什么都是。

这个道理，王弼说的更清楚。王弼说："夫物之所以生，功之所以成，必生乎无形，由乎无名。无形无名者，万物之宗也。不温不凉，不宫不商，听之不可得而闻，视之不可得而彰，体之不可得而知，味之不可得而尝。……故能为品物之宗主，苞通天地，靡使不经也。若温也则不能凉矣，宫也则不能商矣。形必有所分，声必有所属。故象而形者，非大象也。音而声者，非大音也。然则四象不形，则大象无以畅。五音不声，则大音无以至。四象形而物无所主焉，则大象畅矣；五音声而心无所适焉，则大音至矣。"（《老子指略》）

王弼又进一步说明，他所谓道必须是无形无名的。他说："夫不能辩名，则不可与言理；不能定名，则不可与论实也。凡名生于形，未有形生于名者也。故有此名必有此形，有此形必有其分。仁不得谓之圣，智不得谓之仁，则各有其实矣。"（同上）这个实就是个体。王弼所说的"万物"，包括一切的"实"。王弼认为有万物就必须有一个"万物之宗"。这个万物之宗，既然是万物之宗，它就不能是万物中之一物。如果它仅是万物中之一物，它就不能是万物之宗。"万物之宗"的定义就把它从万物中排斥出去了。它必须是无形，因为"形必有所分"，就是说，形意味着一种范围，有某种形的东西，这种形就把它限制在这种形的范围之内。有了某种一定的形，它就不能有别的形了，这就是对它的限制。有了某一种的形，它就有一定的名，名是因形而起的。所谓"万物之宗"，既然是无形，它当然也是无名。

王弼说："名必有所分，称必有所由，有分则有不兼，有由则有不尽，不兼则大殊其真，不尽则不可以名，此可演而明也。"（《老子指略》）意思就是说，形是一种限制，名是由形而起，所以名也是一种限制。受了限制，它是这就不能是那，这就是"不兼"。给事物一个名称，必定有所根据。这个根据，只能说到一个方面，不能包括一切方面，必有不尽之处。所以说："有分则有不兼，有由则有不尽"。王弼说："此可演而明也。"就是说这个道理，是可用一种演绎推论的方法来说明的，他的演绎推论就是上面所讲的。王弼所用的，就是"辩名析理"的名理方法。

《老子》说："大音希声，大象无形。"（四十一章）可是这个无形、无象，就是"大象"。譬如一个声音，如果它是这种声音，它就不能是那种声音，所以"大音"必须是"希声"，就是说没有声音。正因为如此，所以它才有可能是这种声音，也可以是那种声音。

王弼又认为，如果"万物之宗"仅仅是无形无名，还不足以表示其为"万物之宗"。"万物之宗"之所以为"万物之宗"，正是因为有万物。如果根本上没有万物，万物之宗就不成其为"万物之宗"了。反过来当然也可以说，正是有万物的存在，所以推演出来"万物之宗"，如果根本没有万物，那也无从推演出来"万物之宗"。所以"万物之宗"必须表现为万物。王弼认为"万物之宗"的"大象"必须通过有形、有象的东西，才能显现出来。大音的声音，必须通过某种声音，才能表现出来。但是"大象"虽然必须通过某种象才能表现出来，但它自己不把它自己限于某种象，所以它还是"大象"。"大音"虽然必须通过某种声音才能把它自己表现出来。但是它却不把它自己限制于某种声音，所以它还是"大音"。一个人所接触的，实际上总是有形的东西。但是他若是能够在接触有形的东西的时候，不专注意于某种形，他就是在有形的东西中看见无形的"大象"了。好比一个听音乐的人，虽然他所听的总是某种声音，但是他若能够不专于某种声音，那就是超过某种声音的限制而听见"大音"了。

王弼所讲的"大象""大音"，显然就是象的一般和音的一般。"大象"和特殊形的关系，"大音"和特殊声的关系，显然就是一般和个别的关系，共相和殊相的关系。"大象"可以成为众形之宗，"大音"可以成为众声之宗。道是万物之宗，可以称为"大有"。可是，"大有"和"大象""大音"有所不同，因为"大象""大音"有规定性，而"大有"不可能有规定性。套用《老子》的话说，就是"大有"无有。从众有（万物）到"大有"，从"大有"到无有，这个认识过程在本书第三十七章中已经讲了。贵无派的玄学家虽然没有讲得那样清楚，但能够知道"大有"就是无，这就很不容易了。他们的错误，在于把这个认识过程弄颠倒了，把认识上的一个最后的观点当成宇宙发生的最高实体，这是由于他们没有划清本体论与宇宙形成论的界限。这在本书第三十七章中也讲过了。《老子》在这一点上也没有分别清楚。所以它一方面说，有无"异名同谓"（第一章，据帛书本）；一方面又说"天下万物生于有，有生于无"（四十章）。

第三节　王弼、何晏关于"无名"的辩论

在这里，有一个很微妙的问题。既然说道是无名，这个无名岂不就是它的名吗？说它是无名，就是把它变成有名了。为了解答这个问题，何晏作了一篇《无名论》，说："谓无名为道，无誉为大，则夫无名者可以言有名矣，无誉者可以言有誉矣。然与夫可誉可名者，岂同用哉？"（《列子·仲尼》篇，张湛注引）意思就是说，在表面上看，说到无名无誉就是说它是有名有誉。但是，这个无名无誉和原来的无名无誉作用不同。怎么样不同，何晏回答说："此比于无所有，故皆有所有矣。而于有所有之中，当与无所有相从，而与夫有所有者不同。"（同上）何晏在这里创造了两个新名词"有所有"和"无所有"。"有所有"指个体

事物所有的那些性质；"无所有"指个别事物所没有的那些性质，何晏用这两个名词表明个别和一般的区别。说"道"是无名，似乎是说"道"也是有所有，但是，这个有所有和个体事物的有所有不是一类的东西。这个有所有和无所有是一类的。照何晏说，凡是同类的东西，无论相隔得多么远，还是互相呼应的。不同的东西无论相隔得多么近，还是互相排斥的。他举例说，阴中有阳，阳中有阴，阴阳各自寻找它们的同类。譬如，夏天是阳，但是夏天的一早一晚还是和冬天的阴相呼应；冬天是阴，但冬天的正午还是和夏天的阳相呼应。他说："夫道者，惟无所有者也。自天地以来，皆有所有矣，然犹谓之道者，以其能复用无所有也。故虽处有名之域，而没（当作不没）其无名之象，由以在阳之远体，而忘（当作不忘）其自有阴之远类也。"（同上）意思就是说，从有天地以来，所有的万物都是"有所有"，但还说万物和道有关系，就是因为"无所有"还在发挥作用。他说："夫惟无名，故可得遍以天下之名名之。然岂其名也哉？唯此足喻而终莫悟，是观泰山崇崛，而谓元气不浩芒者也。"（同上）意思就是说，道本来是无名，因为它无名，所以可用遍天下之名名之。虽然可以用遍天下之名名之，但那些名都不是它的名。

何晏的这个意思，王弼也有。《老子》第一章"玄之又玄"，王弼注说："玄者，冥也，默然无有也。始，母之所出也，不可得而名，故不可言同名曰玄。而言同谓之玄者，取于不可得而谓之然也。不可得而谓之然，则不可以定乎一玄而已。若定乎一玄，则是名，失之远矣。故曰玄之又玄也。"（这段注的原文，抄写颠倒错误，几不可读。兹参考陶鸿庆校改写。）

王弼的意思是说，《老子》不说同名曰玄，而说同谓之玄，这是有讲究的。他把"此两者"解释为"始"和"母"，"始"和"母"，"有"和"无"，意思是一样的。玄的意思是"默然无有"。既然"默然无有"，所以不可得而名。既然不可得而名，那就是无名。可是说它是无名，那它就是有名了。为了避免这个矛盾，所以《老子》不说"同名曰玄"而说"同谓之玄"。这是表示不得已谓之。照王弼的说法，有两层的玄，一玄，二玄。原来的"默然无有"是一玄，这是本来的无名。说它是无名而又知道无名不是它的名，这是二玄。一玄加二玄就是"玄之又玄"。如果认为无名就是本来无名的名，那就是"定乎一玄，失之远矣"。

用何晏的名词说，一玄是"无所有"，二玄是经过"有所有"而又知道它是"无所有"。王弼和何晏都没有见过帛书本《老子》。如果他们见过帛书本，他们就知道《老子》本来就是说"异名同谓"。对于这四个字的了解可以深，也可以浅。浅的了解就是一玄，深的了解就是二玄。帛书本也说"玄之又玄"。如果照王弼的解释，那就非做深的了解不可了。

照上边所讲的，王弼、何晏也认为，"有"不能离开"无"，"无"也不能离开"有"。王弼在讲"大音""大象"的时候也承认"大音"固然不是宫商角徵羽中的任何一种声，但如果没有任何一种声，"大音"也就没有了。"大象"固然不是长短方圆中的任何一种形，但如果没有任何一种形，"大象"也就没有了。何晏也说阴中有阳，阳中有阴。如果玄学顺着这个方向发展下去，那就可以得到"一般寓于特殊之中"的结论。这是关于一般和特殊关系问题的正确解决。

可是玄学没有顺着这个方向发展。在玄学中本体论的方法和宇宙形成论的方法混乱了，玄学家们也讲"有生于无"的问题，纠缠在一个"生"字上。张湛所编辑的《列子》和他的《列子注》就是一个明显的例子。

本体论和宇宙形成论所用的方法不同，所要解决的问题也不同。本体论的方法是对于宇宙事物做逻辑的分析，看它们是怎样构成的。宇宙形成论的方法是对于宇宙事物做具体的观察，看它们是怎样发生的，本体论不讲宇宙事物是怎样发生的，宇宙形成论把主要问题纠缠在一个"生"字上，这就纠缠不清了。

第四节 王弼关于一般和特殊的关系的几种说法

因为纠缠不清，王弼对于一般和特殊的关系有几种不同的说法。

王弼有的时候说，这是一种母、子关系。他说："凡有皆始于无，故未形无名之时，则为万物之始。及其有形有名之时，则长之，育之，亭之，毒之，为其母也。"（《老子》一章注）就是说，在还没有万物的时候，万物开始于道。万物已经有了以后，道还经常保护、养育它们，如同一个母亲，在她的子女生出后，她还是经常关心她的子女。

王弼又用本、末的关系说明道和万物、无和有的关系。他说："母，本也；子，末也。"（《老子》五十二章注）这两种说法是不一致的。母和子的关系，与本和末的关系，还不一样。母和子虽然息息相关，但在子生出以后，母、子毕竟是两个身体。一棵树的根是本，它的枝叶是末。根和枝叶虽然是有所不同，但毕竟是一棵树的两个部分。

王弼还用"体"和"用"的关系说明道和万物、无和有的关系。他说："夫大之极也，其唯道乎？自此已往，岂足尊哉？故虽德盛业大，富（而）有万物，犹各得其德。……（德）虽贵，以无为用，不能舍无以为体也。……以无为用，德（得）其母，故能己不劳焉而物无不理。下此已往，则失用之母。"（《老子》三十八章注）"体""用"是中国哲学史中的一对范畴。王弼可以说是首先讲到这对范畴的。照以后中国哲学史中所讲的，"体"是事物的本质，"用"

是这个本质所发生的作用。比如说，一个电灯泡，有它一定的结构，这就是它的"体"。它有这种结构，它就能发光，这就是它的用。王弼在这里说"不能舍无以为体"，那就是说，道是体，万物是道的体所发生的作用。这就是说，无是体，有是用。照王弼的唯心主义的体系看，他本来应该是这样说的。照字面上看，他说："以无为用。"又说："言无者，有之所以为利，皆赖无以为用也。"（《老子》十一章注）"有"和"无"究竟哪个是体，哪个是用，有点分别不清。但是他说，"以无为用，得其母"，"失用之母"。他认为"无"是"用"之母。这样说，就是认为"无"是体，"有"是用。

严格地说，体和用的关系，同母和子、本和末的关系又有不同。母和子还是两个身体。一棵树的根和它的枝叶，毕竟还是两部分。"体"和"用"不是一个东西的两部分，而是一个东西的两个方面。有什么样的体，就必然要发生什么样的作用；有什么样的作用，就说明必然有什么样的体。

王弼、何晏这里所讨论的，牵涉到哲学中的一个中心问题，物质和精神，究竟哪个是第一性的，哪个是第二性的。中国哲学史中的"体"和"用"这一对范畴，就是用以说明第一性和第二性的问题。说哪个是体，哪个是用，就是说，哪个是第一性的，哪个是第二性的。辩证唯物主义所阐明的物质与精神的关系，用中国哲学史中的话讲，就是，物质是体，精神是用。本和末也是中国哲学史的一对范畴，是说明"派生"的关系，说哪一个东西是本，哪一个东西是末，就是说，后者是从前者派生出来的。王弼所说的母和子的比喻，也是说明"派生"的关系。

第五节 王弼关于"一"和"多"的理论

关于一般和特殊的问题，王弼在《周易略例》中讲得比较清楚。王弼认为，《周易》的六十四卦，每一卦都代表一类事物，每一类事物都有这一类事物的规定性。《周易》的每一卦都有一个象辞。王弼说："夫象者，何也？统论一卦之体，明其所由之主者也。""一卦之体"就是那一卦所代表的那一类事物。"其所由之主"就是那一类事物的规定性。例如，方的东西是一类，这一类东西的规定性就是"方"。这个"方"并不是方的东西中的某一个方的东西，而是所有方的东西所由来的"主"。这个"方"是个抽象的方，是方的一般，那些具体的方都是这个"方"的具体的例子，用《周易》的话说都是它的"象"。

王弼接着说："夫众不能治众，治众者，至寡者也。夫动不能制动，制天下之动者，贞夫一者也。故众之所以得咸存者，主必致一也。动之所以得咸运者，原必无二也。"(《周易略例·明象》）就是说一般是一，特殊是多，一般是不变动的，特殊是变动的，一能统多，静能制动。在西方哲学史中，这个一和多、变和不变、动或静的问题，是从古希腊以来就讨论的问题。在中国哲学史中，王弼把它明确起来。

王弼下面接着说："物无妄然，必由其理，统之有宗，会之有元，故繁而不乱，众而不惑。"就是说，某一类东西之所以为某一类的东西，并不是出于偶然，也不是由于人们的随意安排，而是由于客观的理，这个理就是一般。如方的一般，就是方之所以为方之理。这个理就是几何学所讲的方的定义，这个定义就是方的一类东西的标准。人们根据这个标准制造出方的东西，也根据这个标准批评已有的方的东西，说这个方的东西很方，那个方的东西不很方，或者很不方。这就叫"统之有宗，会之有元"。有了这个标准，所以能在众多的方的东西之中"繁而不乱，众而不惑"。

王弼总括说："故自统而寻之，物虽众，则知可以执一御也。由本以观之，义虽博，则知可以一名举也。故处璇玑以观大运，则天地之动未足怪也。据会要以观方来，则六合辐辏未足多也。故举卦之名，义有主矣。观其彖辞，则思过半矣。"就是说，如果懂得了一般就可以了解特殊，控制特殊。好比天文虽然复杂，但是有了天文学的仪器，也是可以观测的。社会上的现象，虽然混乱，但是如果抓住几个关键，也是可以控制的。《周易》中每一卦的彖辞，讲的就是这种关键性的东西，对于人可以有望远镜和显微镜的作用。《周易》的彖辞未必有这么大的作用，但是王弼在这里所说的关于一般和特殊的理论是相当简明扼要的，特别是"物无妄然，必有其理"，把一般说成是理，这在中国哲学史中是很有影响的。

《周易》六十四卦的首两卦是乾坤。王弼认为，乾所代表的是天这一类的东西，其规定性是"健"。坤所代表的是地这一类的东西，其规定性是"顺"。《周易》乾坤二卦的彖辞中，没有这样明确地说，王弼的注明确地这样说了。他认为，"健""顺"这两个一般是乾坤两卦所代表的东西的所由之上。天是健的，但是健的不一定是天，也可以是马或别的东西。地是顺的，但是顺的不一定是地，也可以是牛或别的东西。王弼说："是故触类可为其象，合义可为其征。义苟在健，何必马乎？类苟在顺，何必牛乎？爻苟合顺，何必坤乃为牛？义苟应健，何必乾乃为马？"(《周易略例·明象》）这样一讲就把《周易》讲活了。王弼把《周易》恢复到宇宙代数学的地位，代数学讲的是一些公式，公式中没有任何数目字，而任何数目字都可代入其中。自从《周易·系辞》出来以后，汉朝的人大概都不懂得《周易》是宇宙代数学。他们都是用《周易》的公式讲某一种自然或社会现象。例如"卦气"就是利用《周易》的公式讲气象学。这样一讲就把《周易》讲成气象学，把《周易》讲死了。王弼紧接着批判说："而或者定马于乾，案文责卦，有马无乾，则伪说滋漫，难可纪矣。互体不足，遂及卦变；变又不足，推致五行。一决其原，巧愈弥甚。从复或值，而义无所取。盖存象忘意之由也。"（《周易略例·明象》）王弼把汉朝的死《周易》又讲活了，这是王弼在易学中的一次大革命。

在《周易略例》中，王弼用了许多名词，看起来很复杂，其实所讲的只是一个问题，一般和特殊的问题。一般，就其在客观世界中的地位说叫"理"，就其在卦里的关系说叫"义"，就其在人的认识中的地位说叫"意"（概念），就其对于名的关系说，是一个名的内涵。就一个类的名字说，一般，是它的内涵，特殊，是它的外延。它的内涵也就是理。所以说玄学讲"辩名析理"。

特别值得指出的是，王弼认为一般是特殊的"所由之主"。他不说一般是特殊所由以生之主。这说明他没有纠缠在生字上。用上边所举的比喻说，方的一般是特殊的方的东西的标准，是方之所以为方者，这就是说方的一般是特殊的方的东西的"所由之主"。如果说方的一般是特殊的方的东西所由以生之主，那就是另外一回事了。由此可见，王弼说，道是万物"所由之宗"。这个"宗"也是"主"的意思，不是祖宗之宗。

《周易·系辞》："大衍之数五十，其用四十有九。"王弼解释说："演天地之数，所赖者五十也。其用四十有九，则其一不用也。不用而用以之通，非数而数以之成，斯易之太极也。四十有九，数之极也。夫无不可以无明，必因于有，故常于有物之极，而必明其所由之宗也。"（韩康伯注引）

《系辞》说"大衍"，王弼说："演天地之数"。可见王弼认为"衍""演"两个字的意思是相同的。王弼的《周易大演论》应该就是发挥《系辞》这一段的，可惜已佚了。韩康伯在《系辞》注中把王弼那一卷书的意思简明扼要地总括为上边所引的那一段话，称为王弼大衍义。这个义很重要，因为它概括了王弼对于一般和特殊的关系的理论。《系辞》的这一段，本来是讲筮法的，王弼借用它讲"数"。他把五十作为所有的数的代表。在这许多数之中，有一个数不用，"不用而用以之通，非数而数以之成，斯易之太极也"。这个一"非数"，就是说它不是和其余四十九个具体的数并列的，所以不用。虽然如此，其余四十九个具体的数都要靠它才能成为数，这就是数之所以为数者，数之理，这就是数的"极"。在这里"极"是标准的意思，数之理就是数的标准。

"四十有九，数之极也"，在这里"极"是极限的意思。统共五十个数，去其一，四十九就是极限。"夫无不可以无明，必因于有，故常于有物之极，而必明其所由之宗也。"那个"非数"的"一"实际上是没有的，所以也就是无。它要成为有，必须依靠具体的数目。可是这个数之理就是数"所由之宗"。所以在讲到数的极限的时候，必须把它讲出来。

王弼实际上是认为不仅作为道的那个无是无，凡是可为一类东西的所由之宗，都是无。譬如"大音""大象"都是无。总而言之凡是抽象的都是无，具体的才是有。抽象的必须依靠具体的，一般的必须依靠特殊的，才能显现出来。这就是他所说的"无不可以无明，必因于有"。就是说无不能离开有。

但是，他又说："将欲全有，必反于无也。"（《老子》四十章注）意思就是说，如果要对于"有"有全面的了解，那就要回到无去。例如：如果要对方的东西有全面的了解，那就要充分了解方之所以为方的方之理。

在一般和特殊的关系上，王弼认为一般是特殊的"所由之宗"或"所由之主"，可见他并不认为母子关系的那种比喻是恰当的。他用这种关系比喻是他的思想中宇宙形成论的影响。但他毕竟认为一般是特殊的"所由之宗"，可见他认为一般是第一性的，特殊是第二性的。这就是贵无论之所以为贵无论，也就是贵无论之所以为唯心主义。

第六节 王弼关于常、变、动、静的理论

王弼说："夫爻者，何也？言乎变者也。变者，何也？情伪之所为也。夫情伪之动，非数之所求也。故合、散、屈、伸……巧历不能定其算数，圣明不能为之典要。法制所不能齐，度量所不能均也。"（《周易略例·明爻通变》）

《周易》六十四卦，每一卦有六画，一画叫一爻。照王弼讲，每一卦的爻，表示这一卦所代表的那一类事物的变化。为什么要变化？王弼说：是由于事物的"情伪"，什么叫情伪？这个名词，相当重要，需要考证一下。《周易·咸卦》的象辞说："咸，感也。……观其所感而天地万物之情可见矣。"王弼注说："天地万物之情，见于所感也。凡感之为道，不能感非类者也。"《恒卦》的象辞说："观其所恒，而天地万物之情可见矣。"王弼注说："天地万物之情，见于所恒也。"《大壮卦》的象辞说："正大而天地之情可见矣。"照王弼这些话看，情就是事物的真实情况和表现，伪是情的反面，就是不是事物的真实的情况和表现。"情伪"两个字连起来用，就好像"长短""大小"那样。说一个东西的"长短"，就是说它的长度，说一个东西的"大小"，就是说它的体积。说事物的"情伪"，就是说事物的情况和表现，就是王弼所说的"合、散、屈、伸"。王弼认为，事物的变化就是事物的表现有不同的情况。

王弼认为，事物的变化是很复杂的，没有死的框框。任何算学家也不能预算出将来的任何事变，任何聪明的人也不能定出一成不变的规范。但是大致说起来，万物之情，可以从两个方面来看。一个方面是"观其所恒"，另一方面是

"观其所感"。《恒卦》的卦辞说："恒，亨，无咎，利贞，利有攸往。"王弼注说："各得所恒，修其常道，终则有始，往而无违，故利有攸往也。"照王弼的了解，恒就是常道，就是一类事物的理。一类事物照它的理去做，这就叫"修其常道"，也就是"得其所恒"。王弼认为，事物的变化是循环的，一个循环完了，底下就跟着另一个循环。这就是"终则有始"。无论怎样循环，一类的事物都应该"修其常道"，不能违背它的理。这就是"往而无违"。如果一个人能这样，他无论做什么事都是成功的。这就是"利有攸往"。王弼又说："得其常道，故终则复始，往无穷极。"（《恒卦·彖辞》注）就是说，事物的变化就是这样循环下去，以至于无穷。

天地万物之情"见于所感"。这个感字的意义，相当宽泛，包括事物间的互相联系，互相刺激。在这些过程中，主动的方面叫做"感"，被动的方面叫做"应"。两方面联系起来，整个的过程，叫做"感应"。《咸卦》卦辞说："咸，亨，利，贞，取女吉。"《彖辞》说："咸，感也。柔上刚下，二气感应以相与，止而说（悦），男下女，是以亨，利贞，取女吉也。"王弼注说："凡感之为道，不能感非类者也。故引取女以明同类之义也。同类而不相感应，以其各亢所处也。故女虽应男之物，必下之而后取女乃吉也。"一个事物刺激另外一个事物叫感。《彖辞》和王弼注，都是就咸卦的卦象说的。就卦象说，☷艮下兑上。他们认为，就这个卦象说，艮是少男，是阳刚，兑是少女，是阴柔。这个卦象所表示的，是柔上刚下。他们认为咸卦所代表的事物，就自然界说，就是阴阳二气的感应，以化成万物。就社会说，就是男女结合，生男育女。在男女结合的时候，男去感女，女来应男，女是"应男之物"。在古代的婚礼中，男要亲自去迎接女，叫做亲迎。这就是"男下女"。王弼说，一类的东西，只能感同类的东西，不能感不同类的东西。男、女有不同，但都是人类。男人和女人，都是人。但是如果男或女都把自己的地位看得很高，那也不能互相感应。所以在举行婚礼的时候，男必须把自己的地位降低，亲自去迎接女，亲自去感她。可是等到娶来以后，男使用夫权，男的地位就绝对的高，女的地位就绝对的低了。

概括地说，王弼认为《周易》的一个根本的原则，就是每一卦的各爻之间互相感应，也就是说，事物之间的一个根本原理，就是事物之间的互相感应。当时有些人也是这样说的。《世说新语·文学》说，殷浩问当时一个有名的和尚慧远："易以何为体？"回答说："易以感为体。"殷说："铜山西崩，灵钟东应，便是易耶？"慧远笑而不答。慧远不答，因为殷浩所说的，恰好就是"同声相应"的例子。

王弼明确地说，不同类的事物不能互相感应。可是在有些情况下不同类的事物又似乎是可以互相感应。他说："形躁好静，质柔爱刚。体与情反，质与愿违。……近不必比，远不必乖。同声相应，高下不必均也。同气相求，体质不必齐也。召云者龙，命吕者律。故二女相违，而刚柔合体，隆墀永叹，远壑必盈。投戈散地，则六亲不能相保。同舟而济，则吴、越何患乎异心。"（《周易略例·明爻通变》）

王弼在这里所说的，就是列举了一些复杂的情况，好像是不同类的东西，也可以互相感应，而同类的东西，反而不能互相感应。譬如说：阴阳异类（《周易略例·明象》邢璹注引王弼）。阳主动，阴主静，阴阳又是"相求之物"，这就是形躁好静，质柔爱刚。从表面上看起来，好像是它们的体质和它们的愿望是相违反的。相近的东西，不一定就能联合起来，隔离很远的东西，不一定就不能联合。两个女的在一起，就要互相嫉妒，而一女一男在一起，倒是可以结合起来。在高山上发出声音，而远处的深沟里倒有回响。在兵荒马乱的时候，一家的亲属也要分散。在一个船上的人，虽然素不相识，也要同心协力去维护那个船的安全。

王弼认为，这些都是些现象。在这些现象中，虽然很多问题好像不好解释，但是如果在道理上弄通了，这些问题还是可以解决的。他说："同声相应，高下不必均也。同气相求，体质不必齐也。……苟识其情，不忧乖远。苟明其趣，不烦强武。能说（悦）诸心，能研诸虑，睽而知其类，异而知其通，其唯明爻者乎。"（《周易略例·明爻通变》）意思就是说，虽然有这复杂的情况，但基本的道理还是一个，那就是《乾卦·文言》中所说的，"同声相应，同气相求……则各从其类也"。"物以类聚，人以群分"，一类的东西，就各个的个体说，那是千差万别的，但是它们既然归为一类，它们必然有一个共同之点。只要抓住这共同之点就可以看出来，它们虽然有千差万别，可是在这一点上他们是相同的。这就是"睽而知其类，异而知其通"。这是很不容易做到的，必须有考虑研究的工夫，就是说"能说诸心，能研诸虑"方可以做到。能做到这一点，表面上很复杂的问题，就可以解决了。这就是"苟识其情，不忧乖远。苟明其趣，不烦强武"。王弼认为，一个卦中各爻的作用，就是表示事物的这些复杂情况。所以必须"明爻"才能够认识这些复杂的情况。从这些复杂的情况中，找出事物的类，认识事物的变化，虽然复杂，但是有一个道理可以把它们贯通起来。

王弼在《周易略例》中，另有一篇题目是《明卦适变通爻》。在这一篇中，王弼继续讲卦和爻的作用。他说："夫卦者，时也。爻者，适时之变者也。……一时之制，可反而用也。一时之吉，可反而凶也。故卦以反对而爻亦皆变。是故用无常道，事无轨度。动静屈伸，唯变所适。"就是说，一个卦代表一类事物，也代表一种形势。卦的一个爻，就表示适合这种形势而应该采取的行动。形势是经常变动的，适合一个时候的形势的行动，在另一个时候的形势下，就可以起相反的作用。一种形势下的吉，在另一种形势下，就可变为凶。相反的卦表示相反的形势，所以在相反的卦中，它们的爻也就跟着变了。

在上边所引的王弼的话中，他提出了两个重要范畴，一个是"类"，一个是"时"。一般和特殊这一对范畴，都是从"类"这个范畴来的。一般是一个类的一般，特殊是一个类的特殊。王弼认为六十四卦的每一卦，都代表典型情况，这个典型就是那一类的一般。这个类可以是空间中的一现，也可以是时间中的一段。王弼说："夫卦者，时也。爻者，适时之变者也。"六十四卦象辞往往说某一卦之"时义大矣哉"，就是说某一卦的意义，在于它代表的那一段时间。《周易》认为，宇宙就是一个大流行，一个变化的过程，过程中的每一段都有它的意义，这就叫"时义"。

王弼对于《周易》的变的原则有所认识，但对于宇宙的变的原则认识不清。《老子》说："万物并作，吾以观复。"（十六章）《周易》也有复卦。王弼认为，"复"是事物变化的一个根本原则。王弼《老子》十六章注说："以虚静观其反复。凡有起于虚，动起于静。故万物虽并动作，卒复归于虚静。"《周易·复卦》，王弼注说："复者，反本之谓也。天地以本为心者也。凡动息则静，静非对动者也。语息则默，默非对语者也。然则天地虽大，富有万物，雷动风行，运化万变，寂然至无，是其本矣。……冬至，阴之复也，夏至，阳之复也。故为复则至于寂然大静。……动复则静，行复则止，事复则无事也。"就是说，一个运动如果恢复了它还没有动时候的原状，那就是静了，一个行为，如果恢复了还没有这个行为的时候的原状，这个行为就停止了。一件事，如果恢复了还没有这件事的时候的原状，就是无事。

就一个特殊的、个体的运动说，这是可以说的。一个特殊的、个体的运动，是有开始、有终结的。比如说，放一个人造卫星上天，在没有放的时候，没有这个卫星的运动。它开始上天以后，过了若干年，它还是要坠落到地球上，结束了它的运动。专就这个人造卫星说，它运动的时候，总比它不运动的时间短。就算它运动几百年，但是比较它不运动时候的亿亿万万年短得多。就王弼所举的例说，无论一个人怎样健谈，他说话总有个开始，有个终结。他说话的时候，总没有他不说话的时候多。因此王弼认为，动和静，语和默，不能相提并论。动不过是静中的一个插曲，语不过是默中的一个插曲，都是暂时的现象。这就是说，默是绝对的，语是相对的；静是绝对的，动是相对的。

王弼由此作出推论说，天地虽然运化万变，但其根本是"寂然至无"。这就是说，包括一切动的总的动，如果恢复了还没有这个总的动的时候的原状，那就是"寂然大静"。王弼的这个推论，是错的，因为他说的那些话对于某一特殊的、个体的、有始有终的运动，是可以说的，但对于包括一切动的总的动，那就不可说了，因为这个动是无始无终的。

王弼在这里，谈到了哲学的一个根本的问题，运动和静止的问题。辩证法认为，动是绝对的，无条件的，经常的；静是相对的，有条件的，暂时的。王弼的见解，正是相反。他认为，静是绝对的，无条件的，经常的；动是相对的，有条件的，暂时的。王弼用简明的辞句，确切地表达出了这种形而上学思想。

王弼的形而上学思想，还表现在他认为运动总是循环的。比如说，就一年的变化说，冬至是阴气"复"的时候，"复"就是"反本"，就是停止活动。冬至以后，阴气就逐渐停止活动，阳气逐渐活动起来。夏至是阳气"复"的时候，阳气"反本"，就是停止活动。夏至以后，阳气就逐渐停止活动，阴气就逐渐活动起来了。如此循环下去，这就叫"反复"。王弼说："以虚静观其反复。"（《老子》十六章注）"反复"就是循环。

辩证法并不简单地否认事物运动有循环往复的情况，但认为，事物运动的每一循环的内容，都比较地进行到了高一级的程度。社会方面的变化，特别是如此。这一点是王弼所不知道，也是不可能知道的。

第七节　王弼关于社会人生方面的理论

王弼认为，关于社会人生方面的问题，也是一般与特殊关系的问题。每一个人都是一个特殊的个体，这个个体是人类这个类中的特殊，也是天地万物这个大类中的一个特殊。这样的两个类，都有它们的"所由之宗"。天地万物的"所由之宗"，就是"万物之宗"，就是"道"。人类也有它的"所由之宗"，称为"德"。也可以说，"德"是天地万物这一大类中所有的每一个体之所得于道者。这可能是道家所说的道和德两个概念的根本内容。所谓社会人生中的问题，从其根本上说，也是人这个特殊怎样处理他和他的一般的关系问题。

《老子》三十八章所讲的，相传是老子的"德经"之首，王弼在这一章有一段很长的注，这是王弼在这一方面的比较有系统的长篇文章。《老子》三十八章说："上德不德，是以有德（得）；下德不失德，是以无德（得）。上德无为而无以（当作不）为；下德为之而有以（当作不）为，上仁为之而无以为，上义为之而有以为。上礼为之而莫之应，则攘臂而扔之。"

王弼注说："德者，得也。常得而无丧，利而无害，故以德为名焉。何以得德？由乎道也。何以尽德？以无为用。以无为用则莫不载也。故物，无焉，则无物不经，有焉，则不足以免其生。是以天地虽广，以无为心；圣王虽大，以虚为主。……故灭其私而无其身，则四海莫不瞻，远近莫不至。殊其己而有其心，则一体不能自全，肌骨不能相容。是以上德之人，唯道是用，不德其德，无执无用，故能有德而无不（不字疑衍）为。不求而得，不为而成，故虽有德而无德名也。"这是说，一个人是天地万物这个大类中的一个特殊，这是不可改变的事实。虽然有这个事实，但人不可以把这个特殊作为他自己的私有，应该如实地承认，他这个特殊不过是天地万物中的一物，这就叫"以无为用"。所有的特殊都能够以无为用，那就各能得其所得，这就是他所说的"以无为用则莫不载也"。主要的是"灭其私而无其身"，这并不是说，要消灭自己这个特殊，而是说人要有一种精神境界，在其中人不把自己特殊看待，而只是把自己看做是万物中之一物。如果不能这样子，把自己个人特殊看成自己的私有，私字当头，那就是"殊其己而有其心，则一体不能自全，肌骨不能相容"。如果把这个说法推至其逻辑的结论，那就要说，真正的无私，必须无分别，无分别就是浑沌，浑沌就是"体无"，这是"以无为用"的极限。

王弼接着说："凡不能无为而为之者，皆下德也，仁义礼节是也。"下德和上德的主要分别，在于上德"无为"，下德"为之"。一个特殊从自己的立场努力要做某种事情，这就是"为之"，"为之"就是不能"以无为用"的表现。上仁、上义都是为之，其区别在于"有以为"和"无以为"。上仁讲爱，"爱之无所偏私，故上仁为之而无以为也"。上义"忿枉佑直，助彼攻此，物事而有以心为矣（疑有误，或当作"有心以为"），故上义为之而有以为也"。上仁和上义的分别，在于有没有偏私，这就是"无以为"和"有以为"的分别。

王弼在《老子指略》中说："然则，四象不形，则大象无以畅，五音不声，则大音无以至。四象形而物无所主焉，则大象畅矣；五音声而心无所适焉，则大音至矣。"这所说的也是一般和特殊的关系的问题。如果完全没有特殊，一般也就没有了。有了特殊，而特殊又不以自己为主有所偏爱，一般在这个特殊中就显现出来了。上边所讲的"有以为"和"无以为"的分别也就在这里。王弼说："无以为者，无所偏为也。"

"上仁"和"上义"的分别，在于"有以为"和"无以为"。至于礼那就是另外一回事了。王弼说："夫礼也所始，首于忠信不笃，通简不阳，责备于表，机微争制。夫仁义发于内，为之犹伪，况务外饰而可久乎。故夫礼者，忠信之薄而乱之首也。"这是说，礼的特点是，它是一种外表，是从外边加上来的，不像仁义是从内部发出来的。王弼认为，礼是一种清规戒律，条条框框，是一种伪。伪是人为，也是虚伪。人越是注意于遵守这些人为的条条框框，他就越是虚伪。所以礼是"忠信之薄而乱之首"。忠信还是从人的内心发出的感情，礼是一种外表的装饰。礼的发生，表示人的忠信之薄，它又助长虚伪，所以是"乱之首"。

王弼说："何以尽德，以无为用。"从字面上看起来，好像是一句空话，无既然是无，还有什么用不用可说呢？照上边所分析的，他在这些地方所谓的"无"，其内容就是无私和无伪。所谓"无伪"，就是一个特殊照它所得于一般的那种样子而活动。所以"以无为用"还是确有其内容的。

这些"无私"和"无伪"的内容，宋明道学倒是确切地说出来了。宋明道学，严格分别所谓"义利之辨"，认为这是一切道德的根本。道学家们说，义利之辨就是公私之别，不论什么行为，只要是为"公"的，就是"义"；只要是为"私"的，就是"利"。为义的是君子，为利的是小人。《孟子》和《中庸》都以"诚"为最高的范畴，甚至认为"不诚无物"，宋明道学家更发挥了这个意思。玄学家们用的思想方法是"名理"，不习惯于那种方法的人觉得他们所讲的很玄虚，实际上他们所讲的也是很实际的。

王弼也不是从根本上反对礼，他所反对的只是汉末所流行的虚伪的名教教条。他认为不仅礼必须"以无为用"，就是仁义也必须"以无为用"。他说："故仁德之厚，非用仁之所能也；行义之正，非用义之所成也。礼敬之清，非用礼之所济也。载之以道，统之以母，故显之而无所尚，彰之而无所竞。用夫无名，故名以笃焉；用夫无形，故形以成焉。守母以存其子，崇本以举其末，则形名俱有而邪不生，大美配天而华不作。故母不可远，本不可失。仁义，母之所生，非可以为母，形器，匠之所成，非可以为匠也。舍其母而用其子，弃其本而适其末，名则有所分，形则有所止，虽极其大，必有不周，虽盛其美，必有患忧，功在为之，岂足处也。"（《老子》三十八章注）这一大段话，都是讲"以无为用"。如果不能"以无为用"，不但礼是坏事，仁义也不可行。如果能"以无为用"，不但仁义是好事，礼也不是坏事了。

在《老子指略》中也有类似的话。在那里，王弼说："后其身而身先，身先非先之所能也；外其身而身存，身存非存身之所为也。功不可取，美不可用。故必取其为功之母而已矣。篇云：'既知其子'，而必'复守其母'。寻斯理也，何往而不畅哉！"

王弼的这种思想，可以说是不废特殊而先一般，用王弼所了解的"玄之又玄"（《老子》一章注），废特殊而先一般是一玄，不废特殊而先一般是二玄。合起来就是"玄之又玄"。

第八节　王弼、何晏关于"圣人"有情、无情的辩论

据何劭的《王弼传》说："何晏以为圣人无喜、怒、哀、乐，其论甚精，钟会等述之。弼与不同。"（《三国志·魏书》卷二八《钟会传》注引）何晏的论是

怎么说的呢？难以详细知道。不过可以从他的《论语集解》中找一点线索。孔丘说："回也其庶乎，屡空。"（《论语·先进》）何晏的《集解》说："一曰：屡犹每也，空犹虚中也。"回就是孔丘所最喜欢的学生颜回。"虚中"就是说中心是空虚的。颜回"屡空"，就是说，他还不能经常地空，只能屡次地空。后来的玄学家，就这一点上发挥。顾欢说："夫无欲于无欲者，圣人之常也。有欲于无欲者，贤人之分也。二欲同无，故全空以目圣；一有一无，故每虚以称贤。贤人自有观之，则无欲于有欲，自无观之，则有欲于无欲。虚而未尽，非屡如何？"（皇侃《论语义疏》卷六引）顾欢认为，空就是无欲，心中没有任何欲望。贤人要求心中没有任何欲望，但是这个要求就是一种欲望，所以他心中还有欲望。圣人连这种欲望都没有，所以心中真是没有任何欲望。顾欢认为，圣人和贤人的区别就在这里。所以圣人"常空"，而贤人则是"屡空"。

太史叔明说："按其遗仁义，忘礼乐，黜支体，黜聪明，坐忘大通，此忘有之义也。忘有顿尽，非空如何？若以圣人验之。圣人忘忘，大贤不能忘忘。不能忘忘，心复为未尽。一未、一空，故屡名生也焉。"（同上）太史叔明认为，空就是忘有。贤人也能忘有，但是他还在想着忘有。他还没有忘掉那个忘字。所以他心里还不是真正的空。圣人不但忘有，而且把那个忘字也忘掉了。他心里才是真正的空。而贤人则只是"屡空"。这里所谓贤人是指颜回，圣人是指孔丘。

汉朝的谶纬经学家，把孔丘吹捧为"神"，是跟人完全不同的。所以"孔子之道"，就是一种宗教，孔丘就是一个教主。玄学家们提出了不同的说法，认为孔丘也是人。但是，孔丘这个人是"圣人"，超乎一般人之上，跟一般人迥然不同的。其不同在于圣人无情，无喜、怒、哀、乐等感情。

圣人有情或无情，是魏晋时期的名士们所经常讨论的一个问题。

《世说新语·伤逝》说：王戎的小儿子死了他很悲痛，说："圣人忘情，最下不及情，情之所钟，正在我辈。"又说：顾和领他孙子和他的外孙子到一个庙里，看释迦牟尼临死时的像。在这个像中，释迦牟尼的弟子，有的哭，有的不哭。顾和问，为什么有的哭，有的不哭。他的外孙子说："被亲故泣，不被亲故不泣。"他的孙子回答说："不然，当由忘情故不泣，不能忘情故泣。"（《世说新语·言语》）顾欢说"空"是"无欲"，这个"无欲"当然也包括无情。太史叔明说"空"是"忘有"，这个忘有，当然也包括忘情。王戎说"圣人忘情，最下不及情"，他所说的"忘情"，就是无喜怒哀乐。

照当时一般"名士"们的说法，无情比有情高。一般的玄学家们也是这样说。他们认为圣人"与无同体"，所以一切欲望感情，也都"无"了。这就是"虚中"，也就是"空"。

何晏以为"圣人无喜怒哀乐"，他也认为，贤人还是有喜怒哀乐的。《论语》

上说，颜渊"不迁怒，不贰过"。何晏注说："凡人任情，喜怒违理，颜回任道，怒不过分。迁者移也，怒其当理，不移易也。"（《论语集解·雍也》注）照何晏的解释，颜回同一般人不同之处，并不在于他在任何时候都没有怒，而是在于，他能"怒当其理"，"怒不过分"，就是说，"理"应该怒的时候，他才怒，怒应该恰如其分，"当理"就是恰如其分，怒得过分就是不"当理"了。

何晏也是认为贤人与圣人不同，他的说法大概跟顾欢、太史叔明是一类的，是支持当时一般"名士"的说法。照这个说法，圣人的心，就同一块砖瓦、石头一样，这样说，可以吗？当时就有人提出这个问题。

《世说新语·文学》有一条说：僧意问王修，"圣人有情不？"王答说"无"。僧意又问："圣人如柱耶？"王答："如筹算，虽无情，运之者有情。"僧意又问："谁运圣人耶？"王修不能答。王修认为圣人无情，大概是用何晏的那种说法。僧意跟着问：圣人就像根柱子吗？王说：像算学上用的筹码，筹码无情，但是运用筹码的人有情。但是，如果圣人只是像筹码，谁运用这个筹码呢？王修没有回答这个问题，这是不容易回答的。王弼大概是企图回答这一类的问题，他企图把"有情"和"无情"统一起来。

何劭的《王弼传》说，王弼"以为圣人茂于人者，神明也。同于人者，五情也。神明茂，故能体冲和以通无；五情同，故不能无哀乐以应物。然则圣人之情，应物而无累于物者也。今以其无累，便谓不复应物，失之多矣。"王弼又说："夫明足以寻极幽微，而不能去自然之性。颜子之量，孔父之所欲在，然遇之不能无乐，丧之不能无哀。又常狭斯人，以为未能以情从理者也。而今乃知自然之不可革。"（《三国志·魏书》卷二八《钟会传》注引）

王弼的意思是说圣人所以出于常人之上的是他的智慧，但是在情感方面，他还是本来与一般人相同的。在情感方面，在与外物接触的时候，圣人也还是有所反映的。虽然有所反映，但是不受情感的干扰。就是说，他的精神境界，还是平静的，还是跟"无"相同的。这就叫"应物而无累于物"。王弼说，因为圣人也有情感，就认为他仍然是为情感所累，精神境界不得平静，这是不对的。因为圣人精神境界总是平静，就认为他与外物接触的时候，在情感上也完全没有反映，这也是不对的。

王弼说"以情从理"。比如说，人有生有死，这是自然的程序。生的时候用不着喜欢，死的时候也用不着悲哀，认为是理所当然。可以设想，如果懂得这个"理"，人对于死就没有悲哀了，这就是"以情从理"。

王弼说：他自己原来也是认为圣人无喜怒哀乐。他说，孔丘遇到颜渊，他也喜欢，在颜渊死的时候，他也悲哀。王弼说，他原来认为孔丘的见解太狭隘了，为什么不能"以情从理"呢？以后他才认识到，人对于事物的理解，尽可极细微深刻，但是，喜怒哀乐是人的"自然之性"，圣人也是人，他也有"自然之性"，这是不能改变的。在这里，王弼讲了他在这个问题上的思想变化。

关于圣人有情和无情，是当时玄学家们普遍讨论的一个问题。其所以能够成为一个普遍讨论的问题，因为这个问题也是一般和特殊关系问题的一个反映。一个人也是一个特殊，圣人也是一个特殊。既然是一个特殊，他就有一定的生理上和心理上的构造，在这一点上，圣人和一般的人是相同的。这就是王弼所说的"圣人同于人者，五情也。……五情同，故不能无哀乐以应物"。但是他又说："圣人茂于人者，神明也。……神明茂，故能体冲和以通无。"这就是说，圣人虽和一般的人同是特殊，但他却能"通无"，这就是他所讲的"守母知子"的道理。"通无"，就是他所说的"以无为用"。所谓"无"的实际内容，就是"无私"和"无伪"。他说，圣人的喜怒当理不过分，人们只有在完全无私的精神状态中，他的喜怒才能当理不过分。如果有私，他的喜怒就要不当理而过分，那就不是对于外物的自然反映，而是"伪"了。

王弼所讲的这个道理，宋明道学家也见到了。程颢写给张载的《定性书》，讲的就是这个道理。书中说："君子之学莫若廓然而大公，物来而顺应。"又说："圣人之喜，以物之当喜；圣人之怒，以物之当怒。是以圣人之喜怒，不系于己，而系于物也。"照他所说的，定性的大前提，是"廓然而大公"，就能"物来而顺应"。所谓"顺应"，就是遇见当喜的事就喜，当怒的事就怒。所谓"当"就是"当理"，当理就不过分。

这并不是说，程颢抄王弼，这是说有那么一个客观的道理，玄学和道学都看到一些。这也不足为奇。因为客观的道理在一定的范围内就是那么些，在一定范围内，对于某些问题认真思考的人，都能看到一些。道学家们都是批判玄学的，但他们之间的共同之处也还是不少。其共同处是他们都讲到了人的最高的精神境界，即天地境界。贵无论的缺点是它把这种精神境界和社会伦常日用对立起来了，用我在《新原道》的话说，玄学是极高明而不道中庸。宋明道学是教人在社会的伦常日用中达到天地境界，这就纠正了贵无论的缺点，把中国哲学的发展又提高了一步。

在当时对贵无论的缺点的批判，见于裴𬱖的《崇有论》等，详见第四十章。

第三十九章　嵇康、阮籍及其他"竹林名士"

第一节　从黄老到老庄

在本书第二册中，我们讲过，老聃的思想的发展，有两条路线。一条是向唯物主义发展的路线，韩非的《解老》《喻老》，就是这条路线的代表著作。一条是向唯心主义发展的路线，《庄子》这一部书，就是这一条路线的代表著作。汉朝人讲《老子》，大多是沿着唯物主义这条路线。汉朝人所谓"黄老之学"，就是把《老子》作为唯物主义讲的。汉末的黄老道也是披着《老子》的外衣发展起来的，成为黄巾农民大起义的精神武器。

魏晋时期的玄学家们接过了学习《老子》五千言这个口号，但是他们讲《老子》是沿着唯心主义路线讲的。照着这条路线讲《老子》，必然要再进一步讲《庄子》，因为《庄子》是战国时期这条路线的顶峰。汉朝人很少把老子和庄子并称，他们只说"黄老"不说"老庄"。到了魏晋时期，玄学家们就把老子和庄子并称，他们只说"老庄"，不说"黄老"了。

嵇康说："老子、庄周，吾之师也。"又说："又读庄老，重增其放。"（《与山巨源绝交书》，《嵇康集》卷二）这是明确地把老子和庄子并称。阮籍作《达庄论》《通老论》《通易论》，这就是把《周易》《老子》和《庄子》这三部书作为玄学的基本经典。王弼、何晏本来已经把《周易》和《老子》作为玄学的经典，阮籍又加了一部《庄子》，这三部书被以后的玄学家们称为"三玄"。

嵇康说："又读庄老，重增其放。""放"是对于当时传统的"名教""礼法"的清规戒律、条条框框说的，用现在的话说，就是要从这些条条框框中解放出来。这是魏晋玄学的一个方面。突出表现这个方面的是魏晋之际的"竹林名士"。《世说新语·任诞》说："陈留阮籍，谯国嵇康，河内山涛，三人年皆相比，康年少亚之。预此契者：沛国刘伶，陈留阮咸，河内向秀，琅邪王戎。七人常集于竹林之下，肆意酣畅，故世谓'竹林七贤'。"刘孝标的注引《晋阳秋》说："于时风誉扇于海内，至于今咏之。"

《世说新语·任诞》叙述了一些这些人的"放"的故事。有一条说，司马昭请客，座中有阮籍。他那时候正居母丧，还是照常饮酒吃肉，司隶何曾亦在坐，曰："明公方以孝治天下，而阮籍以重丧，显于公坐，饮酒食肉，宜流之海外，以正风教。"文王曰："嗣宗毁顿如此，君不能共忧之，何谓？且有疾而饮酒食肉，固丧礼也！"籍饮啖不辍，神色自若。刘孝标的注引干宝《晋纪》说："何曾尝谓阮籍曰：'卿恣情任性，败俗之人也。'"何曾是一个"礼法之士"。他在宴会中公开批判阮籍，并且是当着司马昭说的，等于一种弹劾。阮籍"饮啖不辍，神色自若"，他早已从这些条条框框中"放"出来了，所谓"恣情任性"就是"放"的内容。

《世说新语·任诞》又一条说："刘伶恒纵酒放达，或脱衣裸形在屋中，人见讥之。伶曰：'我以天地为栋宇，屋室为裈衣，诸君何为入我裈中？'"

这些都是"竹林名士""放"的例子，他们的生活是有与众不同之处。王弼、何晏的生活中，并没有这些与众不同之处，他们仅只是随着知识分子的惯例参加当时的政治活动和政治集团的斗争。他们所参加的政治集团失败了，他们也跟着失败了，这说明他们虽讲《老子》，但并没有享受《老子》的思想。这种享受，中国哲学称为"受用"。竹林名士的"放"，表示他们不但讲老庄，而且受用了老庄。他们的"放"可以补"正始名士"王弼、何晏的不足，两下配合起来，他们的哲学思想已化为他们的精神境界，就成为玄学发展的第一阶段。

第二节 嵇康论精神境界的第一层次——"越名教而任自然"

嵇康（223—262）字叔夜，谯国铚（今皖北）人，是曹魏时期的一个有名的文学家和思想家，做官到中散大夫，所以后世称为嵇中散。当时，在政治上，司马氏和曹氏正在争夺政权。司马懿发动政变，杀了曹爽，初步地夺了政权。王弼、何晏是属于曹爽这一集团的，何晏为司马懿所杀。嵇康是曹氏的亲戚，也为当时执掌政权的司马懿的儿子晋王司马昭所杀。他的著作，后人编为一个集子，叫《嵇康集》，也称为《嵇中散集》。《嵇康集》有许多本子，异文很多。下面引嵇康的著作，不专靠哪一个本子，只看哪一个本子的异文"于义为长"，不另作说明（如果要知道这些本子的异同，可以看鲁迅先生的《嵇康集》的校本）。嵇康的《释私论》是他的一篇重要的讲精神境界的著作（《嵇康集》卷六）。现在我们把他这一篇分析一下。

《释私论》说:"夫称君子者,心无措乎是非,而行不违乎道者也。何以言之?夫气静神虚者,心不存乎矜尚;体亮心达者,情不系于所欲。矜尚不存乎心,故能越名教而任自然;情不系于所欲,故能审贵贱而通物情。物情顺通,故大道无违;越名任心,故是非无措也。是故言君子,则以无措为主,以通物为美。言小人,则以匿情为非,以违道为阙。何者?匿情矜吝,小人之至恶;虚心无措,君子之笃行也。"

这是从两方面讲"君子"。这两个方面实际上就是两个层次。第一个层次是"越名教而任自然",第二个层次是"审贵贱而通物情"。第一个层次,是就个人与社会的关系说的,作为社会的一员,一个人在社会中应该"越名教而任自然"。这就是说一个人应该顺着他的自然本性生活下去,不管社会上的清规戒律、条条框框。要这样做,就要不理会社会上的批评和赞扬,这就叫"心无措乎是非"。第二个层次是就人和宇宙的关系说的,是就人和物的关系说的。在这个关系中,人应该"审贵贱而通物情",能够物情顺通,就与大道无违。达到物情顺通的条件是"情不系于所欲"。

嵇康认为,主要的问题是公私之分。他说:"故论公私者,虽云志道存善,心无凶邪,无所怀而不匿者,不可谓无私。虽欲之伐善,情之违道,无所抱而不显者,不可谓不公。今执必公之理,以绳不公之情,使夫虽为善者,不离于有私;虽欲之伐善,不陷于不公,重其名而贵其心,则是非之情,不得不显矣。是非必显,有善者无匿情之不是,有非者不加不公之大非。无不是则善莫不得;无大非则莫过其非,乃所以救其非也。非徒尽善,亦所以厉不善也。"

这就是说,公私的表现在于"显情"或"匿情"。一个人虽然行的是善事,但是他行善的思想感情都不公开,都被隐蔽起来,这就叫"匿情",这些人还是有私。有些人虽然有"矜尚"、"违道"等缺点,但是,如果他的思想感情都是公开的,都不被隐蔽,这就叫"显情",这些人还是有公。嵇康认为,这样讲,对于有善者和有非者都有好处。有善者懂得这个道理,就可以不匿情而成为有公。有非者懂得了这个道理,就知道自己虽然有错误,但是还不是不公。这样有善者就可以更进一步地为善,有非者也可以受到挽救和勉励。

嵇康举汉朝的第五伦为例。第五伦说:他自己不能无私。他的侄子有病,他一夜去看十次,可是看了以后,还是睡得很好。他自己的儿子有病,他没有这样去看,可是夜里睡不着觉。因此他自己承认有私。嵇康说,第五伦是有非,但不是有私。因为他能够显情,把自己的思想感情完全公开出来,这就是公而不是私。嵇康说:"今第五伦有非而能显,不可谓不公也。所显是非,不可谓有措也。"就是说,第五伦有错误,但他能把它公开出来,这就是公。他公开说出来他的错误,而不怕别人的耻笑,这就是"心无措乎是非"。

嵇康说："夫公私者，成败之途而吉凶之门也。……栖心古烈，拟足公途。值心而言，则言无不是。触情而行，则事无不吉。于是乎同（鲁迅云疑当作情）之所措者，乃非所措也。欲之所私者，乃非所私也。言不计乎得失而遇善，行不准乎是非而遇吉，岂（疑当作其）公成私败之数乎？"（《释私论》）在这一段话里，有八个重要的字，就是"值心而言"、"触情而行"。就是说，想怎么说就怎么说，想怎么行就怎么行，这就是"任自然"。任自然必定是是的，因为这是"显情"，显情是公。想怎么样说而不说，想怎么样行而不行，那就是不任自然，不任自然是"匿情"，一定是非的。明白了这个道理，就知道，一般人所注意的是非，并不是应该注意的，一般人认为是私的，并不是私的。能够实行这八个字，就可以"寄胸怀于八荒，垂坦荡以永日，斯非贤人君子高行之美异者乎"（《释私论》）。这是"越名教而任自然"的人的精神境界。

社会中的事是复杂的，善恶是非和成败吉凶在有些情况下是一致的，但在有些情况下就不一致了。嵇康把这两方面的事情，认为是完全一致，那就不然了。"值心而言则言无不是"，这是一定的；"触情而行则事无不吉"，这就不一定了。"触情而行"那个行必定是是的，但是，吉不吉，成不成，那就不敢说了。"言不计乎得失而遇善"，这是一定的。"行不准乎是非而遇吉"，这就不一定了。有没有一个办法把这些矛盾统一起来呢？有的。用嵇康的前提推下去，那就是完全"任自然"，不计成败得失。嵇康把善恶、是非和吉凶、得失等同起来，这还是不能不计成败得失。这也是他的思想中的一个内在矛盾。

嵇康有一个朋友，山涛，是当时的一个大官。他推荐嵇康以自代。嵇康听说这个消息，大为不满，就给山涛写了一封信，和他断交。现在传下来的有《与山巨源绝交书》（《嵇康集》卷二）。在这封信里，他阐述了"任自然"的思想。他自己叙述他的生性习惯说："加少孤露，母兄见骄，不涉经学。性复疏懒，筋驽肉缓，头面常一月十五日不洗，不大闷痒，不能沐也。每常小便，而忍不起，令胞中略转乃起耳。又纵逸来久，情意傲散，简与礼相背，懒与慢相成，而为侪类见宽，不攻其过。又读庄老，重增其放。故使荣进之心日颓，任实之情转笃。此犹禽鹿，少见驯育，则服从教制。长而见羁，则狂顾顿缨，赴蹈汤火。虽饰以金镳，飨以嘉肴，愈思长林而志在丰草也。"下边他又具体地说"有必不堪者七，甚不可者二"。在这封信里，他毫无顾忌地说出了他想说的话，说出了他的自然之性和生活习惯，断然拒绝了山涛的推荐，这就是"越名教而任自然"，"心无措乎是非"，也就是"显情"。

当时有一个人叫张邈，字辽叔，作了一篇文章叫《自然好学论》，说是人自然而然地喜欢学习孔丘的经典。嵇康批评张辽叔的论点，作了一篇《难自然好学论》（《嵇康集》卷七）。论中说："六经以抑引为主，人性以从欲为欢。抑引则违其愿，从欲则得自然。然则自然之得，不由抑引之六经；全性之本，不须犯情之礼律。故仁义务于理伪，非养真之要术；廉让生于争夺，非自然之所出也。"就是说，六经对于人的欲望，有引导，也有抑制。可是就人的欲望本身来说，它不愿受引导，更不愿受抑制。人所喜欢的，就是从心所欲。能够从心所欲，就是得于自然，用不着违反人的情欲的礼律。

嵇康的这段话，是关于名教和自然对立的概括的论述。《世说新语》中有两段记载，可以具体的说明"人性以从欲为欢"的意义。据说，钟会去拜望嵇康，恰好嵇康正在他的院子里的柳树下同向秀一块打铁。原来嵇康有打铁的嗜好，往往以打铁作为消遣，钟会到了，他毫不理睬。钟会只得就走，这时嵇康倒说话了，他问钟会说："何所闻而来？何所见而去？"钟会回答说："闻所闻而来，见所见而去。"（《世说新语·简傲》）钟会是当时的一个贵公子，又是一个大名士，对于他的来访，嵇康竟然不加理睬，这是很不合世俗的礼法的。嵇康不一定是因为瞧不起钟会，所以这样怠慢。他可能是因为打铁的兴致正浓，欲罢不能。他不能因为礼节上的应酬，而打断他的兴致。这就是"以从欲为欢"。

又据说，当时有一个名士，在夜间忽然想起一个朋友，想找他谈谈。那时正在下雪。他不管这一切，叫了一只船，连夜冒雪往他朋友家里去，一直走到天明，才到他朋友家的门口，可是他又不进去了，坐原船回到自己家里。别人都觉得很奇怪。他说："乘兴而行，兴尽而返。"（《世说新语·任诞》）原来他只是凭着一时的高兴，可是那一时的高兴，就是那一时的"欲"。他这样做就是"以从欲为欢"。他这样做，不管别人的讥笑，这就是"心无措乎是非"。

第三节 嵇康论精神境界的第二层次——"心不违乎道"

在第一个层次中，人解决了在社会中的人生问题，其主要的办法是"心无措乎是非"，"越名教而任自然"。但是，人生中的问题并不都是社会中的问题。人是社会的一个成员，也是宇宙的一个成员，他不能离开社会，更不能离开宇宙。人生中的问题，有些是因个人同社会的关系而有的，更多的是因个人同宇宙的关系而有的。前者是要解决，后者更是要解决。解决后者的主要办法，照嵇康所说的，是"情不系于所欲"，"审贵贱而通物情"。关于这两句话的意义，嵇康在《释私论》中没有讲，但在别的文章中讲了。

嵇康作了一篇《养生论》（《嵇康集》卷三），向秀提出了不同的意见，作了一篇《难养生论》（《嵇康集》卷四）。嵇康提出反驳，作了一篇《答难养生论》。在这场辩论中，提到对于富贵的态度的问题。嵇康说："故世之难得者，非财也，非荣也，患意之不足耳。意足者，虽耦耕甽亩，被褐啜菽，莫不自得。不足者，虽养以天下，委以万物，犹未惬然。则足者不须外，不足者无外之不须也。无不须，故无往而不乏。无所须，故无适而不足。不以荣华肆志，不以隐约趋俗，混乎与万物并行，不可宠辱，此真有富贵也。故遗贵，欲贵者贱及之，忘富，欲富者贫得之，理之然也。今居荣华而忧，虽与荣华偕老，亦所以终身长愁耳。故老子曰，'乐莫大于无忧，富莫大于知足'，此之谓也。"（《答难养生论》）

这里所说的外，就是所欲，欲是内，所欲是外。"情不系于所欲"，就是"不须外"。"混乎与万物并行，不可宠辱，此真有富贵也"，就是《释私论》所说的"审贵贱而通物情"。知道什么是真有富贵，这就是"审贵贱"。"混乎与万物并行"，就是"通物情"。照《世说新语·任诞》所记载，竹林名士中的阮咸有一次宴请他的族人，用大盆盛酒，大家围绕着盆子喝。他家里的猪也来喝，他们就和猪一块喝，这就有"混乎与万物并行"的意思。这个意思，就是把自己放在万物之间，作为万物中之一物。

嵇康批评世俗中的人说："上以周礼为关键，毕志一诚；下以嗜欲为鞭策，欲罢不能。驰骛于世教之内，争巧于荣辱之间。"（《答难养生论》）他认为这些人都是"情系于所欲"，受"外"的束缚，跟着"外"跑。嵇康说："苟得意有地，俗之所乐，皆粪土耳。何足恋哉？"（同上）他认为世俗的人所以恋于世俗之乐，因为他们在内没有得意之地。他说："此皆无主于内，借外物以乐之。外物虽丰，哀亦备矣。有主于中，以内乐外，虽无钟鼓，乐已具矣。故得志者，非轩冕也；有至乐者，非充屈也。（"充屈"疑当作"充悦"，本篇上文云："若以充悦为贤，则未闻鼎食有百年之宾也"，指可以充腹悦口的好吃的东西。）得失无以累之耳。且父母有疾，在困而瘳，则忧喜并用矣。由此言之，不若无喜可知也。然则（鲁迅云："则下当有'无'字"）乐岂非至乐邪？故顺天和以自然，以道德（老庄所说的道德，非一般所谓道德）为师友，玩阴阳之变化，乐长生之永久，任自然以托身，并天地而不朽者，孰享之哉。"（同上）嵇康所举的例子意思是说，一个人的父母得病而瘳愈了，这固然是一喜，但宁可不要这种喜，因为父母不得病那就更好。嵇康用这个例子说明无乐就是至乐。

这大概就是嵇康所说的"行不违乎道"的意义。这是一种精神境界。这里所说的"长生""永久""不朽"，都是有这种精神境界的人所有的自觉，并不是说有这种精神境界的人像神仙那样，可以长生不死。嵇康认为长生不死的神仙是有的，但是认为神仙"似特受异气，禀之自然，非积学所能致也"（《养生论》，《嵇康集》卷二）。如果养生得法，也可以益寿延年，活到千余岁或数百岁，这是积学所能致的。嵇康认为人的精神和肉体是互相依赖互相影响的，所以养生最好的办法是从精神和肉体两方面同时下手。他说："是以君子知形恃神以立，神须形以存，悟生理之易失，知一过之害生。故修性以保神，安心以全身，爱憎不栖于情，忧喜不留于意，泊然无感而体气和平。又呼吸吐纳，服食养身，使形神相亲，表里俱济也。"（同上）嵇康在这里讲的是形神交养，但养神的话比较多，他大概认为养生究竟是以养神为主，养神为必要条件。但他又认为，养神虽是必要条件，但不是充足条件，还要加上养形的条件。他所说的呼吸吐纳服食，就是养形的条件。服食是吃药，像灵芝之类。

嵇康又认为，养神重在理解觉悟，怕的是强制压迫。他说："善养生者则不然矣。清虚静泰，少私寡欲，知名位之伤德，故忽而不营，非欲而强禁也；识厚味之害性，故弃而弗顾，非贪而后抑也。外物以累心不存，神气以醇白独著。旷然无忧患，寂然无思虑。又守之以一，养之以和，和理日济，同乎大顺。然后蒸以灵芝，润以醴泉，晞以朝阳，绥以五弦，无为自得，体妙心玄。忘欢而后乐足，遗生而后身存。若此以往，庶可与羡门比寿，王乔争年，何为其无有哉！"（同上）这里那几个"知"字，就是理解觉悟。其要点是"情不系于所欲"，"以内乐外"，不"以外乐内"。

《老子》和《庄子》书中，本来有神仙家的言论，讲究修炼，以求长生不死。但《老子》书中也说："吾所以有大患者，为吾有身。及吾无身，吾有何患！"（《老子》第十三章）又说："夫惟无以生为者，是贤于贵生。"（《老子》第七十五章）这一类的话都否定了神仙家修炼以求长生不死的言论。嵇康的《释私论》也引了《老子》的这两段话，称为"大道之言"，但是，他还有神仙家的思想。他的《养生论》以养生为题目，认为人的身体如果修炼得法，即使不能像传说中的神仙那样长生不死，总也可以活到千岁或几百岁。这种神仙家的思想，在葛洪的《抱朴子》书中得到发挥，后来成为道教的主要内容。

《老子》和《庄子》本来是一种总集，是号称为道家的人的论文集，其中的篇章，本来不是一时一人所作，思想分歧不足为怪。嵇康的文章中思想不一致，那就是思想的内部矛盾了。他固然也说，"遗生而后身存"，但是又要吐故纳新，还要吃药，这就不是"遗生"了。

嵇康有一首琴歌："凌扶摇兮憩瀛洲，要列子兮为好仇。餐沆瀣兮带朝霞，眇翩翩兮薄天游。齐万物兮超自得，委性命兮任去留。"（《琴赋》，《嵇康集》卷二）既然是"任去留"，那就用不着"吐故纳新"，吃药，以求长生了。

嵇康论精神境界的要点，就是超越。琴歌说："齐万物兮超自得。"万物本来是不齐的，不齐就任其不齐，这就是所谓"以不齐齐之"。如果一个人能够这样地齐万物，这就超了。能超就能自得，就能在社会中"越名教而任自然"，在宇宙间"超万物而自得"，这就是最高的精神境界。要达到这种精神境界，就要超越一个个体所受的限制，用嵇康的话说，那就是"释私"。

嵇康的这一套理论和《庄子》是相合的。《庄子》的《逍遥游》说："且举世而誉之而不加劝，举世而非之而不加沮，定乎内外之分，辩乎荣辱之境，斯已矣。彼其于世未数数然也。虽然，犹有未树也。夫列子御风而行，泠然善也，旬有五日而后反。彼于致福者，未数数然也。此虽免乎行，犹有所待者也。若夫乘天地之正，而御六气之辩，以游无穷者，彼且恶乎待哉！故曰，至人无己，神人无功，圣人无名。"

"举世而誉之而不加劝，举世而非之而不加沮"，这就是"心无措乎是非"。能够这样，就可以在社会中得到逍遥。但人生中的问题不完全是从社会关系中来的，仅只在社会关系中得到逍遥，那还不够，所以说，"犹有未树也"。"列子御风"那几句是说除了社会关系之外，还有一些问题需要解决，但是别的办法还是不行，因为他还要"有所待"。这几句话讲的就是"情不系于所欲"。"所欲"就是"所待"。如果情系于所欲，那就不能无所待。

"若夫乘天地之正"那一段说的是完全的超越，最大的逍遥。这就是琴歌所说的"委性命兮任去留"，也就是《释私论》所说的"寄胸怀于八荒，垂坦荡以永日"。

怎样可以达到这种境界呢？《逍遥游》说："至人无己，神人无功，圣人无名。"主要的是"无己"，"无己"就是"释私"。

嵇康虽受《庄子》的启发，但他所说的这些，并不是注《庄子》，更不是抄《庄子》。是有那么一种客观道理，《庄子》和嵇康对之都有所见，所以他们所说的可以互相启发，互相印证。嵇康的思想中有一些内部矛盾，但也是确有所见。

第四节　嵇康论音乐

嵇康论人生精神境界，一般人或觉有点玄虚，但他在别的著作中也表现了汉末魏初"综核名实"的精神，批判了当时流行的一些宗教迷信。他是一个音乐家，不仅善于弹琴，而且有一套音乐理论。他的音乐理论是中国美学史中的一篇重要文章。在以前讲音乐的著作中，如荀况的《乐论》和《礼记》中的《乐记》，大部分的讨论是关于音乐的起源和音乐的社会效果，至于究竟什么是音乐，却没有明确的说明。嵇康的《声无哀乐论》的要点，是明确地说明音乐的规定性，音乐的理，即究竟什么是音乐。就这个意义说，它是中国美学史上讲音乐的第一篇文章。他所用的方法是玄学中"辩名析理"的方法。他的这篇文章也是玄学中的一篇典型的"辩名析理"的文章。

《声无哀乐论》说："夫天地合德，万物资生。寒暑代往，五行以成。故章为五色，发为五音。音声之作，其犹臭味在于天地之间，其善与不善，虽遭遇浊乱，其体自若而不变也。岂以爱憎易操，哀乐改度哉？"就是说，五音、五色、五行以及天地万物，都是客观的存在。五音有好听的，有不好听的，就好比各种气味，有好闻的，有不好闻的，就是说，有善有不善。无论善与不善，它本来就是那个样子，无论社会上的秩序是太平的还是混乱的，都不能叫它改变。人的主观上的爱好或憎恶，悲哀和欢乐，都不能改变它的规律。

嵇康认为，有些人所以听音乐而感到悲哀，这是因为他心里本来就有悲哀。《声无哀乐论》说："夫哀心藏于苦心之内，遇和声而后发；和声无象，而哀心有主。夫以有主之哀心，因乎无象之和声，其所觉悟，唯哀而已。岂复知吹万不同，而使其自己哉！"就是说，音乐本来没有哀乐的性质，正因其如此，所以心里有哀的人为音乐所感动，就觉得更加悲哀。心里有快乐的人为音乐所感动，就觉得更加快乐。"吹万不同，而使其自己"是引用庄子《齐物论》中一句话，意思是说，音乐有它自己的规律。

《声无哀乐论》又说："今以甲贤而心爱，以乙愚而情憎，则爱憎宜属我，而贤愚宜属彼也。可以我爱而谓之爱人，我憎而谓之憎人，所喜则谓之喜味，所怒则谓之怒味哉？由此言之，则外、内殊用，彼、我异名。声音自当以善恶为主，则无关于哀乐。哀乐自当以情感而后发，则无系于声音。名实俱去，则尽然可见矣。"意思是说，一个人是个贤人，我心里爱好他，另外一个人是个愚人，我心里憎恶他。贤愚的性质是属于那两个人的，是在外的。爱好和憎恶的感情，是属于我的，是在内的。音乐的好坏是属于音乐的，是在外的。悲哀是我的感情，是属于我的，是在内的。嵇康在这里所说的，彼、我、内、外的区别就是客观和主观的区别。嵇康认为，这个区别是很重要的。应该把主观和客观严格地区别开来，不可把主观的东西强加于客观，也不可把客观的东西说成是主观，说声有哀乐，就是把主观的东西强加于客观。嵇康说：这就是"滥于名实"，就是说，名和实不合。如果名和实不合，那就是"名实俱去"。他的《声无哀乐论》就是要说明音乐本来没有哀乐，所以也不应该强加以哀乐之名。

《声无哀乐论》又引反对的人的话说："贤不宜言爱，愚不宜言憎，然则有贤然后爱生，有愚然后憎起，但不当共其名耳。哀乐之作，亦有由而然。此为声使我哀，音使我乐也。苟哀乐由声，更为有实，何得名实俱去耶？"就是说，如果爱好一个人是因为他贤，憎恶一个人是因为他愚，可见我的爱憎是有原由的。不过不应该说，我所爱好的人是爱人，我所憎恶的人是憎人。音乐也是这样，音乐能叫人哀乐，可见哀乐是有原由的，不过不应该说音乐也有哀乐。爱人和憎人，悲哀和喜乐，这种"名"是不应该有的，但"实"是有的，怎样能说"名实俱去"呢？这个反对者又举了许多历史上的记载，证明声有哀乐。嵇康回答说："夫推类辨物，当先求之自然之理。理已足，然后借古义以明之耳。今未得之于心，而多恃前言以为谈证。自此以往，恐巧历不能纪。……夫五色有好丑，五声有善恶，此物之自然也。至于爱与不爱，人情之变，统物之理，唯止于此。然皆无豫于内，待物而成耳。至夫哀乐自以事会，先遘于心，但因和声以自显发。"

在这一段里，嵇康首先提出了一个方法论上的问题。他认为，凡是研究一类事物，首先要搞清楚这一类事物的本来的规律（"自然之理"），这一点搞清楚以后，然后再引证古人所讲的道理，以为说明。如果自己心里还没有把自然之理搞清楚，只靠古人的言论以为自己所说的根据，古人的议论很多，是引不胜引的。嵇康在这一点上的见解，在认识论上说，是唯物主义的反映论。

嵇康接着说，五色有好看的有不好看的，五声有好听的有不好听的，这是客观事物的自然性质。至于我爱好和不爱好，这是人的主观的变化。主要的问题就在这里。事物的"理"跟人的主观情感没有什么关系，它所依赖的只是客观的事物，不是人的主观的情感。人的主观的哀乐也有它们的原因，也是一些事情所构成的，先已经存在于人的心里面，受了音乐的感动，它就发泄出来。这就是"声音无常"的意思。这跟人的贤愚引起我的爱憎那种情况，是不同的。

嵇康说，音乐是能感动人，但不能因此就以为音乐有哀乐。他说："然和声之感人心，亦犹酒醴之发人情也。酒以甘苦为主，而醉者以喜怒为用。其见欢戚为声发，而谓声有哀乐，犹不可见喜怒为酒使，而谓酒有喜怒之理也。"就是说，音乐的主要性质就是和，比如酒的性质是甘苦。有人听了音乐觉得悲哀，有人听了觉得喜欢，就好比有人喝醉了就发怒，有人喝醉了就狂欢。就这一方面说，音声是无常的，但不能因此就说声有哀乐。就比如，酒能使人大怒和狂欢，但不能因此就说酒的本性就有喜怒之理。

嵇康的《琴赋》（《嵇康集》卷二）的意思，和《声无哀乐论》的意思是相同的。《琴赋》的序说，向来赞称乐器的文章，都认为音乐以悲哀为主。这是"未尽其理也。推其所由，似元不解音声，览其旨趣，亦未达礼乐之情也"。就是说，向来讲音乐的人都认为声有哀乐，这些作者们的错误的根源，是既不懂声音之理，也不懂"礼乐之情"。嵇康在这里提出了两个问题。一个是关于音乐本身的规律的问题，一个是"乐"和"礼"的关系的问题。《声无哀乐论》讲的主要内容就是要解决第一个问题。《琴赋》说："非夫至精者，不能与之析理也。"嵇康自以为他自己就是"至精者"。

《琴赋》接着说："若论其体势，详其风声，器和故响逸，张急故声清，间辽故音庳，弦长故徽鸣。性洁静以端理，含至德之和平，诚可以感荡心志而发泄幽情矣。是故怀戚者闻之，则莫不憯懔惨凄，愀怆伤心，含哀懊咿，不能自禁。

其康乐者闻之，则欤愉欢释，抃舞踊溢，留连烂漫，嗢噱终日。若和平者听之，则怡养悦愉，淑穆玄真，恬虚乐古，弃事遗身。是以伯夷以之廉，颜回以之仁，比干以之忠，尾生以之信，惠施以之辩给，万石以之讷慎。其余触类而长，所致非一，同归殊途，或文或质，总中和以统物，咸日用而不失。其感人动物盖亦弘矣。"

在这一大段中，第一小段讲，琴所发出来的音乐能够感动人的心志，激发人的感情。什么感情呢？那就看听的人的心中原来有什么感情，有的听者心中原来有哀的感情，他就更觉悲哀，有的听者原来心中有欢乐的感情，他听了就更加欢乐。还有一些听者原来就心平气和，他听了就更加心平气和。嵇康还说，听者中如果有什么特长，听了音乐，他的特长就更能发挥出来。总的意思就是说，一个乐章就是那么一个乐章。但是在不同的听众中，可以引起不同的反应，发生不同的作用，这就是"声之无常"。这就可见，声是客观的，哀乐是主观的。主观和客观必须严格地区别开来。

《声无哀乐论》说："曲用每殊，而情之处变，犹滋味异美，而口辄识之也。五味万殊，而大同于美，曲变虽众，亦大同于和。美有甘，和有乐。然随曲之情尽乎和域，应美之口绝于甘境，安得哀乐于其间哉。"这是说音乐之所以为音乐，就在于和。和是音乐的规定性，是音乐之理。音乐之所以能够感动人的心志，激发人的感情，所靠的也就是一个和。在嵇康以前，讲音乐的人也都把乐与和联系起来，这个联系几乎是大家所公认的。但以前的联系是把和作为乐的作用，一种社会作用。照嵇康的说法，和不仅是乐的作用，而且是乐的本质。乐之所以能发生和的作用，正是因为它有这种本质。就这点上说，嵇康是发前人之所未发。《声无哀乐论》的主要意思就是说明这一点。

嵇康也承认，音乐之中有各种不同的曲调，大致可以分为猛、静两类，这是曲调的不同，也是乐器的不同。他说，譬如：琵琶、筝、笛声音高亢，节奏急促。琴、瑟声音低，节奏慢。这些猛、静的不同，也引起人的不同的反应，称为躁、静。可是躁、静并不是哀乐。乐曲虽有猛、静的不同，但"猛、静各有一和"，也都要"大同于和"。乐是一个大类名，和是这一大类的规定性，是这个名的内涵。猛、静是这一大类中的小类，虽有不同，但不能离开大类的规定性，不能不"大同于和"。

在《声无哀乐论》中，嵇康也批判了以前和当时人的关于音乐的一些迷信。《声无哀乐论》中引了反对者的话说："师旷吹律，知南风不竞，楚多死声。"有一个相传的故事，楚国要出兵伐郑，意在与晋国争霸，晋国的人听到这个消息，很受震动。晋国的乐官师旷是当时一个大音乐家，说，不怕。他吹律管知道"南风不竞，楚多死声"，楚国伐郑，是不能成功的。嵇康批判说，师旷吹律管，他所能接触的是晋国的空气，晋国的风。楚国离晋国有几千里之远，他怎么能接触到楚国的空气，楚国的风呢？即使他能接触到晋国以外的空气，他怎么能知道他所接触的是楚国的空气，楚国的风呢？嵇康的关于音乐的理论，指出了音乐的本质，也批判了历来关于音乐的迷信。

《声无哀乐论》也批判了以前和当时关于音乐的所谓雅、郑的分别。所谓雅，指的是当时社会上层的传统的古乐；所谓郑，指的是社会下层的新兴的音乐。社会上层的人认为"郑声"没有音乐的价值，不能登大雅之堂。嵇康在《声无哀乐论》中提出不同的意见。他说："若夫郑声是音声之至妙。"为什么是至妙，他没说，在《声无哀乐论》另一段里，他说："姣弄之音挹众声之美，会五音之和。其体赡而用博，故心役于众理。五音会，故欢放而欲惬。"这几句话所讲的可能就是郑声，嵇康大概是沿用当时的话，称为"姣弄之音"。他给这种音的评价是"体赡而用博"。"体赡"是说它的内容丰富，"用博"是说它的作用众多，所以人们听了都觉得轻松愉快。嵇康认为，从艺术标准看，郑声比雅乐高得多了。

孔丘说："郑声淫。"又说："放郑声。"这些话是当时辟郑声的根据，嵇康也不反对。他说："若夫郑声，是音声之至妙。妙音感人，犹美色惑志，耽槃荒酒，易以丧业。自非至人，孰能御之？"这就是说，从艺术标准说，郑声比雅声还要高。正是因为它太好听了，感染力太大了，除非"至人"，谁也抵抗不了。统治者怕人受到感染，所以要禁止它。就是说，从政治标准说，郑声是不好的，所以要不得。统治者要"乐不极音"，不要把音乐搞得太好听了，以免人不务"正业"。

上面讲到，嵇康在《琴赋》序中，提出两个问题，一个是音声之理，一个是礼乐之情。《声无哀乐论》大部分讲的是音声之理，讲到郑声的时候，就转到礼乐之情。

嵇康说："夫音声和比，人情所不能已者也。是以古人知情之不可放，故抑其所遁。知欲之不可绝，故因其所自，为可奉之礼，制可导之乐。口不尽味，乐不极音。揆终始之宜，度贤愚之中，为之检则。使远近同风，用而不竭，亦所以结忠信，著不迁也。"（《声无哀乐论》）就是说，因为声音可以感人，所以可以把乐和礼配合起来，以改变人心，改变风俗。嵇康说，这就是孔子所说的"移风易俗莫善于乐"。嵇康认为，在这个问题上，有两方面要注意，一方面是"抑"，另一方面是"导"。"抑"是限制人的欲望感情，使它们不能向错误方向发展。"导"是引导人的欲望感情，使它们向正确的方向发展。礼的作用主要的是抑，乐的作用主要的是导。礼、乐配合起来，就成为社会上的行为标准。无论什么地方，都照这样的标准行动，这个社会就可以永远存在下去了。这个社会当然是封建社会。所谓正确和错误，也就是封建统治阶级的正确和错误。

嵇康本来说："六经以抑引为主，人性以从欲为欢。"（《难自然好学论》）他本来是反对抑、引的，可是，在讲到音乐的政治标准的时候，他也赞成抑、引了。他本来是反对"名教"和"礼法"的，可是在讲到音乐的社会作用时，又讲礼和乐的配合了。这也是他的思想中的一个内部矛盾。《声无哀乐论》的主题本来是讲音声之理，作为一篇美学论文，这就够了。讲"礼乐之情"是画蛇添足。

第五节　嵇康对于当时社会迷信的态度

在《嵇康集》中有四篇文章，辩论宅有无吉凶。所谓宅，包括所谓阴宅和阳宅。阴宅是死人埋葬的地方，就是坟墓。阳宅是活人居住的地方，就是住宅。古代有所谓"风水""堪舆"的迷信。照这种迷信，如果一家人的阴宅或阳宅是好风水，这家人家就要兴旺；否则就要衰落。这就是认为宅有吉凶。《嵇康集》中有四篇是辩论这个问题的。这四篇既然都在《嵇康集》中，当然都是嵇康所作的。但是，这四篇的内容，是互相批评。这四篇合起来是一场辩论。辩论有双方，嵇康是属于哪一方呢？这是一个有争论的问题。

其实，这是没有可以争辩的。鲁迅校本所用的底本是明吴宽本，这个本子的目录已经明确地标明："第八卷：阮德如《宅无吉凶摄生论》（附），《难宅无吉凶摄生论》。第九卷：阮德如《释难宅无吉凶摄生论》（附），《答释难宅无吉凶摄生论》。"这个目录不但明确地标明四篇文章的作者，也标明四篇文章出现的次序。阮德如先作了一篇《宅无吉凶摄生论》。嵇康有不同的意见，写出《难宅无吉凶摄生论》（以下简称《难》）。阮德如提出解释作《释难宅无吉凶摄生论》。（以下简称《论》）嵇康提出回答，写《答释难宅无吉凶摄生论》。这个目录所标明的次序，就是这场辩论的发展过程。

严可均《全三国文》及姚振宗把《宅无吉凶摄生论》归于张辽叔，未知所据。《隋书·经籍志》道家类注云："梁有摄生论二卷，晋河内太守阮侃撰。"戴明扬据以断定《宅无吉凶摄生论》的作者就是阮侃。（《嵇康集校注》）可能是阮侃，不过这还不能作为定论。因为《隋书》所说的《摄生论》有二卷，似乎是比较长的一部书，不是一篇简短的论文。阮德如的《宅无吉凶摄生论》主要的是讨论宅有无吉凶，至于摄生，他和嵇康的见解是一致的，不在讨论之列。嵇康为司马昭所害，那个时候还没有晋朝。阮侃当过晋朝的河内太守，可见他的年辈比嵇康晚得不少，在那四篇论文中讨论都是平辈熟人的口气，这都是可疑之处。

关于这个问题，还有待于继续研究，暂可不论。

《太平御览》卷一百八十引嵇康《宅无吉凶论》曰："设为三公之宅而命愚民居之，必不为三公可知也。夫寿夭之不可求甚于贵贱。然则择百年之宫而望殇子之寿，孤逆魁忌以速彭祖之夭，必不几矣。然则果无宅也，是性命自然不可求矣。"卷九百一十八又引嵇康《宅无吉凶论》曰："夫同栖之鸡，一栏之羊，宾至而有死者，岂异之哉？"这两段引文都见于那四篇文章之中，所以《太平御览》笼统地称之为嵇康《宅无吉凶论》。《宅无吉凶论》是一个笼统之词，并不是专指《宅无吉凶摄生论》那篇文章，因为那篇文章的题目，并不是《宅无吉凶论》。所以《太平御览》同上边所说的那个目录，并无矛盾。人们还可以根据那个目录以说明那四篇文章的作者和那个辩论的过程。

阮德如的《论》的主题，就是那篇《论》的题目所表示的，讨论的问题是人的寿夭和宅的吉凶的关系，人的寿命是不是专靠摄生（养生）可以决定的，他所住的宅子和他的祖先的坟墓的吉凶是不是也是一种决定的因素。

《论》说："夫善求寿强者，必先知夭疾之所自来，然后其至可防也。祸起于此，为防于彼，则祸无自瘳矣。世有安宅、葬埋、阴阳、度数、刑德之忌，是何所生乎？不见性命，不知祸福也。不见故妄求，不知故干幸。是以善执生者，见性命之所宜，知祸福之所来，故求之实而防之信。"

《论》这一段话的意思是说，要想求寿强，就要先知道夭疾的原因，然后可以预防。所谓安宅，葬埋等忌，就是风水、堪舆各种迷信。有些人想用这些迷信预防夭疾，这就是"祸起于此，为防于彼"，那是怎样也预防不了的。迷信起于无知。因为无知，所以就胡搞，以求侥幸。人如果是有了知识，他就能知道祸福的真正的原因。这样，他就在实际中去求福，而不在主观幻想中去求，他防祸就能确实有效。如果不这样，那就是如《论》所说的："亡之于实而求之于虚，故性命不遂也。"

《论》举养蚕为例说，曾经有人，不知道养蚕的规律，禁忌很多，可是蚕还是养不好。后来有人教他养蚕的道理，他就打破了一切禁忌，养蚕得利十倍。《论》说："先不知所以然，故忌祟之情繁，后知所以然，故求之之术正。故忌祟生于不知，使知性命犹如蚕，则忌祟无所立矣。"就是说，如果一个人对于养生的所以然的道理，也像那个养蚕的人一样，那一切的禁忌自然就站不住脚了。

《论》又说："有贼方至，不疾逃独安，须臾遂为所虏。然则避祸趋福，无过缘理。避贼之理，莫如速逃，则斯善矣。养生之道，莫如先和，则为尽矣。夫避贼宜速章章然，故中人不难睹。避祸之理冥冥然，故明者不易见。其于理动，不可妄求一也。"就是说，求福避祸，最好的办法就是"缘理"。躲避贼的理，就是快逃。养生的理，就是求和。这个和是身体和精神的协和，也是身体各部分的协和。理有规律的意思，遵照规律就是缘理。遵照规律行动，就是理动。不遵照规律行动，就是妄求。《论》所说的规律，有些并不是规律，有贼来了快跑，这就不是一般的规律。不过他所主张的"理"和"理动"，还是有唯物主义的意义，还是可取的。他讲迷信生于无知，这也是唯物主义的思想。

但是《论》的唯物主义思想，并不彻底。《论》并不是用上边所说的那个大前提，以批判各种迷信，而是用这一种迷信以批判那一种迷信。但是，他对于风水、堪舆、人的寿夭和吉凶的关系，态度都是明确的。它说："夫一栖之鸡，一栏之羊，宾至而有死者，岂居异哉？故命有制也，知命者则不滞于俗矣。"这是明确地否定了宅有吉凶的迷信，但是，它的根据是宿命论，这就从一种迷信倒向另一种迷信。

《论》的最后总结说："凡以忌祟治家者，求富而其极皆贫。故有'知星宿衣不覆'之谚。古言无虚，不可不察也。"《论》的这个结论和它在开始时所提的前提，还是一致的。

嵇康有不同的意见，提出《难宅无吉凶摄生论》，《难》说："论曰：'专气致柔，少私寡欲，直行情性之所宜，而合养生之正度。求之，于怀抱之内而得之矣。'又曰：'善养生者，和为尽矣。'诚哉斯言，匪谓不然，但谓全生不尽此耳。"嵇康赞成《论》所说的那些养生的道理，因为这些道理本来就是他在《养生论》中所讲的。他和《论》的不同在于，他认为养生的道理，还不完全就是这些。用逻辑学的话说，他认为这些道理所讲的是养生的必要条件，不一定是充足条件。

《难》又说："不谓吉宅能独成福，但谓君子既有贤才，又卜其居，顺履积德，乃享元吉。犹夫良农既怀善艺，又择沃土，复加耘耔，乃有盈仓之报耳。"这是说，他并不完全否定宅有吉凶，不过并不认为专靠宅的吉凶以决定人的祸福。这是认为，宅的吉凶也可能是决定人的祸福的条件之一。

《难》的结论说："天地广远，品物多方，智之所知，未若所不知者众也。今执大避贼消谷之术，谓养生已备，至理已尽。驰心极观，齐此而还，意所不及，皆谓无之。欲据所见，以定古人之所难言，得无似蟪蛄之议冰耶？……吾怯于专断，进不敢定祸福于卜相，退不敢谓家无吉凶也。"意思是说，宇宙是广大的，事物的种类是众多的。人所知道的，比他所不知道的，少得多。《论》认为养生的道理和方法，已经讲尽了。但是它所想不到的，都认为是没有。专凭它自己的偏见，讲古人所难讲的事。这好像夏天的蟪蛄，它的生命仅只是一个夏天，而它偏要讲冬天的冰雪，这不是胡扯吗？《难》认为《论》的说法是"专断"。《难》的这一段，是针对《论》所提出的大前提说的。意思就是说，这个大前提是对的，但是，人们所知的比他所不知的要少得多，怎么能把他们所不知的都一概断定是没有呢？嵇康对于风水、卜筮、命相，甚至于鬼神都持"宁可信其有，不可信其无"的态度。他认为这些都是"不知"的那个领域的一种迹象，人们应该跟着这些迹象进行探索，以求扩大知识的范围。《答释难宅无吉凶摄生论》最后说："然苟知果有未达之理，何不因见求隐，寻端究绪，由子午而得丑未？夫寻端之理，犹猎师以得禽也，纵使寻迹时有无获，然得禽曷尝不由之哉？今吉凶不先定，则谓不可求，何异兽不期则不敢举足，坐守无根也？由此而言，探赜索隐，何谓为妄？"（此段有数处用戴明扬校）就是说，对于所不知应该进行探索。探索的方法是"因见求隐，寻端究绪"。譬如一个打猎的人在山林中看见禽兽活动所留下的痕迹，就跟踪去找禽兽，有的时候找不到，但是要找禽兽，就要靠这些痕迹。如果说这个迹象不一定可靠，那就是说，打猎的人可以坐着不动，不必到山林中去找。嵇康所说的探索的方法是对的，但是，用到迷信上，就不对了。打猎的人在山林中所遇到的迹象是客观存在的，迷信是主观的幻想，与客观实际并没有关系，它们并不是客观实际的一种"端"，从它们也得不到什么"绪"。

在宅无吉凶摄生辩论中，嵇康的态度不如他在《养生论》中态度那样明确，对于迷信有调和让步的意思。这也是他的思想中的内部矛盾的表现。嵇康本来是一个矛盾的人，如果把他的《幽愤诗》《家诫》和《与山巨源绝交书》比较起来，他的思想和行动中的矛盾就更大、更显著了。也许在他看来，这些并不算是矛盾，他本来主张"值心而言，触情而行"，有矛盾就把它公开出来，这就是公。（《释私论》）嵇康是这样说的，也许就是这样做的吧。

嵇康在《释私论》中所说的"越名教而任自然"，是从个人方面说的。他的《太师箴》是用这种观点从社会方面批判当时的政治。他说："浩浩太素，阳曜阴凝。二仪陶化，人伦肇兴。厥初冥昧，不虑不营。"这是从宇宙的开始说到社会的开始。他对于宇宙形成的说法，基本上是和王符相同的。"茫茫在昔，罔或不宁。赫胥既往，绍以皇羲，默静无文，大朴未亏，万物熙熙，不夭不离。"这是说原始社会的情况，他认为在原始社会中，人和其它万物都过着朴素而安静的生活。"下逮德衰，大道沉沦。智惠日用，渐私其亲。"这是说原始社会的分裂，如《礼运》所说的："今大道既隐，天下为家，各亲其亲，各子其子。""惧物乖离，攘臂立仁，利巧愈竞，繁礼屡陈，刑教争施，天性丧真。"这是说原始社会分裂以后的情况，在其中就有刑罚礼教等人压迫人的制度。"季世陵迟，继体承资。凭尊恃势，不友不师。宰割天下，以奉其私。"这是说，后来的皇帝简直以天下为私产。"故君位益侈，臣路生心。竭智谋国，不吝灰沉。赏罚虽存，莫劝莫禁。"这是说，既然有人以"天下"为自己的私产，就也有人图谋他的私产。"若乃骄盈肆志，阻兵擅权，矜威纵虐，祸崇丘山。刑本惩暴，今以胁贤。昔为天下，今为一身。下疾其上，君猜其臣。丧乱弘多，国乃陨颠。"（《太师箴》）这就是说，统治阶级内部，互相争夺，引起战争，给人民带来的灾害，比山还大。人民对于统治者的仇恨越来越大，统治者对于人民防备也越来越严。结果是社会越来越乱。

嵇康说：他"每非汤武而薄周孔"。（《与山巨源绝交书》）《太师箴》的这一段，正是他的这一句话的具体内容。汤武都是"宰割天下，以奉其私"。而周孔正是为"私天下"的社会制度作出理论的根据。

当然，原始社会的情况绝不是像嵇康所说的那样完美，但是其中没有人剥削人的制度，没有阶级对立，没有阶级斗争，从这一点说，它是比较安静的。嵇康虽没有谈到，也不可能谈到阶级，但是他尖锐地揭露了在剥削阶级统治的社会中，统治者和被统治者之间的，以及统治阶级内部的斗争的残酷事实，而其同情是在被统治的人民这一边的。

嵇康被司马昭杀了，这可能是由于司马氏和曹氏政治斗争的原因（嵇康的妻是曹魏宗室之女）。但是，从阶级斗争的观点看，如上面所述的嵇康的思想，是为统治者所不能允许的。嵇康自己说，他"每非汤武而薄周孔"，为"世教所不容"，这是他自己也感受到的。嵇康的罪状是钟会提出的，钟会说："康上不臣天子，下不事王侯。轻时傲世，不为物用。无益于今，有败于俗。昔太公诛华士，孔子戮少正卯，以其负才乱群惑众也。今不诛康，无以清洁王道。"（《世说新语·雅量》篇注引《文士传》）钟会所说的是阶级思想斗争的问题，这是嵇康的死的主要原因。所以他将被杀的时候，有太学生三千人上书营救。这一种群众性的举动不能说仅只是由于他个人的影响，这是一种自发的阶级斗争。

嵇康在《太师箴》中对于当时政治的批判是相当尖锐的，但是《太师箴》的结尾，还是希望当时的统治者吸取教训，不要蹈前人的覆辙。他不是从制度上批判当时的国家。他不要求改变当时的国家制度，也没有那种思想。

第六节　阮籍的《大人先生传》

阮籍（210—263），字叔夜，陈留尉氏（今属河南）人，也是魏晋时期的一个"大名士"。据说当时步兵营的厨房里，有很多好酒，厨房还有一个厨师，善于造酒。阮籍好喝酒，就请求为步兵校尉。后世称他为阮步兵。后人把他的著作编辑为一个集子，一名《阮步兵集》。

阮籍的主要著作是《大人先生传》。在这篇《传》的最后几段中，阮籍发表了他的哲学思想。《大人先生传》说：当大人先生发表了前两段议论之后，有一个隐士听见了很喜欢,认为大人先生同他是志同道合。这个隐士说:"善哉!吾得之见而舒愤也。上古质朴淳厚之道已废,而末枝遗叶并兴。豺虎贪虐,群物无辜,以害为利,殒性亡躯。吾不忍见也,故去而处兹。人不可与为俦,不若与木石为邻。……吾将抗志显高,遂终于斯。禽生而兽死,埋形而遗骨,不复反余之生乎。夫志均者相求,好合者齐颜,与夫子同之。"这个隐士看见当时社会制度的不合理,很愤慨,采取消极反抗的态度,实行逃避的办法。他隐居深山,自以为实在是脱离了社会。他引大人先生为同调,可是大人先生拒绝了这样的同调。

大人先生说:"故至人无宅,天地为客。至人无主,天地为所。至人无事,天地为故。无是非之别,无善恶之异。故天下被其泽而万物所以炽也。若夫恶彼而好我,自是而非人,忿激以争求,贵志而贱身。……薄安利以忘生,要求名以丧体。诚与彼其无诡,何枯槁而迨死。子之所好,何足言哉!""至人"就是大人先生所自命的那种人,也就是阮籍所自命的那种人。阮籍认为,"至人"是超出善恶是非之上的,他不知道善恶的分别。他也是超出自己与别人分别之上的,他不以自己为好,不以别人为恶;不以自己为是,不以别人为非。而那个隐士,却正是与此相反,"恶彼而好我,自是而非人"。这也是"忿激争求",同他所反对的人还是一样。大人先生说,他不能做那样的隐士。他实际上是说,那样的隐士还超脱得不够。

《大人先生传》说:大人先生又碰见一个打柴的人。他问打柴的人说,你将要打柴一辈子吗?打柴人说:"圣人以道德为心,不以富贵为志。以无为用,不以人物为事。尊显不加重,贫贱不自轻。失不自以为辱,得不自以为荣。……无穷之死,犹一朝之生。身之多少,又何足营?"这个打柴的人自以为超于富贵贫贱的分别之上,而且还能够超于生和死的分别之上。人生的时候,是很短的,这就是一朝之生。人除了生的时候,都是死的时候,所以死的时候是无穷的,这就是无穷之死。假如人没有生,也就没有死。照这个意义说,死也是生的一种情况。所以说,"无穷之死,犹一朝之生"。打柴的人说,懂得这个道理,就知道关于生的事情,多一点或少一点有什么关系呢?我是终身打柴,或不是终身打柴,也就不必问了。

大人先生听了说:"虽不及大,庶免小矣。"就是说,这个打柴的人的理解,还是不十分彻底,还是没讲到最根本的问题,但是也差不多了。最根本的问题是什么呢?大人先生说:"时不若岁,岁不若天,天不若道,道不若神。神者自然之根也。彼勾勾者自以为贵夫世矣,而恶知夫世之贱乎兹哉?故与世争贵,贵不足尊;与世争富,富不足先。必超世而绝群,遗俗而独往,登乎太始之前,览乎忽漠之初,虑周流于无外,志浩荡而自舒。"就是说,是非、善恶、富贵、贫贱,都是社会中的分别,超出这个分别,就是超乎社会之上。所谓"至人"不但超出社会之上，而且还要超乎自然界之上。这就是所谓"登乎太始之前，览乎忽漠之初"，太始，就是初有自然界的时候，太始之前就是还没有自然界的时候。那就是"道"，那就是"神"，那就是一个唯心主义者所理想的精神世界。有这种精神世界的人就是阮籍所说的"至人"，阮籍理想的大人先生就是这样，《大人先生传》所要宣扬的就是这种思想。这是阮籍的最后的思想。

阮籍的《大人先生传》共有五段，一段阐述一种思想。第一段批判和讥笑当时的礼法的条条框框以及那些奉行礼法的"士君子"。第二段批判当时的政治。第三段托为隐士的话表达隐士思想。第四段托为樵夫的话表达齐死生的思想。第五段阐述他所认为是最高的精神境界。这五种思想都是玄学家们所常有的，或者一个人专有一种思想，或者一个人兼有几种。嵇康的思想常有内部矛盾，就是因为他的思想中包括有几种思想。阮籍所说的这几种思想的发生，约略有一个逻辑的次序，表明玄学的发展由外及内，由浅入深，也约略有一个历史的次序。这两个次序的发展，也约略是统一的。

反对礼法的条条框框，讥笑死守这些条条框框的"士君子"，这是玄学家们共同的态度，也是最早表现出来的态度。士族是新兴的地主阶级贵族，他们不同于原有的地主阶级当权派。玄学家们对于礼法的批判和对于"士君子"的讥笑，就是士族的意识中的那个不同的反映。嵇康所说的"越名教而任自然"，"非汤武而薄周孔"，就是这种思想的反映。对于当时国家制度的批判，这是士族所受的汉末农民大起义的影响，这个影响也反映到玄学中来。上节引嵇康的《太师箴》中的一段，就是这种反映的表现。在玄学家思想中有些思想类似第三段所说的隐者的思想。嵇康在监狱中所作的《幽愤诗》就表示这种思想。诗中说："昔惭柳下，今愧孙登，内负宿心，外恶良朋。仰慕严郑，乐道闲居，与世无营，神气晏如……惩难思复，心焉内疚。庶勖将来，无馨无臭。采薇山阿，散发岩岫。永啸长吟，颐性养寿。"但是玄学家不是隐士，《太师箴》还是要向统治者进忠告，这是玄学家与隐士主要的不同。

以上三段，都是就人同社会的关系讲的，下边两段是从精神境界讲的。从精神境界的观点看，"大人先生"批判了隐者的思想，认为这种思想是"恶彼而好我，自是而非人"，还是有"是非之别，善恶之异"，还是有所分别，有所追求。第四段所说的薪者能够认识到"无穷之死，犹一朝之生，身之多少，又何足营"。在他的精神境界中不但没有是非的分别，也没有死生的分别，这就又高一层了。所以"大人先生"肯定地说："虽不及大，庶免小矣。"第五段就讲什么是大。不过在这一段中阮籍不用说理的方法，而用了屈原的《远游》的形式。"大人先生"到处游览，"登乎太始之前，览乎忽漠之初，虑周流于无外，志浩荡而自舒。……廓无外以为宅，周宇宙以为庐"。这就是说大人先生的精神境界，与无外的宇宙同样广阔，与无穷的时间同样长久。阮籍认为这才是最高的精神境界。

这个"大人先生"确有其人。阮籍《大人先生传》说："大人先生尝居苏门之山"，苏门山在今河南辉县，可见他不是无何有之乡的人。他就是孙登。《嵇康集》中记载说："登，字公和，不知何许人。无家属，于汲县北山土窟中得之。夏则编草为裳，冬则被发自覆。好读易鼓琴，见者皆亲乐之。每所止家，辄给其衣服食饮，得无辞让。"（《三国志·魏书》卷二一注引）《魏氏春秋》说："（阮）籍少时尝游苏门山，苏门山有隐者，莫知姓名，有竹实数斛，臼杵而已。籍从之，与谈太古无为之道，及论五帝三王之义。……籍乃假苏门先生之论以寄所怀。"（同上注引）

由此可见阮籍所说的"大人先生"和孙登是有关系的，不过《大人先生传》是阮籍写的，"以寄所怀"。"所怀"既然是阮籍的，那些"论"也自然是阮籍的了。阮籍所假借的就是孙登其人而已。阮籍没有提孙登的名，而只泛称"大人先生"。这篇"传"并不是叙述孙登的言论的传记，而是阮籍自叙"所怀"的一篇文章。

从哲学的观点看，可注意的是阮籍在这篇文章中并没有提到当时玄学家们所经常讨论的"无"，而讲到"无外"，讲到"宇宙"，他所说的宇宙不一定就是现代哲学中所说的宇宙，但加上"无外"，就可见他对于现代哲学中所说的宇宙有所认识了。这一点在他的《达庄论》中有更清楚的表现。

第七节　阮籍的《达庄论》

《达庄论》说："天地生于自然，万物生于天地。自然者无外，故天地名焉。天地者有内，故万物生焉。当其无外，谁谓异乎。当其有内，谁谓殊乎。"从表面上看，阮籍似乎是讲了一个宇宙生成的程序，自然生天地，天地生万物。其实他说，"自然者无外，故天地名焉"，可见天地就是自然的别名。又说："天地者有内，故万物生焉"，可见万物就是天地的内容。阮籍认为，无论从无外或从有内说，一切的事物，都包括在天地之内，所以也就可以说是"一体"。万物一体是《达庄论》的主题。

《达庄论》引《庄子》的话说："自其异者视之，则肝胆楚越也；自其同者视之，则万物一体也。"这是战国时期的名家的"合、同、异"的说法。名家有一个命题，说："万物毕同毕异。"就是说，万物都有相异的地方，就这一方面说，万物都是相异的。但是它们也都有相同的地方，就这一方面说，他们都是相同的。《庄子》用这种辩论，证明万物一体。这种论证可以说是名理的论证。阮籍不满足于这种论证，更进一步提出证明万物在实质上是"一体"。

《达庄论》又说："人生天地之中，体自然之形。身者，阴阳之积（一本作精）气也。性者，五行之正性也。情者，游魂之变欲也。神者，天地之所以驭者也。"这是企图证明，人在实质上，是同天地万物为一体的。阮籍认为，人生于天地之中，作为自然的一个体现者，他的身体就是阴阳之气积合起来的，人的本性就是五行的本性，人的感情就是灵魂的变动的欲望，人的精神就是天地的主宰。这是《大人先生传》所说的"道不如神"那个命题的更进一步的发挥。这是认为神是宇宙最高的主宰，同时也就是人的精神。

《达庄论》说："别而言之，则须眉异名，合而说之，则体之一毛也。彼六经之言，分处之教也。庄周之云，致意之辞也。大而临之，则至极无外；小而理之，则物有其制。夫守什五之数，审左右之名，一曲之说也。循自然，性天地者，寥廓之谈也。凡耳目之官（"官"字以意加），名分之施处，官不易司，举奉其身，非以绝手足、裂肢体也。"这是说，任何东西，都可以从不同的方面看，都可以把它作为一个个体来看，或者是把它作为组成一个总体的各个部分分别来看。比如说，人的眉毛和胡子，分别来看，眉毛和胡子各有各的名称，似乎是各不相干。但是总起来看，它们都是人的一个身体上的毛。任何事物都有它的全体和部分，有些话是对于部分讲的，有些话是对于全体讲的。自然和社会，都可以从它们的部分方面看，也可以从它们的全体方面看。孔丘的六经是就自然和社会的部分讲的，这就是所谓"分处之教"。《庄子》是就自然和社会的全体讲的，这就是所谓"致意之辞"。这个意就是玄学家们所说的"言不尽意"那个意。那个意本来是不能说的，只可以"致"。就是说，只可以提示，教人自己去体会。《庄子》所讲的就是"大而临之则至极无外"，孔丘所讲的就是"小而理之则物有其制"，孔丘的六经所讲的，就是那些"制"。把耳目之官分别开来，每一个官都有它的专职，但是它们都是为人的身体全体服务的。分别耳目之官，并不是把人的身体分裂开来。孔丘的六经讲各种的"名分"，各种的措施，也不是要把社会全体分裂开来。阮籍的意思就是说，孔、老、庄所讲的道理，并不是互相违反而是互相补充的。这就是说，孔丘的名教和老、庄的自然，也不是互相违背的，而是互相补充的。阮籍说："道者，法自然而为化，侯王能守之，万物将自化。《易》谓之太极，《春秋》谓之元，《老子》谓之道。"（《通老论》，《太平御览》卷一引）《周易》和《春秋》是孔丘的经典。阮籍认为，《周易》所讲的"太极"，《春秋》所讲的"元"和《老子》所讲的"道"，是一个东西。这就是说，孔丘和老聃的哲学思想，在根本上是一致的，所不同的只是一些枝叶问题，而在这些枝叶问题上，又是互相补充的。

阮籍的孔、老异同论暂不必管它。所可注意的是，阮籍不讲"无"，而讲"无外"，讲"天地"，这就从根本上同王弼、何晏的贵无论分开了。他在《达庄论》中所说的"天地生于自然，万物生于天地"那几句话，词意不合，这几句话的真正的意思就是向秀和郭象所说的："天地者万物之总名也。天地以万物为体，而万物必以自然为正。"（《庄子·逍遥游》"乘天地之正"注）天地是个总名，包括一切事物，所以它是"无外"。任何事物都不能在它之外，因为它的定义，就是包括一切事物，这不是一个事实问题，而是一个逻辑问题。现在哲学中所说的宇宙，就是这个总名。宇宙的内容就是万物。

王弼、何晏的贵无论是从"类"的观点观察事物。事物有很多的类，大类包括小类。最大的类包括一切事物的"有"。任何一个类都有它的规定性。"有"这个最大的类，就只能是存在。事实上没有仅只是存在的存在，所以"有"就是"无"。这就是《老子》帛书本所说的"异名同谓"。阮籍和后来的崇有论是从具体的观点观察事物。万物分成许多集体，大集体包括小集体。最大的集体就是阮籍所说的"无外"，向秀、郭象所说的"天地"，现代哲学所说的"宇宙"。这不是一个类名，这是一个集体名。向秀、郭象说，"天地者，万物之总名也"。这就是说，他们所谓天地，并不是指物质的天和地，而是一个总名，总名就是集体名，这个集体名所包括的就是一切事物。中国哲学称为"天地万物"，玄学称为"群有"和"万有"。

用形式逻辑的话说，"有"这个名有它的内涵和外延。王弼、何晏的贵无论，着重有的内涵，所以崇无。阮籍和以后的崇有论，着重有的外延，所以崇有。崇有就是以天地万物为主。既然以天地万物为主，那就用不着无了。

这个道理，阮籍还不是认识得很清楚。他的《达庄论》所说的那几句话，词意不敷。这并不是因为他不会做文章，而是他对于这个道理的认识还不很清楚，他也没有认识到他的思想从根本上不同意王、何。裴𬱖认识得比较清楚，就知道这个看法根本不同于王弼、何晏的贵无论。他公开地打出了崇有论的旗号。向秀、郭象认识得更清楚了。郭象明确地主张"无无"。

第八节　"达"与"作达"

上边所讲的那两种观察事物的方法，魏晋时期称为"名理"，因为这些方法都是用逻辑的方法观察事物的，多数的玄学家都是企图用这种方法达到一种精神境界，当时称为"玄远"。这种精神境界的内容就是后得的无分别的混沌。达到这种混沌，当时称为"达"。有了这种境界的达人，当然能够"越名教而任自然"，这是真正的名士。也有一些人没有真正地达，但也要"越名教而任自然"，这就是矫揉造作，不是任自然了，这种人称为"作达"。

《世说新语·任诞》说："阮浑长成，风气韵度似父，亦欲作达。步兵曰：'仲容已预之，卿不得复尔。'"步兵就是阮籍，阮浑是阮籍的儿子，仲容的名是阮咸，是阮籍的侄子。当时有七个有名的言行随便、放荡不羁的人物，称为"竹林七贤"。嵇康、阮籍、阮咸都在其中。阮浑也想学他的父亲"放荡不羁"，这就叫"作达"。阮籍教训他说，"仲容已经是这样了，你不能再是这样"。阮籍自己"放荡不羁"，但不叫他儿子学他。刘孝标的注引《竹林七贤论》说："籍之抑浑，盖以浑未识己之所以为达也。"所以，为达是一种精神境界，有了那种精神境界，自然就有达的言论行为，这是自然而然的。没有那种精神境界而要矫揉造作，这就是作达。达是不能作的。因为达的一个主要内容，就是顺自然，作达正是反自然。

"竹林七贤"都是好喝酒的酒徒。其中有个刘伶在喝酒上特别突出。他作一篇《酒德颂》说："有大人先生，以天地为一朝，万期为须臾，日月为扃牖，八荒为庭衢。行无辙迹，居无室庐，幕天席地，纵意所如。止则操卮执觚，动则挈榼提壶，惟酒是务，焉知其余。"(《晋书》卷四九《刘伶传》)

这一段所说的就是所谓"达"的具体内容。其要点就是"纵意所如"。可是没有刘伶境界的人光学刘伶喝酒，这就是"作达"。

刘伶所说的大人先生，与阮籍的《大人先生传》所说的大人先生是一类的人物。刘伶认为，喝酒可以达到那一种"混沌境界"。《酒德颂》描写人喝醉的时候的精神情况说："无思无虑，其乐陶陶。兀然而醉，恍尔而醒。静听不闻雷霆之声，孰视不睹泰山之形。不觉寒暑之切肌，利欲之感情。俯观万物，扰扰然若江海之载浮萍。二豪侍侧焉，如螺蠃之与螟蛉。"就是说，喝酒喝醉了，什么差别也没有了。那就是《达庄论》所说的"万物一体"那种精神境界了。

刘伶体会到酒醉时的情况同"浑沌"有点相似，这说明他所说的浑沌已经不是原始的，而是后得的。原始的浑沌是不自觉的，自觉的浑沌就是后得的浑沌。刘伶可能已经得到"所以达"了。没有得到刘伶的"所以达"而只学他的喝酒，那就是"作达"。

第四十章　裴頠的崇有论和欧阳建的言尽意论——玄学发展的第二阶段

第一节　裴頠和他的《崇有论》

裴頠字逸民，河东闻喜（今属山西）人，是晋朝的"名士"，也是一个政治上的重要人物。在当时各政治派别争夺政权的斗争中，为赵王司马伦所杀。他的著作有《崇有论》和《辩才论》。《辩才论》大概是讨论当时所谓才性问题的，还没有写成，他就被害了。现在流传下来的只有《崇有论》，《晋书》把它完全载入裴頠的传中。

《晋诸公赞》说："頠疾世俗尚虚无之理，故著崇有二论以折之。才博喻广，学者不能究。"（《世说新语·文学》注引）照这个说法，《崇有论》共有两篇。《惠帝起居注》说："頠著二论以规虚诞之弊，文词精富，为世名论。"（《世说新语·文学》注引）这也是说《崇有论》有两篇，可是照《三国志·魏书》卷二三《裴潜传》注所引的《惠帝起居注》说："著《崇有》《贵无》二论，以矫虚诞之弊，文辞精富，为世名论。"这个说法显然是讲不通的。裴頠正是反对"贵无"的，他怎么会写《贵无论》呢？《贵无论》怎么能"矫虚诞之弊"呢？《晋书》本传说：裴頠"著崇有之论"。（《晋书》卷三五）这个说法，必定也有所本。《晋诸公赞》和《惠帝起居注》所说的《崇有》二论，"二"字可能是"之"字之误。裴松之在《裴潜传》注所引的《惠帝起居注》那一段，显然就是刘孝标在《世说新语·文学》注中所引的那一段。"贵无"二字大概是后人妄加上的。无论如何，现在传下来的裴頠的著作，就只有《崇有论》一篇，而这一篇就包括了他的全部哲学思想。

裴頠的《崇有论》是反对王弼、何晏的，是他们的"贵无论"的对立面，但它还是玄学。他和贵无论的斗争，是玄学内部的斗争。他们的斗争也是唯物主义和唯心主义的斗争，但这个斗争是在玄学内部进行的。其所以还是玄学，因为裴𬱟《崇有论》所用的方法是"辩名析理"，这是玄学的方法。他所讨论的问题是有、无问题，这是玄学的主要问题。

《世说新语·文学》注中记载裴𬱟和王衍、乐广辩论的事。可见当时的人认为，裴𬱟《崇有论》所用的方法是"辩名析理"。故把他的主张称为裴理，把王衍的主张称为王理。裴𬱟的《崇有论》也是唯物主义，但和下面要讲的杨泉的《物理论》不同。裴𬱟可以和王衍、乐广辩论，杨泉不能，因为他们之间没有共同的语言。

玄学的中心问题是有、无问题，在玄学的发展中，这两个名词的意义，也是跟着发展的，在"正始名士"中，所讨论的有、无，主要是其哲学的意义。到了"竹林名士"所讨论的有、无，就又加上社会的意义了。嵇康所说的"越名教而任自然"就是有、无的社会意义。在当时的这种意义下，越名教的人就是主张无，拥护名教的人就是主张有，这个有无是对于名教而言。裴𬱟说，当时的情况是，"上及造化，下被万事，莫不贵无"（《崇有论》）。他所批判的无的意义是极其广泛的，因此他所崇的有的意义也是极其广泛的。《崇有论》是裴𬱟的一篇哲学论文，也是他的一篇政治宣言。

裴𬱟也出身于士族家庭，他的家庭有研究科学的传统，他的父亲裴秀作《禹贡地域图》十八篇，并且提出制地图的"六法"。他的地图，不仅分别道路的远近，并且标出地势的高低，在当时是一个有很大科学价值的地理学著作。裴𬱟的知识很广泛，特别对于医学有研究。《崇有论》中充满了唯物主义精神，并非出于偶然。

第二节　裴𬱟全部哲学思想的自述

《崇有论》说："夫总混群本，宗极之道也。方以族异，庶类之品也。形象著分，有生之体也。化感错综，理迹之原也。夫品而为族，则所禀者偏。偏无自足，故凭乎外资。是以生而可寻，所谓理也。理之所体，所谓有也。有之所须，所谓资也。资有攸合，所谓宜也。择乎厥宜，所谓情也。识智既授，虽出处异业，默语殊涂，所以宝生存宜，其情一也。众理并而无害，故贵贱形焉。失得由乎所接，故吉凶兆焉。是以贤人君子，知欲不可绝而交物有会，观乎往复，稽中定务。惟夫用天之道，分地之利，躬其力任，劳而后飨。居以仁顺，守以恭俭，率以忠信，行以敬让，志无盈求，事无过用，乃可济乎。故大建厥极，绥理群生，训物垂范，于是乎在。斯则圣人为政之由也。"

这是《崇有论》的第一段。在这一段里，裴頠简明扼要地讲了他的全部哲学思想。所用的方法是"辩名析理"。他提出许多"名"，并说明了它们的意义。这就是"辩名析理"。

首先要辩的就是"宗极之道"。这是玄学中的一个重要的名。贵无论认为"无"是宗极之道。裴頠认为"总混群本"是宗极之道，这就从根本上和贵无论划清界限，对立起来了。一个"总"字，一个"混"字，都很有意义。"混"就是说，把一切不同的事物混合起来，"总"就是总而言之。这两个字就表明"群本"是一个集体名词。它所表示的概念，相当于阮籍所说的"无外"，现代哲学所说的宇宙。向秀、郭象说："天地者，万物之总名也。"裴頠所说的"宗极之道"就是那个总名，它的内容就是"群本"，就是"群有"。"群有"是"有"，但这个"有"是具体的有，不是抽象的有。抽象的有就是"无"。

抽象的有是从"类"的观点出来的。专从类的观点观察事物，可以导致抽象的有，抽象的有可以导致于"无"。但类也是客观存在的，所以《崇有论》接着就说："方以族异，庶类之品也。""有"的最明显的表现是个体的事物。《崇有论》接着说："形象著分，有生之体也。"这就是向秀和郭象所说的，"天地以万物为体"。唯物主义思想最后必以具体的事物为根据。每一个个体的事物，都是"有"的一部分。就是说，"有"不是别的，就是个体事物及其现象。

每一个事物都不只属于一个类。每一个事物，哪怕是很小的东西，都有很多性质。它有某一种性质就属于某一类。事物之间都有一定的接触、联系和互相影响，交织成为各种复杂错综的关系，这就是《崇有论》所说的"化感错综，理迹之原也"。每一个个体的事物虽然属于许多类，但总有一些类是主要的，它虽然有许多性质，但是与宇宙的全体比较起来，它总有所偏。既然有所偏，它总要依赖别的东西才能存在。它所依赖的东西就是它的"外资"。

《崇有论》接着说："是以生而可寻，所谓理也。理之所体，所谓有也。"每一个事物都必须依赖别的事物，每一种事物都必须依赖别种事物，它们之间都有一定的关系，在这些关系中可以找出一定的规律。事物的性质及其间关系的规律，这就是理。理不能凭空存在，必须在具体事物中存在。这就是"理之所体，所谓有也"。裴頠明确地说，理不能单独存在，只能存在于事物之中。理必须体现于形象著明的事物，才可以成为"有"，这样看，具体事物是理之"迹"，上文说"化感错综，理迹之原也"，这个"原"字，就是说，理和迹都必须还原到形象著明的具体事物上。

《崇有论》接着说，每一个事物都是"有"。每一个"有"所需要的东西，这就叫"资"。资如果合乎它的需要，这就叫"宜"。每一个事物都要选择它的

"宜",这就叫"情"。人是有知识的,他有了知识,就能更好地选择他的"宜"。他的行为可能有种种不同,但是其目的只有一个,就是选择合乎他所需要的东西,以保持他的生存。在这一点上,一切人的"情"都是相同的,"所以宝生存宜,其情一也"。怎样"宝生存宜"呢?《崇有论》说:"惟夫用天之道,分地之利,躬其力任,劳而后飨。""惟夫"两个字很重要,就是说,只有一个办法,那就是,遵循自然界的规律,利用自然界的资源,加上人自己的劳动,然后才能享受劳动的果实。这是人类生活的物质基础,也是社会的经济基础。裴𬱟用简练明确的十六个字,把这个道理说出来。这是玄学"辩名析理"的方法的特点。

《崇有论》接着所说的"居以仁顺"等等,是指人生的规范,社会的原则,他把这些规范原则归结为:"志无盈求,事无过用,乃可济乎!"就是说要求不可太高,用度不可太过。这是封建社会的道德标准,裴𬱟也只能提出这样的道德标准。

第三节 裴𬱟所提出的贵无论的社会根源

裴𬱟认为,贵无论也有其社会根源。一般人的欲望,总是要求过高,用度总是太过,不知道"过"对于人的生存是有害的。这是"以厚生而失生"。《崇有论》说:"人之既生,以保生为全,全之所阶,以顺感为务。若味近以亏业,则沉溺之衅兴,怀末以忘本,则天理之真灭。故动之所交,存亡之会也。(中有'夫有'等十六字移下)是以申纵播之累,而著贵无之文。将以绝所非之盈谬,存大善之中节。收流遁于既过,反澄正于胸怀。宜其以无为辞,而旨在全有,故其辞曰:'以为文不足'。若斯则是所寄之涂,一方之言。若谓至理信以无为宗(《晋书斠注》作宗,大谬),则偏而害当矣。"就是说,老聃贵无,是有其社会的原因,他虽然以无为辞,而目的还是在于"全有",不过有些片面而已。

裴𬱟认为,在有一点上,老聃肯定是错误的。《崇有论》说:"观老子之书,虽博有所经,而云:'有生于无',以虚为主,偏立一家之辞,岂有以而然哉。"本书第三十九章已指出,主张"有生于无"是贵无论的弱点,裴𬱟抓住这个弱点,作为批判贵无论的一个重点,认为这是没有根据的,"岂有以而然哉"就是无以而然,就是没有根据。

第四节　裴頠所说的贵无论的社会影响

玄学家们所主张的随心所欲的生活，裴頠在根本上并不反对。《崇有论》说："人之既生，以保生为全。全之所阶，以随感为务。""随感"就是随心所欲，他的主张是"志无盈求，事无过用"。他又承认老聃的"静一之义，有以令人释然自夷"。有些人"察夫偏质有弊，而睹简损之善，遂阐贵无之议，而建贱有之论"。裴頠也认为是可以理解的，但是他认为，这些议论又搞得太过火了，以致在社会上发生了极不好的影响。《崇有论》说："盈欲可损而未可绝有也，过用可节而未可谓无贵也。"就是说，应该节欲，但不可以无欲；应该节用，但节用并不是贵无。

裴頠又进一步从哲学上指出贵无论所以过火的原因。《崇有论》说："盖有讲言之具者，深列有形之故，盛称空无之美。形器之故有征，空无之义难检。辩巧之文可悦，似象之言足惑。""深列有形之故"，这个"深"字，恐怕是"不"字之误。裴頠下面说的就是批判贵无论不列有形之故。裴頠的意思是说，贵无论不研究事物发生、发展的原因和规律，而仅是用一些漂亮的辞句，赞美空无。因为事物发生、发展的原因和规律，是不容易讲的。如果讲，就必须有实际中的证据，也必在实际中经受考验。可是"空无"是可以随便讲的，因为讲空无不需要实际上的证据，也不要在实际中经受考验，瞎说一气，就可以了。贵无论仅只是用一些漂亮的辞句，来讨大家的喜欢，讲一些似是而非的道理，叫大家迷惑。在这一段话里，裴頠表示了他的认识论上的唯物主义思想。

《崇有论》又指出，当时的门阀士族，在"贵无论"的掩护下腐朽放荡的情况，他说："是以立言藉于虚无，谓之玄妙；处官不亲所司，谓之雅远；奉身散其廉操，谓之旷达。故砥砺之风，弥以陵迟。放者因斯，或悖吉凶之礼，而忽容止之表；渎弃长幼之序，混漫贵贱之级，其甚者至于裸裎，言笑忘宜，以不惜为弘，士行又亏矣。""不惜"二字不可解，"惜"字恐怕是"措"字之误。应该是"不措"。"不措"就是"无措"。"无措"是嵇康的《释私论》的主要意思。《释私论》说："是故言君子则以无措为主。"又说："忽然任心，而心与善遇；倘然无措，而事与是俱也。"上面第三十九章讲过，《释私论》是当时"名士"们的言行的理论根据，所以裴頠特别提出不措，加以批评。裴頠所说的"以不措为弘"，就是针对嵇康的"无措"说的。裴頠说，这是其"甚者"。嵇康所说的"无措"，就是任心而行，不考虑世俗的是非。照裴頠看，这样的任心，"其甚者至于裸裎，言笑忘宜"。这个"宜"是就封建社会的"名教""礼法"说的。既然任心而行，那就忘记了封建社会的条条框框。

裴頠所说的"处官不亲所司，谓之雅远"，《世说新语》记载了不少的例子，《简傲》篇说，桓冲做了车骑将军，叫王子猷做他的骑兵参军。有一天，桓问王：你在什么衙门任职？王回答说：也不知是什么衙门，只见常有人牵马出出进进，似乎是个管马的。桓又问：公家有多少马？王引了一句《论语》说："不问马。"桓又问：近来马有死的吗？王又引了一句《论语》回答说："未知生，焉知死？"这几句回答驴唇不对马嘴，是一个大笑话，可是当时传为美谈。阮籍好喝酒，经常醉，他因为想要喝步兵校尉衙门中的美酒，而要求做步兵校尉，他不能带好步兵可想而知。

由于这种情况，《崇有论》说："虚无之言，日益广衍，众家扇起，各列其说。上及造化，下被万事，莫不贵无，所存佥同。情以众固，乃号凡有之理，皆义之卑者，薄而鄙焉。"这是裴頠所大不以为然的，所以他树起"崇有"的大旗，以纠正这种错误。

第五节　裴頠总论有无

《崇有论》最后从哲学上提出了关于有、无问题的通论，这是它对于贵无论的总批评。贵无论"上及造化，下被万事"，它也从"造化"谈起。它说："夫至无者无以能生，故始生者自生也"。这对于贵无论说，是"以子之矛，攻子之盾"。"至无"就是什么都没有，等于零。既然等于零，说它能生事物，就等于说，事物是自然生出来的。"无能生有"就是一句废话。《崇有论》接着说："自生而必体有，则有谓而生亏矣，生以有为己分，则虚无是有之所谓遗者也。"就是说，事物的生存是有的体现，如果有有所遗阙，事物的生存就要有亏缺不全。每一个事物的存在，都是有的一部分。每一个事物都有一部分的有作为它自己的范围。所谓虚无，就是有的遗阙。

《崇有论》的本来的原文有"夫有非有于无非无于无非无于有非有"十六个字，那十六个字很重要，可是向来都不得其解。其所以难解，有两个原因。一是原来抄写的人把这十六个字抄在错误的地方，跟上下文都不接头，意思联系不上，而且把上下文的语气也打断了。二是原来抄写的人把这十六个字的先后次序搞得颠倒错乱，以致不成句读。这两个错误，大概很早的抄本就有了。所以现在通行的本子都沿袭下来。

这十六个字讲的是有、无这两个范畴的正确意义，有、无这两个字的正确用法。所以应该在《崇有论》的最后一段中，紧跟在"则虚无是有之所谓遗者也"之后。用"夫有"两个字把十六个字的意思提出来。后面用一个"故"字表示下面的话是这十六个字的发挥。全文语气连贯，意思通顺。

十六个字的次序句读应该是："夫有，非有于无，非有。于无，非无于有，非无。"意思是说，有是对无而言（"有于无"），无是对有而言（"无于有"），而且都是就具体事物说的。如果有不是对无而言，"有"就没有意义（"非有于无，非有"）。如果无不是对有而言，无也没有意义（"非无于有，非无"）。譬如有一个读者，到图书馆找一本书，把书名告诉馆员以后，问馆员："有、没有？"馆员回答有或没有。馆员说有，是对于没有说的，说没有是对于有说的。有或没有都是就一本书说的，如果不是这样，有或没有，都没有意义。

有、无都是就具体的事物说的。这是和《崇有论》开始时说的"宗极之道"相呼应的。这十六个字表达出《崇有论》的主要思想。

《崇有论》以一个"故"字于下文举些例子以为说明，所举的都是具体的事物。

《崇有论》接着说："故养既化之有，非无用之所能全也。理既有之众，非无为之所能循也。心非事也，而制事必由于心，然不可以制事以非事，谓心为无也。匠非器也，而制器必须于匠，然不可以制器以非器，谓匠非有也。是以欲收重泉之鳞，非偃息之所能获也。陨高墉之禽，非静拱之所能捷也。审投弦饵之用，非无知之所能览也。由此而观，济有者皆有也，虚无奚益于已有之群生哉？"无，是有的遗缺。自生就是自己化成有。要想维持已经化成的有，"无用"是不能有什么功效的。要想治理已经有的老百姓，靠"无为"是不行的。心不是事，可是办事要用心。这可以说是用非事来办事，心是非事，但不能说心是无。匠人并不是器具，可是制造器具必须用匠。这可以说是用非器制造器具，但不能说匠人是没有。要想获得水里边的鱼，这不是坐在那里休息所能成功的。要想打落高墙上的鸟，安静不动，是不能成功的。要想钓鱼就得用饵；要想打鸟，就得用弓。怎样用饵、用弓，必须有知识，无知是不行的。

玄学家们宣扬"无用""无为""无知"，认为这是"无"的表现和应用。裴頠针对这三个方面作了批判，并且作出最后结论说："群生"都是已有的有。对于"有"有用的，终究还是"有"。对于"有"，"无"是完全没有用的。

总的说起来，"崇有"和"贵无"是当时哲学中的一个主要的斗争。"崇有"和"贵无"这四个字，概括了这个斗争的主要内容。裴頠的《崇有论》的思想，基本上是唯物主义的。裴頠是代表唯物主义这条路线，同"贵无论"的唯心主义路线作针锋相对的斗争。

裴𬱟的《崇有论》出来以后，在当时有很大的影响。《晋诸公赞》说：当时的一个贵无论者乐广同裴𬱟讨论《崇有论》。"辞喻丰博。广自以体虚无，笑而不复言。"（《世说新语·文学》注引）就是说，乐广没有话说了，谈不下去了，借口自己是"体虚无"，停止讨论。《世说新语·文学》又说："裴成公（𬱟）作《崇有论》，时人攻难之，莫能折。唯夷甫来，如小屈。时人即以王理难裴，理还复申。"就是说，裴𬱟的《崇有论》受到当时的贵无论者的围攻。但是，实际上，只有贵无论者的领袖王衍，才似乎可以同他对垒。在他们面对面的辩论中，裴𬱟似乎稍微退却。不过，"理还复申"是指裴理还是指王理占了上风，《世说新语·文学》说得不清楚，可以两解，但无论如何，两人都是用辩名析理的方法讲论玄学。《世说新语》还说，当时有人找王衍谈论哲学问题，王衍同他说，我今天身体不大舒服，裴逸民（𬱟）也在这里很近，你可以去问他。这一条的注引《晋诸公赞》说："裴𬱟谈理与王夷甫不相推下。"从这些记载，可以看出来，"崇有"和"贵无"两条路线的斗争的激烈。当时公认裴𬱟是"崇有"路线的领袖，王衍是"贵无"路线的主要人物。

第六节　所谓"言意之辨"

《世说新语·文学》又说："旧云王丞相过江左，止道声无哀乐、养生、言尽意三理而已，然宛转关生，无所不入。"王丞相就是王导。他在东晋政治上和思想界中，都是重要人物。他所谈的三理，是嵇康的《声无哀乐论》《养生论》和欧阳建的《言尽意论》。他还能谈出来这三个论的互相关联，并且能把它应用到别的问题上。欧阳建的《言尽意论》也是当时的一篇重要哲学著作。

玄学家们有一个经常讨论的问题，称为"言意之辨"。这个"辨"的争论之点是：言语是不是可以完全表达人的意思。认为不能完全表达的，当时称为"言不尽意论"。认为能够完全表达的，当时称为"言尽意论"。从表面上看起来，这个辩论所牵涉到的，只是言语的作用的问题。实际上，这是一个重要的哲学上的辩论。它的斗争也是贵无和崇有两条路线斗争的表现。

何劭的《荀粲传》说："粲字奉倩。粲诸兄并以儒术议论，而粲独好言道。常以为子贡称夫子之言性与天道不可得闻，然则六籍虽存，固圣人之糠秕。粲兄俣难曰：'《易》亦云，圣人立象以尽意，系辞焉以尽言，则微言胡为不可得而闻见哉？'粲答曰：'盖理之微者，非物象之所举也。今称立象以尽意，此非通于意外者也；系辞焉以尽言，此非言乎系表者也。斯则象外之意，系表之言，固蕴而不出矣。'及当时能言者不能屈也。"（《三国志·魏书》卷十《荀彧传》注转引自《晋阳秋》）

在荀氏兄弟的这个辩论中，荀俣主张"言尽意"，并引《周易·系辞》为证。荀粲主张"言不尽意"。他的意思是说言语所能表达的，只是一些粗糙的东西，细微的理是不能用言语表达的。孔丘的六经所讲的，只是他的思想的粗糙部分。至于他的思想细微的部分，"性命、天道"，即关于人生和宇宙的根本的原理，是不能够用言语表达的。所以他的学生子贡说是"不可得闻"。"理之微者，非物象所能举也。"荀粲认为，虽然《周易·系辞》说，"立象以尽意，系辞焉以尽言"，可是还有意外的东西，不是"象"所能表示的，还有"系"以外的东西，不是言语所能表达的。照荀粲的说法，细微的理，不仅是言外的东西，而且是意外的东西。即使言能尽意，能够把意内的东西完全表达出来，可是，细微的理，宇宙人生的根本的道理，都是意外的东西，言还是不能表达。这就是说，这些细微的理，不仅是不可言说，而且是不可思议。

第七节　欧阳建的《言尽意论》

欧阳建，字坚石，渤海南皮（今河北南皮）人，是当时主张"言尽意"的一个杰出的代表，他也是当时的一个"名士"。在当时门阀士族党派争夺政权的斗争中，为赵王司马伦所杀。他有一篇哲学著作，题目就叫《言尽意论》。

《言尽意论》说："有雷同君子问于违众先生曰：'世之论者，以为言不尽意，由来尚矣。至乎通才达识，咸以为然。若夫蒋公之论眸子，钟傅之言才性，莫不引此为谈证。而先生以为不然，何哉？'先生曰：'夫天不言，而四时行焉；圣人不言，而鉴识存焉。形不待名，而方圆已著；色不俟称，而黑白以彰。然则名之于物，无施者也；言之于理，无为者也。而古今务于正名，圣贤不能去言，其故何也？诚以理得于心，非言不畅；物定于彼，非名不辩。言不畅志，则无以相接；名不辩物，则鉴识不显。鉴识显而名品殊，言称接而情志畅？原其所以，本其所由，非物有自然之名，理有必定之称也。欲辩其实，则殊其名；欲宣其志，则立其称。名逐物而迁，言因理而变。此犹声发响应，形存影附，不得相与为二矣。苟其不二，则言无不尽矣。吾故以为尽矣。'"（《艺文类聚》卷十九）

欧阳建的这篇著作，虽然很短，但是，明确地说明了唯物主义的认识论的基本原则反映论。在当时玄学贵无论的影响下，很多人都主张言不尽意，这些人就是欧阳建所说的"雷同君子"。欧阳建自称为"违众先生"，就是说，他的"言尽意论"是和当时一般的玄学家们的"言不尽意论"相对立的，他的文章首先提出所谓"雷同君子"的论点。《三国志·钟会传》说："中护军蒋济著论，谓观其眸子足以知人。"这就是"蒋公之论眸子"。照这个说法，看人的眼睛就可以知道他是一个什么样的人，不必经过调查研究，这也是一种唯心主义先验论。上边讲过，钟会和傅嘏都论"才性"，钟会作《四本论》。当时论才性的人，大多是主张人的知识、才能，主要的是决定于人的天赋的本质，这也是先验论。反映论和先验论是对立的。先验论和言不尽意论，都是唯心主义思想。"违众先生"把二者联系起来，指出，这些都是当时流行的思潮。自称为"违众先生"的欧阳建，就是要反对这种思潮。"雷同君子""违众先生"这两个虚构的名字，就说明了当时唯物主义和唯心主义两条路线斗争的形势。

在这篇论文中，欧阳建首先明确地肯定了客观事物及其规律的客观性。在中国哲学史中，"名"与"实"的关系是一个传统的问题。在这个问题上，欧阳建坚持了唯物主义的路线。他认为在"名""实"这两个对立面中，"实"是主要的、第一性的，"名"是次要的、第二性的。比如说，方、圆的形状是"实"，是客观存在的。这些形状，并不依靠方、圆的"名"而存在。方、圆的"名"是区别这些形状的，是有了这些形状而后有的。就颜色说，黑色和白色是客观存在的，并不依靠黑白的称号而存在，而这些称号则是有了这些颜色而后有的。事物的客观的规律就是"理"，表达理的命题就是"言"。事物的理是客观存在的，并不依靠有讲理的命题而后存在。讲理的命题则是有了理而后有的。所以名对于客观事物，并不能有所增加。没有方圆、黑白之名，方圆、黑白是那个样子，有了方圆、黑白之名，方圆、黑白还是那个样子。命题对于规律，也不能有什么作为。没有讲理的命题，理是那个样子，有了讲理的命题，理还是那个样子。这就是欧阳建所说的"名之于物，无施者也。言之于理，无为者也"。

欧阳建在这里对于"名"和"言"作了区别。名所指的是一种一种的事物，言所讲的是关于一个一个理的判断。名的对象是事物，其内容是概念。言的对象是事物的规律，其内容是关于规律的判断。欧阳建接着问，既然是名对于事物不能有所增加，言对于规律不能有所作为，为什么还要讲"正名"，还不能"去言"？欧阳建对于这个问题的回答，就说明由主观到客观的认识过程。名和言虽然不能影响客观的存在，但人对于客观存在的认识，必须依靠名和言。

人对于客观存在的认识，就是客观存在在人的意识中的反映。这种反映，欧阳建称为"鉴识"。在人的认识过程中，首先是有感性认识。感性认识的对象是一个一个的事物。分别了事物的种类，由感性认识深化到理性认识，这就有了概念。有了概念就得要有名。把概念固定下来，这就是欧阳建所说的，"物定于彼，非名不辩"。"辩"就是辨别的辨，古代辩、辨这两个字是通用的。彼指客观世界。在客观世界中，什么事物是什么事物，这是本来已经定了的。但是，在人的认识中，如果没有名，就不能把它们指点分别，确定下来。事物的规律在人的认识中的反映，就是欧阳建所说的"理得于心"。这个得于心的理，就是判断。有了判断，如果没有一个命题把它表达出来，人对于这个理的认识就不会巩固。有了命题，把认识的理表达出来，记录下来，人对于理的认识就更加巩固，更加深刻。这就是欧阳建所说的"理得于心，非言不畅"。

欧阳建在这里肯定了名和概念、判断和命题在认识中的作用。一个名代表一个概念。人通过概念，就认识到事物的内部联系，事物的规律，这个认识就是判断。把对于事物规律的认识，即判断，用语言表达出来，就是命题，就是"言"。概念和判断，名和言，都是人的思维必不可少的工具。欧阳建对于这一点作了相当充分的说明。

欧阳建在讲名和言的这些作用的时候，还指出，名和言，不但在人自己的认识和思维中，是必不可少的工具，在与别人交流认识和思维的时候，名和言也是必不可少的工具。人与人之间的交通，就是欧阳建所说的"相接"，就是互相接触。欧阳建说，如果没有言把自己的意思表达出来，人与人就不能互相接触，如果没有名把事物分别开来，认识就无法进行。但是，这些都是人的主观和社会的产物，并不是客观世界本来就有的。在客观世界中，事物没有自然的名字，规律也没有一定的称号。欧阳建对于主观和客观的分别，讲得很清楚、很明确。

在这篇的结尾，欧阳建再一次说明，在主观和客观这两个对立面中，客观是主要的。他说，名是随着物而变化的，言是随着理而变化的。名和物的关系，言和理的关系，就好像声和响的关系，形和影的关系。响总是应声的，影总是随形的，响不能同声分开，影不能和形分开。名不能同物分开，言不能同理分开。"意"就是物和理在人的思想中的反映。"意"的内容，就是名和言，名和言不能同"意"分别开来，所以言就是尽意。不能说言不尽意。

欧阳建的这篇哲学论文，在当时的唯物主义反映论和唯心主义先验论两条路线斗争中，阐明了反映论，批判了先验论。在中国的哲学史中，欧阳建的《言尽意论》和裴頠的《崇有论》，同是唯物主义路线中的重要著作。

言尽意论和言不尽意论并不是完全针锋相对，因为言不尽意论并不是说所有的任何命题都是言不尽意，言尽意对于言不尽意的批判的着重之点，也不在此。两派的对立，从表面上看，是在认识论和言语问题上，其实是在哲学问题上。《世说新语》所记载的关于荀粲的那一条，可以作为说明。照荀粲所说的，孔丘只是在"性命、天道"这些问题上言不尽意，所以学生们不可得而闻。在这些问题上，并不是孔丘不愿意讲，而是在这些问题上，言本来不能尽意，由此启发，可知言尽意论所针对的重点，是王弼、何晏所说的"无名之域"。这样一看，言不尽意和贵无，言尽意和崇有的联系就清楚了。

第八节 从王弼到郭象

其实，王弼也是主张言尽意的，他说："夫象者出意者也，言者明象者也。尽意莫若象，尽象莫若言。言生于象，故可寻言以观象。象生于意，故可寻象以观意。意以象尽，象以言著。"（《周易略例·明象》）王弼是在讲《周易》，所以于意与言之间加了一个什么东西可以为一个意的象，这完全没有关系。凡是同类的东西都可以做它的象。王弼说："触类可为其象，合义可为其征。义苟在健，何必马乎？类苟在顺，何必牛乎？爻苟合顺，何必坤乃为牛？义苟应健，何必乾乃为马？"（同上）天可以作为乾卦的象，马也可以作为乾卦的象，地可以作为坤卦的象，牛也可以作为坤卦的象。因为乾卦的义（在人的思想中就是意）是"健"，天和马都有健之义（意），所以都可做乾卦的象。坤之义是顺，地和牛都有"顺"之义，所以都可做坤卦的象。健、顺这两个义（意），若用言语表示出来，那就是"健""顺"这两个名。健、顺这两个名是马、牛的代表，在既已得到它们所代表的东西之后，就可以把它们扔了。马、牛是健、顺之义（意）的代表，所以在既已得到它们所代表的东西之后，就可以把它们扔了。譬如：要捉鱼、鸟，必须用一种工具，既然捉着了鱼、鸟，那些工具就不要了。如果不然那就是以工具为鱼、鸟。王弼说："是故存言者，非得象者也。存象者，非得意者也。象生于意而存象焉，则所存者乃非其象也。言生于象而存言焉，则所存者乃非其言也。然则忘象者，乃得意者也。忘言者，乃得象者也。得意在忘象，得象在忘言。故立象以尽意，而象可忘也。重画以尽情，而画可忘也。"（同上）王弼主张"得意忘言"，还是在于保存那个"无名之域"，也就是"浑沌"。但是他认为要想知道浑沌，必须经过名言，通过"辩名析理"。因为他所要的浑沌不是原始的浑沌，而是后得的混沌。

晋朝的大诗人陶潜做了一首诗，说"采菊东篱下，悠然见南山。山气日夕佳，飞鸟相与还。此中有真意，欲辨已忘言。"这个"真意"就是菊花、南山、飞鸟和他自己融为一体的那一片浑沌。这一片浑沌是后得的，因为他自觉"其中有真意"。这是通过名言，名言就是上边那几句诗。但是得到这个真意以后，就要忘言，不忘言就破坏了那一片浑沌。贵无论所讲的无，也有浑沌这个意义。贵无论的宇宙形成论，是把无作为宇宙形成的一个环节。崇有论则说："至无者，无以能生。"这就把郭象的无无论的要点一语道破了。崇有论否定了贵无论的无，同时也否定了它的"无名之域"。郭象的无无论则否定了贵无论的无，肯定了他的"无名之域"——浑沌。那就是他所说的"冥极"，"玄冥之境"。这并不仅只是一种名称的改变，因为郭象所说的"冥极"和"玄冥之境"，不是宇宙形成的一个环节，而只是人的一种精神境界。他的无无，使他同裴頠一样建立了唯物主义的体系，而他的"玄冥之境"于此并无妨碍。这是郭象的哲学所以能成为玄学发展的第三阶段，对于前二阶段居于"合"的地位。

此但略说，详在下章。

第四十一章　郭象的"无无论"——玄学发展的第三阶段

郭象（约252—312）字子玄，河南（今洛阳）人。是当时的一个大"名士"。他在政治上得到东海王司马越的信任，成为一时很当权的人。《晋书·郭象传》说："东海王越引为太傅主簿，甚见亲委，遂任职当权，熏灼内外。"他的最大的著作是《庄子注》。这部书一直流传下来，在中国封建时代成为《庄子》的标准注解，实际上这不是《庄子》这部书的注解，这是一部哲学著作，它是代表玄学发展第三阶段的最后体系。郭象还作有《论语释疑》，已佚。

第一节　向秀的《庄子注》和郭象的《庄子注》的关系

在郭象以前，向秀已以他的《庄子注》得名。向秀（约227—272）字子期，河内怀（今河南武陟县）人。他是嵇康、吕安的好朋友，"竹林七贤"之一。他开始注《庄子》的时候，同嵇康商量。嵇康说，这本书何必要注，作注是自找麻烦。《庄子注》作成以后，向秀让嵇康看，向秀说，是不是很好（《晋书》卷四九《向秀传》）。吕安惊说："庄周不死矣。"（《世说新语·文学》注引《向秀别传》）

郭象《庄子注》和向秀《庄子注》的关系，在《晋书》里面，就有两种不同的说法。照《晋书·向秀传》所说的，向秀作《庄子注》，郭象"述而广之"，就是说郭注是在向秀注的基础上，又加以发展。照《晋书·郭象传》所说的，向秀作《庄子注》，只有《秋水》《至乐》两篇没有完成，他就死了，因为他的稿子没有流传，郭象就窃为己有，补作《秋水》《至乐》两篇的注，又把《马蹄》一篇的注改换了一下。其余各篇的注，都是向秀原来作的，郭象不过是作了一些字句上的修改。照这个说法，郭象不是发展了向秀的《庄子注》，而是直接抄袭了向秀的《庄子注》。

《晋书》是许多人写的。《郭象传》完全抄《世说新语·文学》篇。《向秀传》则根据另外一种材料。我认为《向秀传》所说的，近乎事实，《郭象传》所说的与事实不合。我的根据有以下几点。

（一）照《郭象传》所说，郭象所以能窃向秀《庄子注》的主要原因，是因为"秀义不传于世"。可是上文说：向秀注"妙演奇致，大畅玄风"；《向秀传》也说，向秀注"发明奇趣，振起玄风"。可见向秀生前影响很大。向秀是"竹林七贤"之一，是当时最大的作家和哲学家之一。他的著作，特别是他的主要著作，应该是很流行的。如果说，向秀的著作，在他生前很流行，在他死后，因为他的儿子小，所以就不流行了；似乎他的著作的流行，专靠他的儿子推动，这是不合情理的。

（二）《列子》张湛注，在《列子》引《庄子》的地方，有的时候他引向秀的《庄子注》，以代替他自己的注解；有的时候，他引郭象的《庄子注》，以代替他自己的注解。他所引的向秀注，跟现在的郭象注比较起来，意义大致相同。甚至字句上也有相同，这是事实。但是这里有个问题。如果郭象注和向秀注全部都是完全相同，为什么张湛有的时候引向秀注，有的时候引郭象注呢？有的时候他引郭象注，不引向秀注，这可能是因为向秀在这一篇没有注；也可能因为在这一篇向秀注不及郭象注。后者是可能的，因为照《向秀传》说，郭象注是在向秀注的基础上，"述而广之"。

（三）张湛所引的郭象注，都不在《秋水》《至乐》《马蹄》三篇之内，可见《郭象传》所说，郭象自己仅只注了《秋水》《至乐》《马蹄》三篇，这个传说是不可靠的。

（四）在陆德明的时代，向秀注和郭象注都还存在。照《经典释文》所说的，当时有向秀注二十卷，二十六篇。（据陆德明自己注说："一作二十七篇，一作二十八篇，一无杂篇。"）郭象注三十三卷，三十三篇。这两个本子卷数和篇数都不相同。

（五）刘孝标在《世说新语·文学》注说，当时解释《庄子·逍遥游》的，主要有两派。一派是支遁义，一派是向郭义。《庄子注》对"逍遥"的解释，当时称之为向郭义。这个义是向秀所创始的，所以可以称为向义；这个义是郭象所发展完成的，所以也可以称为郭义；合起来就称为向郭义。如果郭象仅只是拟写和重复向义，那就只可称为向义，而不可称为向郭义了。刘孝标的这段注可以说明，郭象的《庄子注》同向秀的《庄子注》的关系是"述而广之"的关系。

这就够了，不过还可以从《庄子注》思想内容上找出内证。

从思想内容说，向秀的思想不见得都同《庄子注》一致。他所作的《道论》和《周易注》已佚。传下来的哲学著作，只有《难养生论》一篇，附在《嵇康集》卷四中。我们可以用这篇中的思想同《庄子注》作一比较。

《庄子注》说:"夫圣人虽在庙堂之上,然其心无异于山林之中,世岂识之哉!徒见其戴黄屋,佩玉玺,便谓足以缨绂其心矣。见其历山川,同民事,便谓足以憔悴其神矣,岂知至至者之不亏哉!"(《庄子·逍遥游》"藐姑射之山有神人居焉"注)

嵇康《答难养生论》说:"圣人不得已而临天下,以万物为心,在宥群生,由身以道,与天下同于自得,穆然以无事为业,坦尔以天下为公,虽居君位,飨万国,恬若素士接宾客也。虽建龙旗,服华衮,忽若布衣之在身。故君臣相忘于上,蒸民家足于下,岂劝百姓之尊己,割天下以自私,以富贵为崇高,心欲之而不已哉?"(《嵇康集》卷四)

这两段话的意思基本上是相同的。郭象可能就是抄嵇康。嵇康作《养生论》,向秀提出不同的意见,作《难养生论》说:"至于绝五谷,去滋味,寡情欲,抑富贵,则未之敢许也。……夫天地之大德曰生,圣人之大宝曰位,崇高莫大于富贵。然则富贵,天地之情也。贵则人顺己以行义于下,富则所欲得以有财聚人。此皆先王所重,关之自然不得相外也。"(《嵇康集》卷四)嵇康批判向秀这个论点,认为圣人并不是抑富贵而是不以富贵为富贵。在这一点上,《庄子注》与嵇康同而与向秀意不同。

《晋书·向秀传》说:"康既被诛,秀应本郡计入洛,文帝问曰:'闻有箕山之志,何以在此?'秀曰:'以为巢许狷介之士,未达尧心。岂足多慕?'帝甚悦。"(《晋书》卷四九)这个故事在当时大概流传很广。《世说新语·言语》注引《向秀别传》也有这个故事。《文选·思旧赋》注引臧荣绪《晋书》也有这个故事。《庄子注》中,也谈到尧和许由的问题。《庄子·逍遥游》有一段说,尧让天下于许由,许由不受。《庄子注》说:"夫自任者对物,而顺物者与物无对,故尧无对于天下,而许由与稷、契为匹矣。"(《庄子·逍遥游》"百将为宾乎"注)这是说,尧的精神境界比许由高。向秀对司马昭说的那一段话,也是这个意思。

但是《庄子注》又进一步说:"庖人尸祝,各安其所司;鸟兽万物,各足于所受;帝尧、许由,各静其所遇,此乃天下之至实也。各得其实,又何所为乎哉?自得而已矣。故尧、许之行虽异,其于逍遥一也。"(《庄子·逍遥游》"不越樽俎而代之矣"注)就是说,帝尧和许由地位不同,这是由于他们的遭遇不同。他们都安于他们的遭遇,在这一点上,他们是相同的,没有高下之分。因此他们都是一样的逍遥。《庄子注》认为这是《庄子·逍遥游》的主要意思。

可是向秀说:"夫人受形于造化,与万物并存,有生之最灵者也。异于草木,草木不能避风雨,辞斤斧。殊于鸟兽,鸟兽不能远网罗,而逃寒暑,有动以接物,有智以自辅。此有生之益,有智之功也。若闭而默之,则与无智同,何贵于有智哉?有生则有情,称情则自得,若绝而外之,则与无生同,何贵于有生哉?"(向秀《难养生论》,《嵇康集》卷四)向秀在这里认为,人比草木鸟兽高,赞美有生、有智,认为有生比无生好,有智比无智高。这些都不是《庄子注》讲逍遥的意思。《庄子注》认为,这些差别都是出于自然,并没有胜负于其间,只有忘记这些差别,才能得到真正的逍遥。

这里有个问题,《世说新语·文学》注讲到向秀、郭象的逍遥义,也引了一段《庄子注》的原文。似乎向秀、郭象在这一点上又没有不同的意见。这个意见,也是司马彪的意见,李善《文选》注说:"《庄子》有《逍遥游》篇,司马彪曰:'言逍遥无为者,能游大道也。'"(《文选》卷一三,潘安仁《秋兴赋》注)

照这两个例子看起来,向秀在自己所写的文章中所发表的意见,同《庄子注》的意见,是有矛盾的。别人所记录的他的意见,倒是不见得有矛盾。照一般的情况下,我们应当多相信他自己写的文章。

刘孝标《世说新语·文学》注引《向秀传》说,"或言"向秀"都无注述,唯好庄子,聊隐崔譔所注,以备遗忘"。这个"或言"显然不对,向秀是有他自己的《庄子注》。但是可以表明向秀的《庄子注》可能来源于崔譔的《庄子注》。"隐"是隐括的意思,就是说,概括崔譔注的大意。在同一注内,刘孝标又引《向秀别传》说:(向秀)"后注《周易》,大义可观,而与汉世诸儒互有彼此,未若隐庄之绝伦也。""隐庄"这个"隐"字,也是概括大义的意思。向秀、郭象的《庄子注》都是着重于发挥大义,不讲究考证训诂,这都是"隐庄"。

这些不同的说法表明,当时的情况大概是这样的:

在玄学发展的过程中,《庄子》成为玄学的基本经典。玄学家们都研究《庄子》这部书,发挥庄子的思想。他们的研究和发挥,必然要互相启发,互相影响,互相促进。后起的作家总是利用前人的成果,把它包括进去,发展起来,成为自己的体系。这是常有的现象,也是必然的规律。向秀的《庄子注》是他以前的《庄子注》的发展,郭象的《庄子注》,又是向秀《庄子注》的发展。他的《庄子注》可能包括向秀的成果比较多,所以当时有"向郭义"之称。这是可以理解的。

若说抄的话,郭象不仅抄向秀,而且抄嵇康,还抄司马彪。《庄子》的《人间世》,郭象释题说:"与人群者,不得离人。然人间之变故,世世异宜。唯无心而不自用者,为能随变所适而不荷其累也。"上面所引的李善《文选》注的下文说:"又有《人间世》,司马彪曰:'言处人间之宜,居乱世之理。与人群者,不得离人。然人间之事故,与世异宜。唯无心而不自用者,为能唯变所适而何足累。'"这两段的意思完全相同,字句基本上相同。这是郭象从司马彪的《庄子注》抄来的。

总的看起来,郭象的《庄子注》,有许多部分都是从当时别家的《庄子注》抄来的。他的《庄子注》用后来的说法,应该称为"庄子集注"。

但是,郭象并不是乱抄。他有他自己的见解,有他自己的哲学体系。他注《庄子》,并不是为注而注,而是借《庄子》这部书发挥他自己的哲学见解,建立他自己的哲学体系。朱熹《论语集注》和《孟子集注》,其中虽然收集了许多别人的话,但是,他这样做只是用以说明他自己的哲学见解,建立他的哲学体系。所以虽然用的是集注的体裁,但是后人还是认为,他讲的是他的一家之言。他所用的集注体裁,也说明他的哲学见解和体系是综合了他以前的程颢和程颐等人的思想,集其大成。郭象的《庄子注》也有这种情况。他的《庄子注》,广泛地吸收了当时各家《庄子注》的成果,综合各家,集其大成。他的《庄子注》在当时成为玄学发展的顶峰,后来,取代了各家的《庄子注》一直传下来。

这种情况,在别的方面也可以看出来。在东晋时期,张湛的《列子注》,陶弘景的《养生延命录》,并引向秀、郭象二家的《庄子注》。到唐朝初年,李善的《文选》注,在上面所引《秋兴赋》注中,引司马彪,还引郭象《齐物论》注一大段。

照《经典释文》所记载的,在陆德明的时代,向秀的《庄子注》和郭象的《庄子注》还都存在。陆德明的《庄子音义》,以郭象本为主,他说:"唯子玄所注,特会庄生之旨,故为世所贵。徐仙民、李弘范作音,皆依郭本,以郭为主。"(《经典释文·序录》)可见在唐朝初年,郭象注已比向秀注流行。陆德明、徐邈和李轨,给《庄子》作音义,都以郭象注为主,这个情况,并不是在向秀注已经失传以后发生的。郭象注比向秀注更为流行,这是可以理解的;因为它是在向秀注的基础上"述而广之"。郭象注可以包括向秀注;向秀注不能包括郭象注。所以唐朝以后,向秀注和其他魏晋人的注都失传了。

第二节 郭象关于"有""无"的理论

自从裴颜的《崇有论》出来以后,"崇有"和"贵无"的辩论针锋相对。《崇有论》说:"夫至无者,无以能生;故始生者,自生也。"自生这个观念,王充已经提出来。他说："天地不欲生物而物自生，此则自然也，施气不欲为物而物自为，此则无为也。"（《论衡·自然篇》）这是一个唯物主义的传统，裴頠和郭象都把它接了过来。

老子、庄子和王弼、何晏所说的"无"，本来是用本体论的方法推论出来的，就是无名的简称。在推论出来以后，他们又把它用在宇宙形成论上，作为一个什么东西，作为一切物的根本。由此就说"有生于无"。这就完全没有什么根据了。裴頠就在这一点上，开始对贵无论进行批判。他说："至无者无以能生，生生者自生耳。"就是说，"至无"就是什么都没有，就是零。零不能生任何东西，所以万物都是"自生"。郭象更明确地说："无既无矣，则不能生有；有之未生，又不能为生。然则生生者谁哉？块然而自生耳。"（《庄子·齐物论》"夫吹万不同……"注）就是说，"无"既然是无，那就是没有，既然是没有，怎么会产生出来有呢？有还没有产生出来，它也不能产生。那么，万物究竟是谁生的呢？只能说，它是"自生"的，"自生"就是"独化"。"独化"就用不着"无"了，这就是"无无"。

再进一步说，每一个东西是那个样子，它就是那个样子。比如说，山就是那个样子的山，水就是那个样子的水。这就叫"自尔"。郭象说："夫物事之近，或知其故。然寻其原以至乎极，则无故而自尔也。自尔则无所稍问其故也，但当顺之。"（《庄子·天运》"天有六极五常"注）就是说，如果要问：为什么一个东西是那个样子，当然是可以讲一套道理，以说明它所以是那个样子的原故。但是，在说明这个原故之后，还可以再问这个原故的原故。如此追问下去，最后总得说，它是那个样子，就是那个样子。既然如此，倒不如压根就不必问其原故，只要承认某物就是它那个样子，这就够了。自生、自尔，合起来说，就叫自然。郭象说："天地者，万物之总名也。天地以万物为体，而万物必以自然为正。自然者，不为而自然者也。故大鹏之能高，斥鷃之能下，椿木之能长，朝菌之能短，凡此皆自然之所能，非为之所能也。不为而自能，所以为正也。"（《庄子·逍遥游》"若夫乘天地之正……"注）又说："自己而然，则谓之天然。天然耳，非为也，故以天言之，所以明其自然也。"（《庄子·齐物论》"夫吹万不同……"注）就是说，自然就是万物的自己而然，并不是有个什么东西叫它生，叫它是那个样子。它是自生而又自己是那个样子。这就叫自然，也叫天然。《庄子·逍遥游》所说的，大鹏能升高九万里，斥鷃只能在下边从这个树飞到那个树。椿木以八千岁为春，八千岁为秋，而朝菌则只能朝生暮死，这都是自然如此，不是有什么东西叫它如此，也不是它自己有意如此就如此。这都是自然。这就是事物生长变化的正道。

郭象的这些话，是针对宗教家的"造物主"那种思想而说的。

郭象又说："世或谓罔两待景（影），景待形，形待造物者。请问：夫造物者有耶，无耶？无也，则胡能造物哉？有也，则不足以物众形。故明众形之自物，而后始可与言造物耳。是以涉有物之域，虽复罔两，未有不独化于玄冥者也。故造物者无主，而物各自造，物各自造而无所待焉，此天地之正也。……今罔两之因景，犹云俱生而非待也，则万物虽聚而共成乎天，而皆历然莫不独见矣。"（《庄子·齐物论》"恶识所以然……"注）

什么是"罔两"，陆德明的《经典释文》引郭象注说："景外之微阴也"，又引向秀注说："景之景也。"现在流行的郭象《庄子注》，正作"景外之微阴也"。这些解释无关大义。但由此可见，陆德明所看见的《庄子》向秀注和郭象注确不是完全相同的。

郭象的这段话的意思是说，照一般的说法，"罔两"的存在依赖于影，影的存在依赖于形，形的存在依靠于造物者。世俗的迷信，认为有一个造物主。（比如基督教说，有一个上帝，天地万物都是上帝造出来的。基督教的《圣经》里面有一篇《创世记》，就是这样说的。）请问：这个造物主是有还是无？如果是无，那就是等于零，零怎能造物呢？如果是有，那它不过是万物中之一物，它这个物，怎能造别的物？有造物主这个说法是讲不通的。实际的情况是"造物无主，而物各自造"，这就叫"独化"，这个"独"字，就说明物各自造，每一个物都是自己造自己，自己发展，自己变化，都不依赖自己以外的事物。比如形同影，影同罔两，在表面上看起来，似乎是有密切的关系，实际上它们不过是同时生出来，谁也不依赖谁。万物聚在一起，构成一个天，但各自表现自己，这就叫"独见"。他们之间有奇妙的配合，但是这个配合，只能叫做"相因"，而不是"相待"。宇宙间的事物之间的关系都是这样，他们聚合起来，成为一个总体，这个总体就叫"天"。但是在这总体之中，每个事物又各有各的表现，罔两并不受影的指使，影也不受形的命令，形也不是从无发出来的，也不是造物主制造出来的。

郭象也批判了主张有类似于"造物主"的一些别的思想。他说："谁得先物者乎哉？吾以阴阳为先物，而阴阳者即所谓物耳。谁又先阴阳者乎？吾以自然为先之，而自然即物之自尔耳。吾以至道为先之矣，而至道者乃至无也。既以无矣，又奚为先？然则先物者谁乎哉？而犹有物，无已。明物之自然，非有使然也。"（《庄子·知北游》"有先天地生者物耶"注）就是说，有没有先于一切物而存在的东西？一种说法认为阴阳是先于一切物而存在的。可是阴阳本身也就是物，又有什么东西先于阴阳而存在，这还是一个问题。又一种说法，认为自然是先于一切物而存在的。可是，自然并不是一个东西，自然就是一切物自己而然的那种状况。又有一种说法，认为道是先于一切事物而存在。道既是无，那它就是零。它怎能先于物而存在？这些说法都讲不通，可见没有什么先于物而存在的东西。可是物还是继续不断的产生。可见物都是自己生出来的，自己就是那个样子，没有一个什么东西叫它是那个样子。

《庄子·齐物论》说，有三种声音，天籁、地籁、人籁。它说："地籁则众窍是已，人籁则比竹是已，敢问天籁。子綦曰：'夫吹万不同，而使其自己也，咸其自取，怒者其谁邪？'"郭象注说："此天籁也。夫天籁者，岂复别有一物哉？即众窍比竹之属，接乎有生之类，会而共成一天耳。"意思就是说，没有别的什么声音可以称为天籁，地籁、人籁总合起来，就是天籁。可以说，天籁者，地籁、人籁之总名也。一切声音总起来说，就是天籁。每一个声音，都是它自己使它是那个样子，并没有一个什么东西，叫它是那个样子。

这些就是郭象关于"独化"的理论。这个理论的特点，就是反对外因论。外因论者认为，有一个什么东西先于自然界而存在，它创造自然界，推动自然界开始运动。这种东西，就是郭象所反对的造物主。

中国的传统宗教认为，天是先物而存在的，它是一个造物主，超乎自然界之上，是自然界的主宰。郭象认为，没有这样的天。郭象说："故天者，万物之总名也。莫适为天，谁主役物乎？故物各自生，而无所出焉，此天道也。"（《庄子·齐物论》"夫吹万不同……"注）就是说，宇宙间一切事物，总而言之，统而言之，就叫做天，并不是在一切物之上，或一切物之外，另外有一个什么东西叫天。也没有一个什么特殊的物，可以叫做天。也没有一个什么东西是役使万物的主宰。

贵无论的宇宙形成论把"无"说成是宇宙形成的一个环节。这样一说，"无"就成为超乎万物之上创造万物的造物主了。上面所引的《齐物论》的郭象那一段注，就是针对这一种主张而说的。

郭象特别反对"有生于无"这种说法。他说："非唯无不得化而为有也，有亦不得化而为无矣。是以有之为物，虽千变万化，而不得一为无也。不得一为无，故自古无未有之时而常存也。"（《庄子·知北游》"无古无今，无始无终"注）

这里所谓有，就是包括一切事物而言的。自然界是无始无终的，所以有是常存的。没有什么东西都没有的时候。

至于个体的事物，那是有始有终的，就个体事物说，无可以转化为有，有也可以转化为无。这一点，郭象也是这样说，下文可见。

照上面所讲的，郭象似乎是认为一切事物都是杂乱无章地、偶然地碰在一起，好像是一种"乌合之众"，天就是这个"乌合之众"的总名。这又不然。上面所引郭象讲形、影的一段话中说："故彼我相因，形影俱生，虽复玄合，而非待也。"这就是说，形影的存在，不互相依赖，但其间并非没有关系。这种关系就是"彼我相因"的配合关系。郭象说："天下莫不相与为彼我，而彼我皆欲自为，斯东西之相反也。然彼我相与为唇齿，唇齿者，未尝相为，而唇亡则齿寒。故彼之自为，济我之功宏矣，斯相反而不可以相无者也。"（《庄子·秋水》"以功观之"注）这里所讲的，就是"彼我相因"的道理。任何物，都是自己为它自己而存在，就这一方面说，事物各有各的方向，各自向着自己方向走，有的往东，有的往西。这是"独化"。但是在各各自为的时候，有不期然而然的配合。例如，唇和齿是两种物，各自生长出来，各自有各自的样子，齿不是为了唇而存在，唇也不是为了齿而存在。但是，就如成语所说的，"唇亡则齿寒"。要是没有唇了，齿就要觉得寒冷。唇不是为了齿而存在，但是对于齿确有保护的作用。就唇的观点说，齿就是彼，唇就是我。就齿的观点说，唇就是彼，齿就是我。彼的自为对于我有很大的帮助，我的自为，对于彼也有很大的帮助。所以任何事物都是独化，但是对于其它事物都起很大的作用。它们都是独化，但又不可以相无。

郭象又举例说："手足异任，五藏殊官，未尝相与而百节同和，斯相与于无相与也。未尝相为而表里俱济，斯相为于无相为也。"（《庄子·大宗师》"孰能相与于无相与"注）就是说，手和足有不同的任务，人的五脏有不同的官能。手、足、五脏，各尽各的任务，各行各的官能。就这一方面说，它们都是无相与。但是在手足各尽各的任务的时候，它们又互相配合。五脏在各尽各的官能的时候，它们也是互相调剂，从这一方面说，它们又是相与。这就是相与于无相与。在一方面说，它们都是自为，而不是相为；就另一方面说，它们又是互相配合，互相起作用，这又是相为。它们又是相为，又是不相为，这就是相为于无相为。它们在不相与之中，就相与了；在不相为之中，就相为了。这也是"虽复玄合，而非待也"。

郭象认为，一个事物不但同它周围的事物有这样的关系，而且同宇宙间所有的事物都有这样的关系。他说："人之生也，形虽七尺，而五常必具。故虽区区之身，乃举天地以奉之。故天地万物，凡所有者，不可一日而相无也。一物不具，则生者无由得生。一理不至，则天年无缘得终。"（《庄子·大宗师》"知人之所为者……"注）就是说，人所以是这个样子，就是因为整个宇宙是这个样子。有这样的宇宙，就有这样的人。就一个人说，他的身体虽然只有七尺之高，但其中是肝胆俱全。在宇宙中间，人的身体是十分渺小的，但是整个的宇宙都为他服务。凡是所有的东西，对于一个人说，都是一丝也不能缺少的。只要缺少一点东西，他的生命就不能不受其影响。有一个理不能实现，他就不能活到他应活到的岁数。

郭象的这种夸张的说法，是要说明，人和宇宙间一切的事物，都有"相与于无相与，相为于无相为"的关系，人的身体需要整个宇宙间的东西为它服务。但是，其它的东西，并不是因为要为人服务而存在。其他每一个东西也都需要宇宙间一切的东西为它服务，其中也包括人，但是人并不是因为要为其它的东西服务而存在。

郭象在这里所谈的哲学问题是，事物生成变化的原因，是在其本身之内，或在其本身之外？主张前者的是内因论，主张后者的是外因论。辩证唯物主义认为，就一个事物的生长变化说，其本身的内部矛盾是内因，外界的影响或条件是外因。内因是主要的，外因通过内因而起作用。就整个的自然界的运动说，无所谓外因，因为不可能在整个自然界之外，还有什么别的东西。一切运动和发展，都是由于自然界的内部矛盾。其原因都不在自然界之外，而在自然界之内。这样的主张是内因论。外因论者认为，自然界的发展、运动的原因，不是在自然界之内，而是在自然界之外，西方近代哲学家笛卡尔认为，自然界的潜力是上帝在创造世界的时候安排在自然界中的。甚至近代大科学家牛顿也认为，太阳系的行星是受了上帝的第一次推动，才开始运动的。诸如此类的外因，就是郭象所说的造物主之类。他所说的"造物无主，而物各自造"，就是针对着这些造物主而说的。郭象的"独化"论的主要的辩论，是反对外因论，特别是关于造物主的迷信。郭象的"独化"论，是继续裴頠的崇有论，反对贵无论。贵无论也是一种外因论。贵无论的宇宙形成论，也是一种外因论。

关于内外的分别，郭象讲得是很清楚的。他说："故彼我相因，形景俱生，虽复玄合，而非待也。明斯理也，将使万物各反所宗于体中，而不待乎外。外无所谢，而内无所矜。是以诱然皆生而不知所以生，同焉皆得而不知所以得也。今罔两之因景，犹云俱生而非待也，则万物虽聚而共成乎天，而皆历然莫不独见矣。"（《庄子·齐物论》"恶识所以然，恶识所以不然"注）这一段话的主要依据是："明斯理也，将使万物各反所宗于体中，而不得乎外"。意思就是说：人和事物的发展，都是它本身内部的原因所决定的，也就应该照它内部所决定的方向去发展。照郭象讲，这不仅是一个理论问题，而且是人生中的一个实践问题。他接着说："故罔两非景之所制，而景非形之所使，形非无之所化也。则化与不化，然与不然，从人之与由己，莫不自尔，吾安识其所以哉。故任而不助，则本末内外，畅然俱得，泯然无迹。若乃责此近因，而忘其自尔，宗物于外，丧主于内，而爱尚生矣。虽欲推而齐之，然其所尚已存乎胸中，何夷之得有哉？"（同上）郭象在这里说到"从人之与由己""本末内外"。内是本，外是末，己是本，人是末。玄学家们在这些对立面中，有一种自然的调解，即所谓"自尔"。"任而不助"就是任其自尔，不加有意识的干预，这也就是所谓任自然。能够任其自然，那些对立面都可以统一起来，这就是所谓"畅然俱得，泯然无迹"。玄学家们以己为本，以人为末，在人生的实践中，他们当然着重"由己"，而不着重"从人"。他们反对"忘其自尔"，更反对"宗物于外，丧主于内"，认为这是由于"爱尚"。有了"爱尚"就不能平等地看待事物，就不能齐物。

嵇康主张"越名教而任自然"。从"名教"就是"从人"，"任自然"就是"由己"。郭象的独化论为嵇康的主张提供了哲学上的根据。

第三节 郭象关于"性""命"的理论

《庄子·人间世》有一句说："知其不可奈何而安之若命，德之至也。"郭象注说："知不可奈何者命也而安之，则无哀无乐。何易施之有哉？故冥然以所遇为命，而不施心于其间，泯然与至当为一，而无休戚于其中。""不可奈何"是郭象对"命"下的定义。一个人在一生的经历中，总有些个人的力量所不能控制的事情，这就是所谓"不可奈何"，这就是他的命。郭象在这里说到"遇"，这个"遇"就是荀况所说的"节遇之谓命"那个"遇"。一个农民按节令种庄稼，这是他能控制的，这是他力量所能做得到的，自然灾害是他个人的力量所不能控制的。如果遇到自然灾害，收成就不好，没有自然灾害，风调雨顺，收成就好。遇到或不遇到自然灾害，对于这个农民说是不可奈何的，这就是他的命。照这个意义说，命就是偶然，好像是王充所说的"幸偶"。王充说，譬如一个人从一片草地走过，有的草被践踏受到损伤，有的草没有被践踏得安全。为什么偏偏这几棵草被践踏，偏偏是那几棵草不被践踏，这没有道理可讲。只可以说，这几棵草不幸偶然地被践踏，那几棵草幸而偶然地没被践踏。被践踏和不被践踏，完全是出于偶然。就草说，只是幸与不幸。这就是荀子所说的"节遇"，这是说，有些草恰好碰到这个节骨眼上，这就是它的"命"。

不可奈何的事，还不止此。《庄子·逍遥游》"搏扶摇而上者九万里"，郭象注说："夫翼大则难举，故搏扶摇而后能上，九万里乃足自胜耳。既有斯翼，岂得决然而起，数仞而下哉？此皆不得不然，非乐然也。"就是说，大鹏的身体既然那么大，两翼既然那么广，它必然要升到九万里的高空然后才能平飞；它之所以那样，也是不得不然，并不是它愿意那样子，这也是无可奈何的事，这也是它的命。照这个意义说，命是不得不然，是必然。不可奈何的事，有些是不期然而然，这是偶然。有些是不得不然，这是必然。

《庄子·德充符》有一条说："仲尼曰：死生存亡、穷达贫富、贤与不肖……是事之变，命之行也。"郭象注说："其理固当，不可逃也。故人之生也，非误生也。生之所有，非妄有也。天地虽大，万物虽多，然吾之所遇，适在于是，则虽天地神明、国家圣贤，绝力、至知而弗能违。故凡所不遇，弗能遇也。其所遇，弗能不遇也。所不为，弗能为也。其所为，弗能不为也。故付之而自当矣。"意思就是说，天下这么大，万物这么多，我恰好就是我现在这个样子。这不能说是由于什么错误，也不能说没有什么根据。凡是一个人生出来都不是错误地生出来。他生出来以后，他就有他所遇到的情况。这都是有根据的。这都是合乎理的，因此是不可逃避的。无论什么东西，不管有多么大的能力和智慧，都是不能违背这个理的。凡是一个人所没有遇到的情况，都是他不能遇到的。他所遇到的情况，都是他不能不遇到的。凡是他所不做的事情，都是他不能做的。凡是他所做的事情，都是他不能不做的。

郭象甚至说："夫物皆先有其命，故来事可知也。是以凡所为者，不得不为，凡所不为者，不可得为。而愚者以为之在己，不亦妄乎？"（《庄子·则阳》"夫灵公之为灵也久矣"注）

郭象的意思是说，就一个事物说，在那么广阔的天地之内，那么众多的事物之中，它偏偏就是那样的一个事物。不能单独地指定哪一个事物是使它成为那个样子的原因，只能说它是"自己而然"。"自己而然"，就是"独化"。每一个事物都是"自己而然"，这就是自然。就一个事物的总体说，不能确切地指定某一事物是它所以是那个样子的原因。但是，如果把它所以是那个样子的因素分别地看，每一个因素都有一定的理由或根据，从这一方面说，一个事物之所以是那个样子，又是"理之当然"。自然和当然是统一的。《庄子·逍遥游》讲到大鹏之大，郭象注说："直以大物，必自生于大处，大处亦必自生此大物。理固自然，不患其失，又何厝心于其间哉？"（《庄子·逍遥游》"南冥者，天地也"注）大鹏必然要高飞到九万里，小鸟也必然只飞高几十尺。这是"理之当然"也就是自然，自然是不会错的。在表面上看，郭象似乎是主张一种宿命论或必然论，一个事物的一切活动都为一种预先安排所决定了。其实郭象的主张并非如此。照他所讲，命是不可奈何，但在不可奈何中，有一部分必然，有一部分偶然，总而言之是自然。这和他的内因论是一致的，也可以说，这是他的内因论的逻辑的结论。任何事物的存在和生长变化，它之所以是那个样子都有其内因，这是必然，也都有它所遇到的环境和条件，这是外因，是偶然。外因通过内因发生作用，就成它那个样子，这是自然。这些都不是一个事物的主观愿望所能控制的，甚至也不是它的主观意识所能觉察的。这就是郭象所说"块然自生"。"块然"二字形容这不识不知的状态。这种不识不知的生活，郭象称为"忘生之生"，他说："理有至分，物有定极，各足称事，其济一也。若乃失乎忘生之生，而营生于至当之外，事不任力，动不称情，则虽垂天之翼不能无穷，决起之飞不能无困矣。"

(《庄子·逍遥游》"且夫水之积也"注）就是说，理有一定的分寸，事物的能力有一定的界限。一个事物，只要照着理的分寸在自己的力所能及的范围之内活动，就能解决它自己的问题，这就是"至当"。在这一点上，任何事物都是一致的。这样生活下去，就是忘生之生。

郭象并不主张宿命论，也不认为未来的事情可以预知。《庄子·则阳》篇的那一段注说："夫物皆先有其命，故来事可知也。"这个"命"也是指理而言，一类的事物据其理是可以一般地推知这一事物的未来活动，至于具体活动的细节，是不能预先知道的。看见大鹏的身体那么大，可以推知它必然要高飞，至于它什么时候飞，那是不能预先知道的。"理"虽然不能预先知道某一具体活动的细节，但在活动以后，可以帮助理解它的这些活动。一个国家、一个民族或一个人的活动，在事后看，都可以看出来那些活动，都有其理由或根据，就只能是那个样子。这就是郭象说的"是以凡所为者，不得不为。凡所不为者，不可得为。而愚者以为之在己，不亦妄乎？"为或不为，都不是"为之在己"。"盖不由己"或"自己而然"在字面上好像有矛盾，其实并不矛盾，因为这两句说的不是一回事。

郭象有一段话，可以认为是他的关于"命"的总论。《庄子·德充符》讲："知其不可奈何而安之若命，唯有德者能之。游于羿之彀中。中央者，中地也；然而不中者，命也。"郭象注说："羿，古之善射者。弓矢所及为彀中。夫利害相攻，则天下皆羿也。自不遗身忘知，与物同波者，皆游于羿之彀中耳。……则中与不中，唯在命耳。而区区者各有所遇，而不知命之自尔。故免乎弓矢之害者，自以为巧，欣然多己。及至不免，则自恨其谬，而志伤神辱。斯未能达命之情者也。夫我之生也，非我之所生也，则一生之内，百年之中，其坐起、行止、动静、趣舍、情性、知能，凡所有者，凡所无者，凡所为者，凡所遇者，皆非我也，理自尔耳。而横生休戚乎其中，斯又逆自然而失者也。"

就是说，羿是古代的善射者，彀中就是他的箭所能射到的范围。一个人如果在那个范围内走来走去，他随时都有被箭射中的危险。社会中的人都有利害冲突，每一个人都把另外一些人作为箭靶子，每一个人都是在另外一些人的彀中走来走去。照郭象讲，除了少数超越利害之上的人以外，其余的人，按一方面说，都是羿，按又一方面说，又都是羿的靶子。他们都是在羿的彀中走来走去。所以他们随时都有被箭射中的危险。有些人就被射中了，有些人却没有被射中，这都是命。有些人见识不广，看见他们的遭遇有所不同，不知道命本来就是这个样子。有些没有被射中的人很高兴，自以为巧，以为自己很了不起。有些被射中的人，就恨自己的错误，伤心短气，这些都是不了解命的实际情况的人（郭象在这里所说的命是偶然）。我之所以有这个生命，并不是我自己决定的，并不是出于我的自由的意志。所以在我的一生之中，我会干这或会干那，我干这或干那，我有这或有那，我遇见这或遇见那，这些都不是我的主观愿望所能决定的，都是出于理（郭象在这里所讲的命是必然）。既然是这个样子，那我就不应该感到喜欢和悲哀。如果硬要有这种感情，那就是违反自然（郭象在这里所讲的命是自然），那就是大错。

郭象所讲的"自然"，可以从"性"这一方面讲，也可以从"命"这一方面讲。在第一节中，我们已经讲了郭象所讲的自然，那是从"独化"这方面讲的，也就是从"性"这一方面讲的。从这方面讲，一切事物都是自己而然（"自然"），好像是很自由自在。但是，从"命"这一方面讲，郭象所讲的自然，也是对于事物的一种决定，一种限制。这就是郭象所说的"理有至分，物有定极"。

《庄子》第一篇的题目是《逍遥游》。郭象解释这个题目说："夫小大虽殊，而放于自得之场，则物任其性，事称其能，各当其分，逍遥一也。岂容胜负于其间哉？"

郭象所说的"性"就是一个事物所以是那样子的内因。例如，大鹏能高飞九万里，小鸟只能飞几十尺，这都是它们的性所决定的。它们只能在它们的性所决定的范围之内活动，这就是"物有定极"。它们的活动范围，虽然有大小的不同，但如果它们都能顺着它们的性活动发展，它们就都逍遥自得，就都幸福。每一个事物都有它的性的活动的范围。这个范围就是它的"自得之场"。九万里的高空是大鹏的"自得之场"。几十尺的树间是小鸟的"自得之场"。"场"有大小不同，但大鹏小鸟在各自的"场"内同样自得。郭象的这种理论就是玄学家所提倡的"任自然""顺性"的理论根据。

有人认为，这种理论提倡无所作为，消极安乐，使人没有雄心壮志，不能积极向上。其实不然。如果对这种理论有全面的理解，有作为的人就要施展他的作为，有雄心壮志的人就更能鼓动他的雄心壮志，积极向上的人就更能积极向上。

第四节　郭象关于动、静和生、死的理论

上面讲过王弼、何晏在关于动、静的问题上认为静是主要的，绝对的，无条件的。动是次要的，是一种变态，是相对的，有条件的。郭象与王弼、何象相反，认为事物都是在经常变化之中，他说："夫无力之力，莫大于变化者也。故乃揭天地以趋新，负山岳以舍故。故不暂停，忽已涉新，则天地万物，无时而不移也。世皆新矣，而自以为故，舟日易矣，而视之若旧；山日更矣，而视之若前。今交一臂而失之，皆在冥中去矣。故向者之我，非复今我也。我与今俱往，

岂常守故哉！而世莫之觉，横谓今之所遇可系而在，岂不昧哉？"（《庄子·大宗师》"昧者不知也"注）

在这一段中，郭象生动地说明了一切事物都在经常变化之中，天地万物，没有一时一刻不在运动之中。某一个时候的事物，在表面上看起来，好像还是以前时候那个事物，仍是以前时候的旧事物，其实，它是完全新的东西。以前的旧事物和我一样，都在不知不觉中过去了。现在这个时候的我，也不是以前那个时候的我。现在也要成为过去，我是跟着现在同成过去。我并不能守着原来那个我。不了解这个情况的人，硬说现在我所遇见的东西，可以把它们扣留起来，不让它们走。有这种见解的人，真是愚昧极了。

郭象认为，一切事物，时时刻刻都在变化之中。人的生命也是这个样子。他说："夫时不再来，今不一停。故人之生也，一息一得耳。向息非今息，故纳养而命续。前火非后火，故为薪而火传。火传而命续，由夫养得其极也。世岂知其尽而更生哉。"（《庄子·养生主》"不知其尽也"注）意思就是说，时间是不会倒流的，现在是一刻也不能停留的。息就是呼吸。人每一次呼吸，就得到一个新的生命。方才的呼吸，并不是现在的呼吸。现在的呼吸，是人的生命得到新的因素、新的营养，这样，人的生命就继续下来。这就同火一样，前边的火不是后边的火。因为加上新的燃料，前边的火才能传下来。续或传都是由于新的营养加上去。但是，命和火时时刻刻都在那里更生，时时刻刻都是旧的完了而新的继续下去。

这就是说，无论什么东西，时时刻刻都在死亡，也都在更生。人也是这个样子。人也是在时时死亡，时时更生。一次呼吸，就是一个死亡和更生的过程。不过人对于这一点不注意或不了解。

这是崇有论关于动、静的说法，裴頠没有说，郭象替他说了。在这个问题上，崇有论和贵无论的对立，并不是偶然的。贵无论所着重的是一般，是共相，它们是不变的，也不可能变的。所以在动、静的问题上贵无论认为动是静的变态。崇有论注重特殊，特殊是变的，也不可能不是变的。所以在动、静的问题上，崇有论认为动是常态，静不过是人们的幻觉。

王弼在《老子指略》中用音乐作为比喻以说明道是无名。他说，五音中的每一个音都有它们自己的规定性。一个声音如果是其中的某一个音，它就为那一个音的规定性所规定，只能是那个音，不能是别的音了，是宫的只能是宫，是商的只能是商。音的共相蕴涵五种音，所以它不能是五音中的某一个音。它不是五音中的某一个音，所以才能是五音中的任何一个音。《老子》说的"大音希声"，就是这个道理。由于同样的道理，所以"大象无形"，大道"无名"。

郭象见过《老子指略》，并且在《庄子注》中引用《老子指略》。《庄子·胠箧》说："掊击圣人，纵舍盗贼，而天下始治矣。"郭象注说："故古人有言曰：'闲邪存诚，不在善察，息淫去华，不在严刑。'此之谓也。"这里所说的古人之言，就是《老子指略》中的话。引用别人的成语在《庄子注》中是罕见的。郭象引用《老子指略》，并尊为古人之言，可见他对于《老子指略》的重视。但郭象与王弼的思想毕竟不同。在《庄子注》中，郭象也有一段用音乐为比喻以说明道的话，但他不引《老子指略》，他说："夫声不可胜举也，故吹管操弦，虽有繁手，遗声多矣。而执龠鸣弦者，欲彰声也。彰声而声遗，不彰声而声全。故欲成而亏之者，昭文之鼓琴也。不成而无亏者，昭文之不鼓琴也。"（《庄子·齐物论》"故昭氏之不鼓琴也"注）这一段话，在表面上看起来，好像与王弼的话相同，可是他们所讲的完全是两回事。王弼所讲的五音是音的规定性的内容，也就是音这个名的内涵的内容。郭象所讲的是各种不同的乐器所发出的不同的声音。王弼所讲的是音的内涵，郭象讲的是音的外延。一个音只能是五音中的一个音。但五音中的五个音声可能用不同的乐器同时发出来。一个音乐作品可能用很多的乐器，发出很多不同的声音，但不能把一切声音同时发出来，总有些声音被遗弃。一切声音是一个"全"。一个音乐作品，只能奏出一部分声音，对于它自己说，这是有所成，对于一切声音说是有所亏，亏是对成而言。所谓成亏是对于一个作品说的，不是对于客观存在的一切声音说的。对于客观存在的一切声音说，无所谓成与亏。用这个道理说明"道"，道就是"全"。

这个"全"中的事物是千差万别的，但是，也并非完全没有共同之处。

《庄子·齐物论》"参万岁而一成纯"，郭象注说："纯者，不杂者也。夫举万岁而参其变，而众人谓之杂矣。故役役然劳形怵心，而去彼就此。唯大圣无执，故茫然直往，而与变化为一，一变化而常游于独者也。故虽参糅亿载，千殊万异，道行之而成，则古今一成也。物谓之而然，则万物一然也。无物不然，无时不成，斯可谓纯也。"照郭象的说法，崇有论以群有为宗极，天地万物千差万别，千变万化，好像是杂乱无章，其实不然。每一个事物都有所成，因为它都是某一种事物，这就是所谓"道行之而成"。它是某种事物，就被称为某种事物，这就是所谓"无为之而然"。从这一方面说，它们是一致的，它们并不是杂，而是纯。变化虽然多端，但我跟着变化而变化，与变化为一。这种精神境界就是贵无论所讲的浑沌。经他这一发挥，浑沌就更是后得的了。

第五节 郭象关于"无对"和"有对"的理论

郭象说："夫自任者对物，而顺物者与物无对。故尧无对于天下，而许由与稷、契为匹矣。何以言其然邪？夫与物冥者，故群物之所不能离也。是以无心玄应唯感之从，泛乎若不系之舟，东西之非己也。故无行而不与百姓共者，亦无往而不为天下之君矣。以此为君，若天之自高，实君之德也。若独亢然立乎高山之顶，非夫人有情于自守，守一家之偏尚，何得专此？此故俗中之一物，而为尧之外臣耳。若以外臣代乎内主，斯有为君之名，而无任君之实也。"（《庄子·逍遥游》"吾将为宾乎"注）

郭象在这里提出了"对物"和"与物无对"两个概念。"与物无对"就是绝对。《庄子》的原文讲到尧和许由的对话。郭象认为，许由是自以为是，是自任，这就是自己把自己同别的物对立起来。尧是以百姓之心为心，不把自己和百姓对立起来，也就是不把自己同别的物对立起来。这就是"与物无对"。不把自己同百姓对立起来，这就是为君之德。所以尧可以为君，许由只可以为臣。许由是俗中之一物，而尧则是超俗了。他所以超俗，就是他的观点比许由高。

《庄子》的第二篇《齐物论》郭象解题说："夫自是而非彼，美己而恶人。物莫不皆然然，故是非虽异，而彼我均也。""自是而非彼"，就是"对物"，就是把自己同别的物对立起来。这样对立，证明自己是物中之一物。物以自己为然，从这方面看，它们是千差万别的，可是它们都以自己为然（"物莫不皆然然"）。从这个方面看，它们又是相同了。从这方面看，就是从高一级的观点看，这个高一级的观点，就是"道"的观点。照郭象注的解释，《庄子·齐物论》的主题就是从"道"的观点看不齐的事物和言论。能够这样看，不齐的事物就齐了。这样的齐，并不是用快刀斩乱麻的办法一刀切，而是从一个较高的观点得到一种较高的理解。这种理解正是玄学家所追求的。

上面说过，郭象认识到一切事物都时时刻刻在变化之中，人的生命也是这个样子。郭象说："人虽日变；然死生之变，变之大者也。"（《庄子·德充符》"生死亦大矣"注）生死是最难齐的。照郭象说，如果从一个较高的观点上看，死生也是不难齐的。照他说，如果有一种较高的理解，就可以知道，我的身体本来就不是我之所有。

这种解释，注重于身体本来并非我之所有。可是，离开了我的身体，我又是什么呢？什么是我呢？郭象对于这个问题，没有回答。他所着重的是另外一种解释。那种解释是，身体是我的存在的一种形式，身体死亡了，不过是我的存在变了一种形式。形式虽不同，但是都是我。郭象说："体夫极数之妙心，故能无物而不同。无物而不同，则死生变化，无往而非我矣。故生为我时，死为我顺。时为我聚，顺为我散。聚散虽异，而我皆我之。则生故我耳，未始有得；死亦我也，未始有丧。夫死生之变，犹以为一。既睹其一，则蜕然无系。玄同彼我，以死生为寤寐，以形骸为逆旅，去生如脱屣，断足如遗土，吾未见足以缨绋其心

也。"(《庄子·德充符》"物视其所一而不见其所丧"注)

意思就是说,"圣人"有一个"妙心",与天地万物为一体,既然为一体,无论什么变化(即使死生的变化),无论变成什么,都还是我。气聚固然是我,气散也是我。聚散虽有不同,但我认为都是我。生固然是我,对于我并不是有所得。死也是我,对于我并不是有所失。像死生这样大的变化,有"妙心"的人,尚且认为都是一,没有彼我之分。这样看起来,死生的变化,就好像是睡和醒的变化。身体好像是旅馆,去了这个生,就好像脱了一只鞋。有"妙心"的人,对于这些完全是无动于衷的。

郭象认为,一般的人都不明白这个道理,都希望把这个身体保存好,像是金珠宝贝,把它藏起来,以免失掉。郭象说:"不知与化为体而思藏之使不化,则虽至深至固,各得其所宜,而无以禁其日变也。故夫藏而有之者,不能止其遁也。无藏而任化者,变不能变也。……无所藏而都任之,则与物无不冥,与化无不一。故无外无内,无死无生,体天地而合变化,索所遁而不得矣。此乃常存之大情,非一曲之小意。……人形乃是万化之一遇耳,未足独喜也。无极之中,所遇者皆若人耳,岂特人形可喜而余物无乐耶?……本非人而化为人,化为人失于故矣。失故而喜,喜所遇也。变化无穷,何所不遇,所遇而乐,乐岂有极乎?……夫圣人游于变化之涂,放于日新之流。万物万化,亦与之万化,化者无极,亦与之无极。谁得遁之哉?夫于生为亡而于死为存,则何时而非存哉?"(《庄子·大宗师》"藏小大有宜,犹有所遁"注)

郭象在这段话里,强调一个"遇"字。生是一个"遇",死也是一个"遇"。人都怕遇见死,以为死就失掉他原来有的东西。郭象说,人遇见生,也是失掉他原来有的东西。如果能够"体天地而合变化",与变化成为一体,那就可见生死都是无得无失。

有一个关于孔子的故事,说是楚国的王失了一张弓,随他的人要把这弓找回来。楚王说:不必找了,楚国的人失了弓,还是楚国人得了,对于楚国并不算是有所失。孔子听说以后就说,楚王的"仁义"还不彻底。应该说,天下的人失了弓,天下的人得了,这对于天下并不算是有所失。孔子的这段话,照郭象的标准看起来,仍然是不彻底。照郭象的标准,应该说,宇宙的人失了弓,宇宙的人得之,从宇宙的观点看,也不算是有所失。

孔子所说的"天下",是指人类社会。郭象所说的天下,指的就是宇宙,是指他所说的天。天是万物的总名,人和其他一切东西都包括在天之内,都不能逃出于天之外。害怕一个东西失掉,把它藏起来,无论藏得怎样好,总有失掉的机会。要是把天下藏在天下之内,那是绝对不能失掉的,因为没有地方可以失掉。郭象说,这是一个最大的实际情况。如果一个人把他自己同天合而为一,那他在天下就等于藏天下于天下，他也就不可能失掉他自己了。

这并不是说，人可以永远保持他的身体，长生不老。只是说，人有他的身体，这只是他的存在的一种形式。他身体死了，他就变为灰尘，这是他的存在转化为另一种形式。身体这种形式，不过是千千万万的形式之一。遇见身体这种形式，他就喜欢，遇见别的形式他又为什么不喜欢呢？明白这个道理，那就可以在宇宙变化的大河之中，游来游去。这条大河时时刻刻在变，我也跟着时时刻刻在变。变来变去，总不能把我扔在宇宙之外，我也不能逃出宇宙之外。这就是郭象所说的"游于物之所不得遁而皆存"。

郭象所说的这个道理，就是庄子所说的"齐死生"。郭象说："旧说云：庄子乐死恶生，斯说谬矣。若然，何谓齐乎？所谓齐者，生时安生，死时安死。生死之情既齐，则无为当生而忧死耳。此庄子之旨也。"（《庄子·秋水》"吾安能弃南面王之乐而复为人间之劳乎"注）就是说，懂得上面所讲的道理的人，把死生看成一样，看成是一个变化过程中的两个阶段，既不怕死，也不恶生。生的时候就好好地生，死的时候就平静地死，不觉得生为可喜，死为可悲，也不觉得生为可悲，死为可喜。

郭象认为，一般人总是站在生的观点去看死，因此就只看见生的可喜，死的可悲。他认为这是一种偏见，人应该打破这种偏见，站在超乎生死之上的观点去看生死。《庄子》说，人怕死可能是像"弱丧而不知归"。郭象说："少而失其故居，名为'弱丧'。夫弱丧者，遂安于所在而不知归于故乡也。焉知生之非夫弱丧，焉知死之非夫还归而恶之哉？……一生之内，情变若此。当此之日，则不知彼，况夫死生之变，恶能相知哉？……事苟变，情亦异，则死生之愿不得同矣。故生时乐生，则死时乐死矣，死生虽异，其于各得所愿一也，则何系哉？"（《庄子·齐物论》"予恶乎知恶死之非弱丧而不知归者邪"注）

就是说，人站在生的一方，又不知死的情况，当然就怕死。可是，若站在死的一方，又不知生的情况，当然也要怕生。若站在超乎生死之上的"道"的观点，就可以看出，当人死的时候，情况变化了，他的愿望也变化了，他不但不怕死，而且愿意死。这样就可以看出人或生或死，都达到自己的愿望，这样生时就乐生，死时就乐死。这就是说，生和死是相对的，都是"有对"。"道"是超乎生死之上的，是"无对"。生和死所引起的苦乐也是"有对"。生死的情况变了，苦乐也跟着变。从"道"的观点看，生死都是"各得所愿"。这个"各得所愿"也是"无对"。

在人类生活和社会现象中，有各种不同的思想斗争，这就是所谓是非。是非也是不容易齐的。郭象认为，每个人都有他自己的立场和观点，有不同的立场和观点，对事物就有不同的认识，提出不同的见解。不能说哪一种见解是必定正确，哪一种见解是必定错误。

郭象说:"夫自是而非彼,彼我之常情也。……将明无是无非,莫若反复相喻。反复相喻,则彼之与我,既同于自是,又均于相非。均于相非,则天下无是;同于自是,则天下无非。何以明其然邪?是若果是,则天下不得复有非之者也。非若果非,亦不得复有是之者也。今是非无主,纷然淆乱,明此区区者,各信其偏见而同于一致耳。仰观俯察,莫不皆然。是以至人知天地一指也,万物一马也。故浩然大宁,而天地万物各当其分,同于自得而无是无非也。"(《庄子·齐物论》"天地一指也"注)

又说:"夫物之偏也,皆不见彼之所见,而独自知其所知。自知其所知,则自以为是。自以为是,则以彼非矣。故曰:彼出于是,是亦因彼,彼是相因而生者也。"(《庄子·齐物论》"彼出于是"注)

就是说,每一个人都是万物中之一物,在万物的总体中,他只是一部分。一部分就是偏,偏就不能知道万物之全。他不能见到别的部分,不能知道其他的部分所能知道的,只能见到、知道他这部分所见到、知道的。因此,都以自己所见到、知道的为是,以别人所见到、知道的为非。所以说,是非都是出于一种偏见,实际上是无是无非。要证明这个道理,最好的办法是用这个人的是非同那个人的是非反复比较,比较以后,就可以看出他们之间也有一个共同点,那就是,他们都以自己为是,而以别人为非。由此可见,没有真正的是非。如果一个人所认为的是是真正的是,那就不应有人以为非;一个人所认为的非是真正的非,那就不应有人以为是。现在是,是非混乱,没有真正的标准。可见,所有这些是非,都是由于人相信自己的偏见。但是,各以自己为是,在这一点上大家又都一致了。"至人"知道"天地一指也,万物一马也",就是说,他能站在天地万物的全体的观点上,因此他就知道是非都是出于偏见。从全体观点看,本来是无是非。

照郭象说,无是无非,只是就是非的本质说的。这样说,并不是要废除实际上的是非。庄子说:"彼是莫得其偶,谓之道枢。"(《庄子·齐物论》)郭象注说:"偶,对也。彼是相对,而圣人两顺之。故无心者与物冥而未尝有对于天下也。此居其枢要而会其玄极以应夫无方也。"郭象在这里指出"有对"和"无对"的差别。这就是说,这个人的是非和那个人的是非是相对待的。"圣人"无是无非,并不是要取消这种对待,而是让他们各自讲各自的道理。公说公有理,婆说婆有理,那就让他们说吧。如果要消除这种对待,那就又和这种对待对立起来了。这就是"有对于天下"。"圣人"的观点是超乎这种对待之上的。在他的心中,彼此的差别已经消除了,这就叫"冥物"。既然冥物,他就不在这些对待之中,即所谓"未尝有对于天下"。这种观点就是所谓"道枢",也称为"玄极"。用这种观点，就可以应付各种各样的是非。

这种观点，《庄子》称为"环中"，又称为"两行"。照郭象的解释，每个人都互相是非，好像是在那里绕着一个圈子赛跑，这是没有穷尽的。"圣人"不加入他们这个赛跑而站在圈子中的空隙中。郭象说："天下莫不自是而莫不相非，故一是一非，两行无穷，唯涉空得中者，旷然无怀，乘之以游也。"（《庄子·齐物论》"是亦一无穷"注）就是说，两方面，都以自己为是，以对方为非，这就叫"两行"。两行就让它两行，"圣人"则超于两行对待之上，站在一个环的中间以看两行的循环辩论，而自己"旷然无怀"，这就是"无心"。

为什么要两行，郭象说："夫天地之理，万物之情，以得我为是，失我为非，适性为治，失和为乱。然物无定极，我无常适，殊性异便，是非无主。若以我之所是，则彼不得非，此知我而不见彼者耳。故以道观者，于是非无当也，付之天均，恣之两行，则殊方异类，同焉皆得也。"（《庄子·秋水》"盖师是而无非，师治而无乱乎？是未明天地之理，万物之情者也"注）

就是说，天下的事物，包括人在内，都以合乎我为是，不合乎我为非，适宜我的本性为治，不适宜我的本性为乱。但是事物是经常变化的，我也是经常变化的。一种事物，在一个时候，一种情况下，同我合适，适宜于我的本性；在另一个时候，另一种情况下，就同我不合，与我不适宜。所以事物没有必定的规格，如同我也没有一成不变的需要，所以是非也没有必定的标准。如果认为，我所以为是的，别人都不得以为非，这就是知我而不知彼。从道的观点看，这是不对的。从道的观点看，应该把彼此两方的是非，一概交给天均，让它们并行。这样，各种事物都可以自得了。"天均"在《齐物论》里作"天钧"，"均""钧"两个字可以互相通用。"均"是做陶器的人用的一种运转不停的物。

第六节　郭象关于"有言"和"无言"的理论

郭象说："虽所美不同，而同有所美。各美其所美，则万物一美也；各是其所是，则天下一是也。夫因其所异而异之，则天下莫不异。而浩然大观者，官天地，府万物，知异之不足异，故因其所同而同之，则天下莫不皆同。又知同之不足有，故因其所无而无之，则是非美恶，莫不皆无矣。夫是我而非彼，美己而恶人，自中知以下，至于昆虫，莫不皆然。然此明乎我而不明乎彼者尔。若夫玄通混合之士，因天下以明天下，天下无曰我非也，即明天下无非；无曰彼是也，即明天下之无是。无是无非，混而为一，故能乘变任化，迕物而不慑。"（《庄子·德充符》"自其同者视之，万物皆一也"注）

就是说，一切事物，如果从它们的差别那一方面看，每一个事物都与别的事物有差别。如果从它们相同那一方面看，一切事物都有相同之点。从"道"的观点看事物的人，知道万物的差别都是相对的，所以不从"异"的观点看事物，而只从"同"的观点上看。从"同"的观点，又知道"同"也不是绝对的，所以又从"无"的观点看，从"无"的观点看，又知道"同"、"异"的分别也是没有的。这样看，是非、美恶的分别都没有了。一般的事物都以自己为是，而以别人为非，从有中等知识的人以至于昆虫都是这样的，这都是知我而不知彼。从"道"的观点看是非的人，就是所谓"浩然大观"者，他对于是非的态度是"因天下以明天下"。天下的人没有说我非的，这就证明天下本来无非。也没有人说彼是的，这就说明天下本来无是。由此，他就体会到"无是无非，混而为一"。这就是"玄通泯合"，也就是达到"冥极"。"冥极"是"无对"，也就是绝对。

《庄子·齐物论》说："天下莫大于秋毫之末，而泰山为小，莫寿于殇子，而彭祖为夭。天地与我并生，而万物与我为一。"说泰山是大，这是相对于比泰山小的东西说的。如果相对于比泰山大的东西说，泰山就小。兽类在秋天生出来的新毛，是很细微的，这种毛的末端就更细微了。说它小是相对于比它大的东西说的。如果相对于比它小的东西说，它还是大的。彭祖活了八百岁，一般人说他是长寿，这是相对于传说中的活得比他短的东西说的。如果相对于比他活得长的东西说，他还是短命的。早年就死的人，一般人说他是短命，这是相对于比他活得长的东西说的。如果相对于比他活得短的东西说，他还是长寿。这就是所谓"齐小大"，"齐寿夭"。

郭象更从事物的本性这一方面发挥庄子的这种观点。他的注说："夫以形相对，则泰山大于秋毫也。若各据其性分，物冥其极，则形大未为有余，形小不为不足。苟各足于其性，则秋毫不独小其小，而泰山不独大其大矣。若以性足为大，则天下之足未有过于秋毫也；若性足者非大，则虽泰山亦可称小矣。故曰：天下莫大于秋毫之末而泰山为小。泰山为小，则天下无大矣。秋毫为大，则天下无小也。无小无大，无寿无夭，是以蟪蛄不羡大椿而欣然自得，斥鷃不贵天池，而荣愿以足。苟足于天然安其性命，故虽天地未足为寿而与我并生，万物未足为异而与我同得。则天地之生又何不并，万物之得，又何不一哉？"（《庄子·齐物论》"天地与我并生，而万物与我为一"注）

就是说，如果就形体方面说，泰山确比秋毫大。但是泰山、秋毫各有自己的本性，各有自己的能力所能达到的范围。每一个事物，本来是各自满足于自己的范围。对于自己的本性说，形体大的并不是有余，形体小的也不是不足。所以对于各自的本性说，泰山也不算大，秋毫也不算小。如果不就自己的本性说，泰山比小于它的东西说，固然可以说是大，但是对于比它大的东西说，它还是小。秋毫比大于它的东西说，固然算是小的。但对于比它小的东西说，它还是大的。所以应该专就事物的本性这一方面说。专就这一方面说，每个事物都满足于它自己的本性，没有小大的分别，也没有寿夭的分别。一切事物满足于它自己的自然状态，安于它的本性和自然所给它的地位。万物之间虽有很多很大的差别，但都同于自得。从这一方面看，天地虽然长寿，但可以说是"与我并生"，万物虽然与我不同，但可以说是"与我为一"。

郭象在这段话中，还说到"物冥其极"。这就是所谓"冥极"，也就是所谓"玄冥"。郭象关于齐是非、齐小大、齐寿夭的理论，最后都归到"冥极"。"冥极"就是一种浑沌的境界。

《庄子·齐物论》于"万物与我为一"之后，接着说："既已为一矣，且得有言乎？既已谓之一矣，且得无言乎？"郭象注说："夫名谓生于不明者也。或不能自明其一，而以此逐彼，故谓一以正之。既谓之一，即是有言矣。……夫以言言一，而一非言也，则一与言为二矣。一既一矣，言又二之。有一有二，得不谓之三乎？夫以一言言一，犹乃成三，况寻其支流，凡物殊称，虽有善数，莫之能纪也。故一之者与彼未殊，而忘一者无言而自一。"

就是说，在没有作彼此分别的时候，万物都与我为一，我也与万物为一。为了说明这个一，就得用"一"这种名称。其所以用这个名称，本来是要使不明一的人明白一的道理。可是有了一这个名称，那就不仅有一，而且有二了。这个二就是一和一那个名称。既然有二，那就可以有三，由此推下去每一类的东西，都有一个名称，那就不胜其繁了，一直到大算学家也算不尽的数目。这样，讲一的人和不明白一的人就没有分别。只有忘一的人，不用说话，而自然得到一。

郭象认为，"一"是不可言说的，也是不可思议的。"冥极"也是不可言说不可思议的。如果要把"一"或"冥极"作为言、意的对象，"一"就不是"一"，"冥极"也不是"冥极"了。郭象说："夫言意者，有也。而所言所意者，无也。故求之于言意之表，而入乎无言无意之域，而后至焉。"（《庄子·秋水》"不期精粗焉"注）又说："夫阶名以至无者，必得无于名表。"（《庄子·大宗师》"玄冥闻之参寥"注）

就是说，言、意是属于"有"的（意就是思议），"一"或"冥极"是属于"无"的，所以不能成为言、意的对象。无是个"无言无意之域"，所以必求之于言、意之外。这个"域"不是言、意之所能得到的，但是要得到它，也需要借助于名言。名言好像个台阶，必须用这个台阶以达到"无"。但是需要知道，这个台阶并不是"无"。

郭象在讲"独化"的时候，认为"无"就是什么都没有，就是零。可是在上面所引的这些地方，他所说的"无"，就不是零，而是同何晏、王弼所讲的

"无"相似了。郭象讲"无名无意之域",何晏不是也讲"无名之域"吗?

贵无论从"有"的内涵讲,"有"就是"无"。崇有论从"有"的外延讲,"有"就是天地万物,所以"有"不能是"无"。《庄子·齐物论》:"有有也者,有无也者,有未始有无也者,有未始有夫未始有无也者。俄而有无矣,而未知有无之果孰有孰无也。"郭象注说:"有有则美恶是非具也。有无而未知无无也,则是非好恶犹未离怀。知无无矣而犹未能无知。此都忘其知也,尔乃俄然始了无耳。了无,则天地万物,彼我是非,豁然确斯也。"郭象在这里从人的精神境界这一方面讲有无。贵无论所贵的无是天地万物的"宗极",也是人的一种精神境界。这两方面有联系,也有分别。裴頠专从"宗极"那一方面破贵无论所讲的无,至于精神境界这一方面的无,他没有明确地批判。郭象从"宗极"这一方面否定贵无论所讲的无,提出了他的无无论,但是不否定贵无论所讲的精神境界。在上面引文中,他明确提出了无无。但是,这个所谓无无,并不是否定贵无论所讲的精神境界。而是对它作了进一步的发挥。

第七节 郭象关于"无心""无为""无待"的理论

郭象认为,事物本来都是"独化于玄冥",这就叫"自然"。"玄冥"是不可言说的,所以自然也是不可言说的。他说:"明夫自然者,非言知之所得,故当昧乎无言之地。……则夫自然之冥物,概乎可得而见也。"(《庄子·知北游》"以黄帝为知言"注)就是说,自然也是"无言之地"。在这个无言之地,一切事物本来就没有意识到自己与别的事物之间的差别。大鹏本来就没有意识到自己与小鸟之间的差别,本来就没有想到自己的大优于小鸟的小。小鸟也没有意识到自己与大鹏之间的差别,没有想到自己的小劣于大鹏的大。这种情况就是"自然之冥物"。

这一点大概就是支遁讲《逍遥游》与郭象不同的地方。《世说新语·文学》篇说,当时讲《庄子·逍遥游》有两家最有影响,一家是"向郭义",就是郭象《庄子注》所讲的。另外一家是"支遁义"。刘孝标注引支遁的《逍遥论》说:"夫逍遥者,明至人之心也。庄子建言大道而寄指鹏鷃。鹏以营生之路旷,故失适于体外。鷃以在近而笑远,有矜伐于心内。至人乘天正而高兴,游无穷于放浪,物物而不物于物,则遥然不我得。玄感不为,不疾而速,则逍然靡不适。此所以为逍遥也。"支遁所讲的"至人",同郭象所讲的"无待之人"是一致的。司马彪《庄子注》也说:"言逍遥无为者,能游大道也。"(《文选》卷一三,潘安仁《秋兴赋》注)他所说"逍遥无为者",也就是"至人"或"无待之人"。

支遁和郭象的主要不同，在于对于大鹏和斥鷃的评论。支遁说："鹏以营生之路旷，故失适于体外。"就是说，鹏的身体太大，一活动就必须升到九万里那么高，一飞就要六个月才能停止，这就很不舒适。郭象的评论不是这样。他说："非冥海不足以运其身，非九万里不足以负其翼，此岂好奇哉？直以大物必自生于大处，大处亦必自生此大物，理固自然，不患其失，又何厝心于其间哉？"（《庄子·逍遥游》"是鸟也，海运则将徙于南冥"注）就是说，大鹏的身体生来就是那样大，必须在大处运行，这是"理固自然"，不会错的。能这样运行，它就逍遥，它就舒适，无所谓"失适于体外"。支遁说："鷃以在近而笑远，有矜伐于心内。"意思是说，鷃自己飞得很近，嘲笑大鹏飞得远，这是有自以为是、骄傲自满的情绪。郭象的评论不是这样。他说："二虫，谓鹏蜩也。对大于小，所以均异趣也。夫趣之所以异，岂知异而异哉？皆不知所以然而自然耳。自然耳，不为也。此逍遥之大意。"（《庄子·逍遥游》"之二虫又何知"注）意思是说，大鹏与小鸟，身体大小有所不同，所以它们的趋向也不同。这并不是由于它们意识到这些不同而故意不同。为什么不同？它们自己也不知道。它们都是不知其所以然而然，这就是自然。它们都是顺其自然而行，于是都得到逍遥。

郭象又说："夫翼大则难举，故搏扶摇而后能上，九万里乃足自胜耳。既有斯翼，岂得决然而起，数仞而下哉？此皆不得不然，非乐然也。"（《庄子·逍遥游》"水击三千里，搏扶摇而上者九万里"注）意思是说，大鹏的翅膀非常之大，所以必须上升到九万里之高，下边的"气"才能把它举起来。小鸟的翅膀很小，所以跳一下就能起飞，上升几十尺就下来。它们都是不得不这样，并不是故意要这样。

在上面所引的头一段话里面，郭象说，大鹏和小鸟的不同，是不知其所以然而然，是出于自然。在第二段话里面，郭象说，它们是出于不得不然。不知其所以然而然，自然，不得不然，在郭象看起来，本来就是一回事。他认为，这就是事物的性和命的三个方面。上面讲过，他从这三个方面说明他所认为的事物的命，他也从这三个方面说明事物的性。照郭象讲的，事物的命和性，本来就是一回事。从宇宙那一方面看，就叫命；从"独化"这一方面看，就叫性。

从表面上看起来，郭象和支遁的不同不过是一些小节的问题，其实，这牵涉到他们两个对于事物本性的认识的不同。照郭象的看法，事物都是自然的，或者说不得不然的。它们是这个或那个样子，都有所然，而又不知其所以然，也不问其所以然。这种情况，就是"玄冥"。

照郭象所说的，一切事物，包括人在内，本来都是"独化于玄冥"，可是人在本来就是逍遥的世界中，妄加分别，认为这个好，那个坏，这个对，那个错，因此就有"羡欲"，"跂尚"，总不满足于自己所处的地位，不安于自己的本性，妄想做自己的才能所不能做的事情，挑肥拣瘦，这山望那山高。这样，人就失去了他本来有的"玄冥"。郭象认为，人所以不能逍遥，不能幸福地生活，这就是其主要的原因。

这就好像基督教的《圣经》说：人本来都生在"乐园"之中，但因受了毒蛇的引诱，吃了"智慧之果"，这才从"乐园"的天国降入了人间的地狱，失去了原有的幸福。郭象所讲的，也就是这一类的思想。

郭象认为，庄子的道理，就是要人像他在《庄子序》中所说的"返冥极"，其方法就是"无心""无为"，也就是嵇康所说的"无措"。

上面引过，郭象说："理固自然，不患其失，又何厝心于其间哉？""厝"，《释文》说："又作措。""又何措心于其间哉"，说的就是"无措"。无措也就是裴𬱟《崇有论》所批判的"不措"。

《庄子·齐物论》有一段说：他是主张无是非的，所以他同主张有是非的人所讲的不是一类的话。但是，他是以无是非为是，以有是非为非，所以他所讲的也还是有是非。这同主张有是非的人所讲的又是一类了。郭象注说："然则将大不类，莫若无心。既遣是非，又遣其遣，遣之又遣之，以至于无遣，然后无遣无不遣，而是非自去矣。"（《庄子·齐物论》"今且有言于此"注）有是非就是有心，有是非就有"羡欲"，有"跂尚"，所以要遣去是非。可是遣去是非这个遣还是有心，还需要把这个遣也遣去。可是遣这个遣的遣，也还是有心，所以还要把这个遣也遣去。这样一直遣下去，就达到"无心"。既然无心，遣或不遣也就没有分别了。这就是"返冥极"的方法。

《庄子·逍遥游》说："若夫乘天地之正，而御六气之辩，以游无穷者，彼且恶乎待哉？"郭象注说："天地者，万物之总名也。天地以万物为体，而万物必以自然为正。自然者，不为而自然者也。故大鹏之能高，斥鷃之能下，椿木之能长，朝菌之能短，凡此皆自然之所能，非为之所能也。不为而自能，所以为正也。故乘天地之正者，即是顺万物之性也。御六气之辩者，即是游变化之涂也。如斯以往，则何往而有穷哉？所遇斯乘，又将恶乎待哉？以乃至德之人，玄同彼我者之逍遥也。苟有待焉，则虽列子之轻妙，犹不能以无风而行，故必得其所待，然后逍遥耳，而况大鹏乎？夫唯与物冥而循大变者，为能无待而常通，岂独自通而已哉？又顺有待者，使不失其所待，所待不失，则同于大通矣。故有待无待，吾所不能齐也。至于各安其性，天机自张，受而不知，则吾所不能殊也。夫无待犹不足以殊有待，况有待者之巨细乎？"意思是说，庄子在这里所说的天地，就是万物的总体，自然是万物的正常状态，也是万物生长变化的正常规律。自然是无为的，也是无知的。比如大鹏飞得很高，斥鷃飞得很低，椿木能够长寿，朝菌只能早死，它们生来就是那个样子，并不是出于故意的作为。它们都是无为而自能，所以是正常的，这就是万物的本性。万物都各顺自己的本性，这就是"乘天地之正"。万物都经常在变化之中，各个事物的变化，汇合成为一个变化的洪流，这就是"变化之涂"。一切事物都顺着这个变化而变化，好像鱼在大河中游泳，这就是"游变化之涂"。一切事物，本来都是逍遥幸福的，但其逍遥有"有待"和"无待"之分，有待就是有条件的。比如说：一个人一定要乘飞机，如果坐不上飞机，他就失望、痛苦，这就是他的"逍遥"有待于乘飞机。如果他不一定要乘坐飞机，遇见什么交通工具他就乘什么交通工具，就交通工具这方面说，他的逍遥就不受条件的限制，也就是"无待"了。这不过是一个比喻。在别的方面，他的逍遥可能受条件的限制，仍然是"有待"。"有待"的根源是对于事物的分别计较。分别计较都是"有为"，都是"有心"。"有为""有心"，所以不能"与物冥"。必须"齐死生，齐是非"，以至没有计较分别，这就"与物冥"。就是说，一切的彼我分别都没有了，与万物成为一体，与变化合为一流了。这就是"与物冥而循大变"。这样的人是"至德的人"，他的逍遥就是完全无条件的，"无所待而常通"。不仅他自己的逍遥是无待的，并且能使一切有待的人都得到他们的所待。就是说，能够为他们创造逍遥的条件，叫他们都得到逍遥。这个条件是什么呢？就是顺性。实际上，这些无待的人的这种做法，也是顺他们的性。就顺性这一点说，有待的人和无待的人都是一样，都没有什么特别之处。

郭象在这里所说的有待和无待，和他在讲"独化"的时候所说的有待和无待，意义不同。照他所讲的"独化"的理论，任何存在的东西都是无待。就逍遥说，一般分别彼此、计较优劣的人，他们的逍遥都是有待的，有条件的。只有"无心"的人，不分别彼此、计较优劣，他们的逍遥才是"无待"的。他们的精神境界，也就是"玄冥"。

这个"至德之人"当然就是中国封建社会所谓的"圣人"了。照郭象说："圣人"不但自己"无待"，而且能使"有待者皆不失所待"，那他也就是最高统治者，即中国封建社会所谓"王"。"圣"而兼之"王"，就是中国封建哲学家所谓的"圣王"。以前的道家和法家都为最高统治者提供了一个统治老百姓的方法，其方法就是"无为"。照他们所讲的，无为与有为是对立的。郭象也讲无为，但是他认为，无为不是同有为相对立的，而是包括有为。庄子说过："故君子不得已而临莅天下，莫若无为。"（《庄子·在宥》）郭象注说："无为者，非拱默之谓也，直各任其自为，则性命安矣。不得已者，非迫于威刑也，直抱道怀朴，任乎必然之极，而天下自宾也。"就是说，无为并不是什么事情都不做，并不是不声不响地拱手静坐。这不是无为的意思。无为就是顺自然。每一个人都有他的本性，都有他天赋的能力。统治者所要做的事，就是让每个人发展他的本性，发挥他的天生的能力，这就叫任其自为。每个人都自为，统治者就可以无为了。郭象在这里也是说，自然和必然是一回事。比如说，大鹏高飞远走，这就出于自然，也就是出于必然。它的身体，有那么大，它就非那样飞不可。这也是出于不得已。"圣人"有这样大的才能，他就非当统治者不可。照郭象说，这也是出于不得已。

照以前的道家和法家所讲的，只有"在上者"可以"无为"，在下者则必须"有为"。"无为"是"君道"，"有为"是"臣道"。照郭象所讲的，无论什么人，只要是任性而行，都是无为。他说："天下何所不无为哉？故主上不为冢宰之任，则伊、吕静而司尹矣。冢宰不为百官之所执，则百官静而御事矣。百官不为万民之所务，则万民静而安其业矣。万民不易彼我之所能，则天下之彼我静而自得矣。故自天子以下至于庶人，下及昆虫，孰能有为而成哉？是故弥无为而弥尊也。"（《庄子·天道》"以此进为而抚世"注）

就是说，一切人都可以"无为"，而且都是"无为"。皇帝不为宰相所做的事，宰相就可以安心领导百官。宰相不为百官的事，百官自可以安心做他们所管的事。百官不为百姓所做的事，百姓就可以安心搞他们的职业。每个人都有不同的能力，各人都本着自己的能力去做事。他们都做他们能力所及的事，而不要求做他们能力所不及的事，这就是不易其所能。这样，每个人都能得到满足。所以从皇帝以至平民老百姓，以至昆虫，都是无为才可以成功，有为是不能成功的。所以，越无为越好。郭象又说："夫工人无为于刻木，而有为于用斧。主上无为于亲事，而有为于用臣。臣能亲事，主能用臣，斧能刻木，而工能用斧，各当其能，则天理自然，非有为也。……故各司其任，则上下咸得，而无为之理至矣。"（《庄子·天道》"故古之人贵夫无为也"注）就是说，一个木匠用斧头去刻木，就木匠与斧头的关系说，木匠是无为，斧头是有为。但木匠要用斧头，又是有为。君用他的臣办事，就君臣的关系说，皇帝不必亲自办事，这是无为，但他还要用他的臣，这是有为。相对地说，对什么事情都有有为和无为两个方面。但是总起来说，臣的才能就是办事，主的才能就是用臣。斧头的才能就是刻木，木匠的才能就是用斧。他们的行为都是跟他们的才能相当的，都是发挥他们的才能。这些都是出于自然，合乎天理。所以总的说起来，他们都是无为，不是有为。各人办各人的事，无论是"在上"的或"在下"的，都得到满足。这就是"无为"这个理的圆满的表现。

郭象用这些辩论，把"有为"和"无为"统一起来，而归结于无为。照他的说法，无论什么人，只要他们任着他们的本性去做，都是无为。如果违反他们的本性，那就是有为。

郭象又用骑马为喻，以说明他所讲的"无为"。他说："若乃任驽、骥之力，适迟疾之分，虽则足迹接乎八荒之表，而众马之性全矣。而惑者闻任马之性，乃谓放而不乘；闻无为之风，遂云行不如卧。何其往而不返哉？斯失乎庄生之旨远矣。"（《庄子·马蹄》"而马之死者已过半矣"注）

就是说，马有好马和次马的分别，好马跑得快，次马跑得慢。跑得快的就让它快跑，虽然全世界它都跑到，但也是无为，它的本性只有这样才能完全发挥。不了解的人，听说要任马之性，就认为是人不要骑它，听说要提倡无为，就认为走路没有躺在床上好。这和庄子的意思差得很远。

第八节 郭象关于"圣人"的理论

郭象认为"圣人"都是天生的。他就是天才和超天才。他之所以有超乎众人之上的才能，完全是出于自然，连他自己也不知道他怎会有那样大的才能。他也是不知其然而然。龚自珍的诗说："自有仙才自不知"，也就是郭象所说的这种意思。郭象说："言物无贵贱，未有不由心知耳目以自通者也。故世之所谓知者，岂欲知而知哉？所谓见者，岂为见而见哉？若夫知见可以欲为而得者，则欲贤可以得贤，为圣可以得圣乎？固不可矣。而世不知知之自知，因欲为知以知之；不见见之自见，因欲为见以见之；不知生之自生，又将为生以生之。故见目而求离朱之明，见耳而责师旷之聪。故心神奔驰于内，耳目竭丧于外，处身不适，而与物不冥矣。不冥矣，而能合乎人间之变，应乎世世之节者，未之有也。"（《庄子·人间世》"是万物之化也"注）

意思是说：任何人都有心知耳目。他们有心知（认识能力），自然就有知识；他们有耳目，自然就有感觉。这些都不是靠故意欲求，用人为的办法所能得来的。如果靠故意欲求，用人为的办法，就可以有知识感觉，那么，靠故意欲求，用人为的办法就可以成为圣贤吗？那是不可以的。可是世上的人不明白这个道理，以为自己有眼睛，就要求它要像古代的大工艺家离朱那样的明。以为自己有耳朵，就要求它要像古代大音乐家师旷那样聪。这样，他就心神不安，耳目疲劳，身子怎样也不舒服，同别的人也不能融洽，归结是他的希望落空，在社会中到处碰壁。

郭象认为，在社会中各行各业都有所谓天才，生来就超人一等。在工艺方面，离朱就是个天才，他的眼能够看到别人所不能看到的东西。在音乐方面，师旷就是个人才，他的耳朵能分辨别人所不能分辨的声音。他们所以能够这样，并不是靠故意的欲求、用人为的方法。是出于无心，而不是出于有心。所以他们的才能，无论发挥到怎样高的程度，对于他们说，也都是无为，也都是任自然。

郭象所说的任自然，并不是原来老庄所说的"返朴还淳"，回到原始社会。郭象说："苟以不亏为纯，则虽百行同举，万变参备，乃至纯也。苟以不杂为素，则虽龙章凤姿，倩乎有非常之观，乃至素也。若不能保其自然之质，而杂乎外饰，则虽犬羊之鞟，庸得谓之纯素哉？"（《庄子·刻意》"故素也者，谓其无所与杂也"注）就是说：所谓纯、素的标准，就是顺自然，要看是不是对于自然有所亏损，有所夹杂。如果没有亏损，无论每天应付多少事，都还是纯。如果没有夹杂，虽然有非常好看的形状，也还是素。比如龙、凤，生来就是那样好看，这是它们的"自然之质"，它们生来就是那样，也不能不是那样。如果没有生来的"龙章凤姿"，硬要涂脂抹粉，扭扭捏捏，把自己打扮成自以为美的样子，那就更见其丑。

郭象认为"圣人"也就是像离朱、师旷那样的天才。不同的是圣人不是哪一种行业中的天才，而是要统治全社会的天才，所以他比某一种行业中的天才又高一等，是超乎一切天才之上的天才。他的天才，在他为帝为王时候最能表现出来。郭象说："世以乱故求我，我无心也。我苟无心，亦何为不应世哉？然则体玄而极妙者，其所以会通万物之性，而陶铸天下之化，以成尧舜之名者，常以不为为之耳。孰弊弊焉劳神苦思，以事为事，然后能乎？"（《庄子·逍遥游》"孰弊弊焉以天下为事"注）

照郭象所说的，圣人之所以成为统治者，并不是他有意争夺。他既然是圣人，天下的人自然就要请求他当最高的统治者。他的行为都是出于无心。既然都是出于无心，所以也未始不可答应大家对于他的请求。他当了最高的统治者，所做的事，也就是让天下人都顺其性，而得到安居。他还是无为，不是有为。

郭象说："夫圣人，虽在庙堂之上，然其心无异于山林之中，世岂识之哉？徒见其戴黄屋，佩玉玺，便谓足以缨绂其心矣；见其历山川，同民事，便谓足以憔悴其神矣；岂知全全者之不亏哉？"（《庄子·逍遥游》"绰约若处子"注）就是说，圣人当了王，虽然每天要办许多事，但这都是他的天赋才能的自然表现，他还是顺自然，对于他的自然之性还是无所亏损，这就是郭象所说的"内圣外王之道"。

所谓"庙堂"和"山林"，是中国封建社会地主阶级当权派和不当权派及其知识分子的两条路。当权派直接掌握国家机器，管理国家大事，这就是所谓庙堂。如果做不了当权派，不直接掌握国家机器，就在家里逍遥自在，自以为高尚，这就是所谓"山林"。向来认为这两条路是不可兼得的。阮籍说："夫人之立节也，将舒网以笼世，岂樽樽以入罔（网），方开模以范俗，何暇毁质以通检。若良运未协，神机无准，则腾精抗志，邈世高超，荡精举于玄区之表，摅妙节于九垓之外。"（《答伏义书》）这是说，如果"庙堂"的路走不通，就走"山林"的路。司马昭自封为晋王，表面上还推辞，等着别人来"劝进"，阮籍写的劝进书说："今大魏之德光于唐、虞，明公盛勋超于桓、文。然后临沧洲而谢支伯，登箕山而揖许由，岂不盛乎？"（《为郑冲劝晋王笺》）就是说，等你当了晋王，灭了吴蜀，统一了中国，把"庙堂"的路走到登峰造极，然后，再走"山林"的路，那就更好。

实际上"庙堂"和"山林"这两条路是不能同时走的。当权派就是当权派，不是不当权派。不当权派就是不当权派，不是当权派。当时人心中的问题是，当权的人是不是可以"玄远"？裴𬱟的《崇有论》中说，当时在政府做官的人什么事都不做，自命为"玄远"。这样是不是可以？郭象的回答是，当权的人，可以同时有"玄远"的精神境界，但并不是什么都不做。在上面所引《逍遥游》注的那一大段中，他说："夫圣人，虽在庙堂之上，然其心无异于山林之中"，就是这个问题的回答。士族是地主阶级贵族，本来就是当权派。但是他们又自命为"玄远"。郭象的理论就是为他的这种自命作理论根据。他们是用这种理论欺骗老百姓，同时也是欺骗他们自己，陶醉他们自己。这种理论的基本内容就是顺自然。

郭象认为，所谓顺自然，所谓无为，并不是什么事都不做，也不是什么知识也不要。他说："夫无以知为而任其自知，则虽知周万物而恬然自得也。知而非为，则无害于恬。恬而自为，则无伤于知。斯可谓交相养矣。二者交相养，则和理之分岂出它哉。"（《庄子·缮性》"谓之以知养恬"注）意思就是说，"圣人"是无所不知的。但是他并不是故意求知，而是本性的自然发展。所以，他虽然无所不知，可是他的心恬然自得，他的知不是出于故意，它的"恬"也不是出于故意。两者都不是出于故意，所以各不相妨，都是无为，不是有为。

宋朝的苏轼曾经说："夫昔之为文者，非能为之为工，乃不能不为之为工也。"（《南行前集叙》，《东坡集》卷二四）就是说，文学家的作品，都是不得不作的。文学家之所以成为文学家，是出于不得已，是不得不然。苏轼的这种说法，倒是合于郭象的意思。上面讲过，照郭象讲，自然和必然是一回事，不得已而然，就是自然而然，也就是不得不然，也就是顺自然。

郭象认为，天才是不能学的，不能摹仿的。一般人可以照着天才所说的话，学说一遍，但并没有什么意义。郭象说："非以此言为不至也，但能闻而学者，非自至耳。苟不自至，则虽闻至言，适可以为经，胡可得至哉？故学者不至，至者不学也。"（《庄子·庚桑楚》"吾固告汝曰能儿子乎"注）就是说，有些话是很好，有些人听见这些话就学着说，可是他并没有达到这句话所表示的真理。他既然只是学着说，所以这些话就仅只成为一种教条。真是达到真理的人，就不需要学，需要学的人就达不到真理。

郭象认为，最坏的事情是人不安于自己的本性而摹仿别人，妄图做他自己所不能做的事情。用郭象的话说，这就是"矫效"。"矫效"不但不能给人带来幸福，而且给人带来痛苦。"效"就是摹仿，"矫"就是矫揉造作。事物各有自己的本性，要摹仿别人，就得对于自己的本性矫揉造作。"矫效"的根源是羡欲。郭象在讲"逍遥"的时候说："夫物未尝以大欲小，而必以小羡大。故举小大之殊，各有定分，非羡欲所及，则羡欲之累可以绝矣。夫悲生于累，累绝则悲去。悲去而性命不安者，未之有也。"（《庄子·逍遥游》"而彭祖乃今以久特闻"注）就是说，一个人不安于他自己的本性，妄想要做他的才能不能做的事，这就是"羡欲"。有"羡欲"就有"累"，有"累"就有"悲"。"羡欲"是苦痛的根源。

郭象又说："不能止乎本性，而求外无已。夫外不可求而求之，譬犹以圆学方，以鱼慕鸟耳。虽希翼鸾凤，拟规日月，此愈近，彼愈远，实学弥得而性弥失，故齐物而偏尚之累去矣。"（《庄子·齐物论》"五者圆而几向方矣"注）就是说，止乎本性，不要求本性以外的事情，这是求内。希望本性以外的事情，摹仿别人，这是求外。外是不可求的。圆的东西生来就是圆的，方的东西生来就是方的，鱼生来就是鱼，鸟生来就是鸟。方的东西想把自己变成圆的东西，鱼想把自己变成鸟，这都是不可能成功的。一个人往往要摹仿别人，他摹仿的越多，他的本性就丧失越多。这都是有所"偏尚"，只有齐物才可以不受"偏尚"之累。偏尚也就是"羡欲"。

郭象说："足能行而放之，手能执而任之。听耳之所闻，视目之所见。知止其所不知，能止其所不能。用其自用，为其自为，恣其性内，而无纤介于分外。此无为之至易也。无为而性命不全者，未之有也。性命全而非福者，理未闻也。故夫福者，即向之所谓全耳，非假物也，岂有寄鸿毛之重哉？率性而动，动不过分，天下之至易者也。举其自举，载其自载，天下之至轻者也。……举其性内，则虽负万钧而不觉其重也。外物寄之，虽重不盈锱铢，有不胜任者矣。为内，福也，故福至轻。为外，祸也，故祸至重。祸至重而莫之知避，此世之大迷也。"（《庄子·人间世》"福轻乎羽，莫之知载"注）

就是说：人的手足耳目，以及心知，都有自然的能力。这些能力，又都有其自然的限度。这些能力的强弱和限度的大小，各人不同，但都有这种能力，每个人都是一样。每个人都应该在他的能力的限度之内发挥他的作用，这就是顺自然，这就是无为。如果在他的能力限度之外，稍微再加一点，这就是有为，就是违反自然。顺自然就可以使性命得到安全。一个人照他的本性去活动，他的活动一点不超出他的本性的能力限度，这是最容易的事情，如果在这个限度之外，哪怕是超过一点点，那也是很困难的事情。比如说，一个人能举起五十斤重的东西，他举五十斤并不觉得吃力。如果在五十斤重的东西上再加上一两斤，他就觉得吃力了。前者是无为，后者是有为。无为是容易的，有为是困难的。可是世界上的人都不要无为，而偏要有为。这是一个通病。

第九节　郭象关于"名教"与"自然"的理论

老子说："绝圣弃智，民利百倍。"（《老子》十九章）《庄子》的《骈拇》《马蹄》《胠箧》等篇也有这样的意思。郭象则不然。照上面所讲的，他是吹捧圣智的，他不反对圣智，他所反对的是学圣智。他说："人之生也，非情之所生也。生之所知，岂情之所知哉？故有情于为离、旷而弗能也，然离、旷以无情而聪明矣。有情于为贤圣而弗能也，然贤圣以无情而贤圣矣。岂直贤圣绝远而离、旷难慕哉？虽下愚聋瞽，及鸡鸣狗吠，其有情于为之亦终不能也。"（《庄子·德充符》"道与之貌，天与之形"注）

郭象在这里所说的"有情于为之"，就是有心于为之。照他所讲的，人之生并不是故意要生的，人的智能也不是有心求来的。人有心要学圣贤，固然不能成功，即使他有心要学下愚的人，也是不行。庸人固然不能学为圣人，圣人也不能学为庸人。

郭象认为，社会的大患，在于学圣人。照郭象讲的，圣人既然要统治社会，必定要有些办法，如规章制度之类。可是这些办法只是圣人解决具体问题时所留下的一种痕迹，好比走路的人留下的足迹、脚印。迹并不是所以迹。所以迹就是那个走路的人。那个人已经走过去了，人们要学他，所学的不过就是那些脚印。郭象说："圣人者，民得性之迹耳，非所以迹也。……夫圣迹既彰，则仁义不真，而礼乐离性，徒得形表而已矣。有圣人即有斯弊，吾若是何哉？"（《庄子·马蹄》"及至圣人"注）就是说，学"圣人"只能学其迹，那就仅只是一种"形表"，一种形式主义，所学的就是不真实的，也是违反人的本性的。

郭象又说："夫先王典礼，所以适时用也。时过而不弃，即为民妖，所以兴矫效之端也。"（《庄子·天运》"围于陈蔡之间"注）又说："夫礼义，当其时而用之，则西施也。时过而不弃，则丑人也。"（《庄子·天运》"彼知矉美而不知矉之所以美"注）

就是说：传统的道德礼教，都是古代的圣人用以解决当时具体问题的办法。在当时说，它合乎当时的情况，那就是好的。但是，社会是经常变化的，各个时期，有不同的情况。在新的情况下，就应该用新的办法，如果还要守着旧办法，那就是矫效。矫效只能学到表面上一些东西，那是不能解决问题的。

照郭象这些话看起来，他似乎是反对传统的名教。实际上完全不是那么一回事。他还是维护"圣人"和"圣道"的。《庄子·胠箧》篇说:"天下之善人少而不善人多,则圣人之利天下也少,而害天下也多。"郭象注说:"信哉斯言。斯言虽信而犹不可亡(无)圣者,犹(由)天下之知未能都亡,故须圣道以镇之也。群知不亡,而独亡于圣知,则天下之害,又多于有圣矣,然则有圣之害虽多,犹愈于亡圣人之无治也。虽愈于亡圣,故未若都亡之无害也。甚矣,天下莫不求利,而不能一亡其知,何其迷而失致哉!"

就是说,庄子的话很对。但是,还是不可以没有圣人。因为天下人都有知识,所以必须用圣道把他们镇住。如果天下人都有知识,而没有圣道把他们镇住,天下的害就更大,天下人在思想上就陷于混乱,那就是"无治"。有圣人固然有害,但是无治之害比有圣之害要大得多。最好的情况是没有圣人,天下人也都没有知识。但是,对于这个道理,天下的人都是不能了解的。

关于名教的问题,郭象反对的是传统名教的那些教条,并不从根本上反对名教。他说:"夫知礼意者,必游外以经内,守母以存子,称情而直往也。若乃矜乎名声,牵乎形制,则孝不任诚,慈不任实,父子兄弟,怀情相欺,岂礼之大意哉?"(《庄子·大宗师》"二人相视而笑曰:'是恶知礼意'"注)郭象在这里所谓"外",是指礼教的形式,所谓内,是指他所认为是人的本性。这个本性就是自然。本性是"母",形式是"子"。礼是形式,本性是内容。郭象并不反对任何形式,他所反对的是没有内容的形式。他不反对封建的孝慈,反对的是形式主义的孝慈。他认为在虚伪的形式下,所谓孝慈,是父子互相欺骗的工具。

《世说新语·任诞》说,阮籍事母甚孝,但是,在他母亲死的时候,他并不按传统的礼节办丧事。裴楷(裴颜的父亲)去吊祭,完全照着传统的礼节办事。有人问裴楷,为什么这样。裴楷说:"籍方外之人,故不崇礼制。我辈俗中人,故以仪轨自居。"郭象说:要"游外以经内",可见他不赞成阮籍那样,把礼的形式和内容完全对立起来。他认为,要想把内容充实起来,形式也是不可少的。要想"守母",也不能"弃子",而且照他所说的,"游外"正是所以"经内","守母"正是所以"存子"。

这样一说,郭象对于礼教,又是什么也不反对了。他承认,把圣人之迹都保存下来,这是很大的弊病。但是他认为,这是没办法的。他说:"今之以女为妇而上下悖逆者,非作始之无理,但至理之弊,遂至于此。"(《庄子·天运》"其作始有伦而今乎妇女"注)就是说,有人把自己的女儿作为妻子,像这样悖逆的事,也是"理"的流弊。他认为,有一个理就有一种流弊,这是没有办法的事情。郭象又说:"不能大齐万物而人人自别,斯人自为种也。承百代之流,而会乎当今之变,其弊至于斯者,非禹也,故曰天下耳。言圣知之迹非乱天下,而天下必有斯乱。"(《庄子·天运》"人自为种而天下耳"注)

意思是说，每个社会都有它过去的历史，也都有它现在的周围的情况。这个交叉点就构成这个社会的现状，或好或坏，或治或乱，都不是某一个人或某一件事情所能负责的。如说要负责，那就是整个社会的责任，甚至于是整个世界的责任，也是整个宇宙的责任。所以圣人之迹并不能够乱天下，天下之乱并不是由于圣人之迹，而是由于整个社会，整个世界，整个宇宙的形势。

郭象又说："夫高下相受，不可逆之流也。小大相群，不得已之势也。旷然无情，群知之府也。承百流之会，居师人之极者，奚为哉？任时世之知，委必然之事，付之天下而已。"（《庄子·大宗师》"以知为时者，不得已于事也"注）意思是说，社会之中，有一种不可抑制的潮流，不得已的形势，必然之势。圣人的统治，就是顺从这种必然。上面讲过，在郭象的哲学体系中，必然、不得已而然，不知其然而然和自然，都是一回事。他所说这些话，用他的话说，也就是顺自然。

郭象的哲学，都是要证明，在自然界和社会中，凡是存在的都是合理的。这是他的"内圣外王之道"的主要的内容。"合理的"这三个字，在这里，并不是一个翻译过来的词，而恰恰就是郭象说的。照他说，凡是存在的，都是出于必然、自然、不得不然、不得已而然，因为"至理"就是那个样子。有些事情看起来虽然不是很好，也许是很坏，但那是"至理之弊"。有了那个至理，就必然有那个弊，谁也没有办法。所以照他说，不但合理的事情是合理的，就是不合理的事情，也是合理的。

郭象的这种说法，着重在证明封建社会的等级制度是合理的。他认为社会必须有一个最高统治者，他说："千人聚，不以一人为主，不乱则散。故多贤不可以多君，无贤不可以无君。此天人之道，必至之宜。"（《庄子·人间世》"臣之事君，义也"注）就是说，人聚在一起，如果没有一个统治者，结果只有两个可能：一个是乱，一个是散。这两种可能都不是人所希望有的，所以必须有一个有才能的人作为他们的统治者。如果有才能的人很多，那也只能有一个统治者。如果一时没有有才能的人，那也不能没有一个统治者。这就是说，不但"圣贤"统治别人是合理的，就是愚人统治别人也是合理的。

既然有了统治者，其余的人都应当是他的"臣妾"，受他的统治。郭象说："若皆私之，则志过其分，上下相冒，而莫为臣妾矣。臣妾之才而不安臣妾之任，则失矣。"（《庄子·齐物论》"如是则皆有为臣妾乎"注）就是说，有些人生来就只能当奴隶，被统治。如果他是那种材料，而又不安于那种地位，那就是出于他们的"私心"。有臣妾之才的人，应该安于臣妾之任，如果不然，那就是过分。过分的人是必定不能成功的。他的过分行动，不但不能给他自己带来幸福，而且给他自己带来灾难。同当时实际政治联系起来，其意思是说，门阀士族是应该作为统治阶级中的统治阶层,谁要反对,谁就应该灭亡。这是天才论、先验论和英雄史观在政治上的表现。

郭象认为,社会中有各种各样的事,人生来就有各种各样的能力。有哪样能力的人就做哪一种事业,这样的安排就是合乎人的本性,就是出于自然。郭象说:"故知君臣上下,手足外内,乃天理自然,岂真人之所以为哉?"(同上)"夫时之所贤者为君,才不应世者为臣,若天之自高,地之自卑,首自在上,足自居下,岂有递哉?虽无错于当,而必自当也。"(《庄子·齐物论》"其递相为君臣乎"注)就是说,有才能的人应该统治别人,没有才能的人,应该被人统治,就好像人的头生在上面,足生在下面,这是自然的规律。"递"就是轮流的意思。人的头和足不能互相轮流,一个时候头在上脚在下,一个时候脚在上头在下。所以统治者应该总是统治者,被统治者应该总是被统治者,不能互相轮换。

郭象的这种说法,是门阀士族的阶级意识的反映。门阀士族是封建贵族,是封建社会中的地主阶级当权派,他们当然认为他们的统治是合理的,他们要世世代代地维持下去。但是他们又自命清高,具有"玄远"的精神境界,"庙堂"、"山林"兼而有之。玄学就是为士族的这种希望,用"辩名析理"的方法作出理论的根据。郭象的《庄子注》是玄学的代表作,他是最大的玄学家,也是士族的最忠实的代言人。

第十节 郭象的《庄子序》和《庄子注序》

郭象的《庄子序》就是《庄子》序,是为《庄子》这部书作的序。它不是《庄子注》序,不是郭象为他自己所作的《庄子注》那部书所作的序。所以在序中他只讲庄子的哲学体系、历史地位和作用,并且简明扼要地论述了庄子的要点,并不讲他自己作《庄子注》的意图和经过。这是一篇《庄子》书的提要。这篇提要作得好,因为他把庄子的"要"提出来了。他所提的"要",当然是照着他对《庄子》的理解提出来的。这是当然的,任何人为任何书作提要,都是照着他的理解作的。任何人讲《庄子》,都是他所理解的《庄子》。所以,事实上郭象的《庄子序》,也就是他的《庄子注序》。但是,就文章的体裁说,《庄子序》还只是《庄子序》。

《庄子序》的第一句话说:"夫庄子者可谓知本矣,故未始藏其狂言,言虽无会而独应者也。夫应而非会,则虽当无用;言非物事,则虽高不行;与夫寂然不动,不得已而后起者,固有间矣。斯可谓知无心者也。夫心无为,则随感而应,应随其时,言唯谨尔。故与化为体,流万代而冥物,岂曾设对独遘而游谈乎方外哉？此其所以不经而为百家之冠也。"

意思就是说，庄子可以算是知道根本的了。根本就是无心，也就是无心无为。无心的人的心是寂然不动的，但并不是没有作为。他的作为是随着所受的感动而起的自然的反应，这也就是不得已而后起。所以他的言，必定同一定的具体的情况相配合，解决一定的具体的问题。他的言必定有所"会"，"会"就是配合的意思。可是庄子的著作，大部分是凭空发议论，自问自答，自言自语，这就是狂言。他的言并不同具体的情况相配合，所以虽然讲得不错，但是没多大用处。他的言并不解决一定的具体问题，所以，虽然很高，但是不能发生作用。所以他同真正无心的人有一定的距离。庄子懂得无心这个道理，但是还没有能把它体现出来。所以他的著作，不能成为"经"，但在诸子百家中，可以算是最好的了。

郭象在这里所讲的也就是当时所争论的名理和玄远的问题，言尽意和言不尽意的问题。照他所讲的，圣人基本上是无言的，所以无言，因为他"与化为体，流万代而冥物"。"冥物"就是与物没有差别，没有隔阂，与万物为一体了。这是名言所不能表达的，不可言说也不可思议的。至于他的言，那是不得已而应付事物、对付环境的。这就是荀粲所说的六经是圣人的糟粕，还有意外之意，那是不能说的。

郭象在这里所说的真正无心的人，就是"圣人"，就是孔丘。他所说的"经"，就是中国封建社会认为是孔子作的经典。《论语》中所记载的孔丘的话，都是在一定的具体情况下，为回答一定的具体问题而说的。郭象认为，这就是"随感而应，不得已而后起"。他认为，孔丘体现了无心，是心无为，是顺自然的。

《庄子序》说："然庄生虽未体之，言则至矣。通天地之统，序万物之性，达死生之变，而明内圣外王之道，上知造物无物，下知有物之自造也。"就是说，庄子虽然没有体现真正的无心，专就他所讲的道理说，那就是很好的了。郭象认为庄子的哲学有四个方面：一是通天地之统，二是序万物之性，三是达死生之变，四是明内圣外王之道。"造物无物"，就是"通天地之统"那一方面的道理；顺自然，就是"序万物之性"那一方面的道理；齐生死，就是"达死生之变"那一方面的道理。这三方面的道理，都归结于第四方面，"明内圣外王之道"。

"圣"是一种精神境界，有了这种精神境界的人，就是"圣人"。《庄子序》下文所说的"独化于玄冥之境"，"涉太虚而游惚恍之庭矣"，就是这种境界的内容。《庄子序》没有细讲"外王"。郭象认为，"外王"不过是"内圣"的扩大和引申。他说："夫唯与物冥而循大变者，为能无待而常通，岂独自通而已哉？又顺有待者，使不失其所待，所待不失，则同于大通矣。"（《庄子·逍遥游》

"若夫乘天地之正"注）在这一段中，前一半讲的是"内圣"，后一半讲的是"外王"。

《庄子序》最后说："虽复贪婪之人，进躁之士，暂而揽其余芳，味其溢流，仿佛其音影，犹足旷然有忘形自得之怀，况叹其远情而玩永年者乎！遂绵邈清遐，去离尘埃而返冥极者也。"所谓冥极，就是上边所说的"玄冥之境"，"惚恍之庭"，就是"浑沌"。"返冥极"的"返"字很重要，它说明圣人的"浑沌"，不是原始的"浑沌"，而是后得的"浑沌"。

这篇《庄子序》究竟是不是郭象作的，在学术界中成了一个辩论的问题。辩论的双方都有似乎是对方所不能驳倒的证据，相持不下。如果没有新发现的资料，这个辩论似乎要成为悬案了。从历史学的观点看，这个辩论无论谁是谁非，关系都不大。辨伪是一种审查史料的工作，其所以重要，因为它可以帮助确认史料的时代。郭象的《庄子注》的时代，是没有什么疑问的，《庄子序》这篇文章无论是不是郭象作的，并不说明《庄子注》的时代，也不增加《庄子注》的内容，所以也就毋庸审考了。不过，这篇《庄子序》从哲学和文学的观点看，都是第一流的，没有像郭象那样水平的人是作不出来的。如果它的作者不是郭象，那就是在中国历史中还有第二个郭象。第二个郭象究竟是谁呢？为什么这样大的作家除了这一篇之外就没有留下别的痕迹呢？这倒是一个谜。

无论如何，《庄子序》就是《庄子序》，不是《庄子注序》。郭象是不是还有一篇《庄子注序》？有的。《庄子》有个古抄卷子本，在《天下》篇郭象注"以贻好事也"之后，还有一大段说："夫学者尚以成性易知为德，不以能攻异端为贵也。然庄子闵才命世，诚多英文伟词，正言若反。故一曲之士，不能畅其弘旨，而妄窜奇说。"下面郭象举了当时流行的《庄子》中的几个篇目，认为诸如此类的篇都是巧杂，"其所求庄子之意哉"？因此他的《庄子注》把这些篇都删去了，只留下三十三篇。这就是现在流行的《庄子》。

陆德明的《经典释文》在《叙录》中节抄了这一段，并指明为"郭象子玄云"，日本的学者据此断定古抄卷子本的这一段是郭象的序文，这个断定是不错的。更确切地说，这是郭象的《庄子注序》。这篇《庄子注序》和前面的《庄子序》各有各的内容，各有各的作用，不可相混，也不能互相替代。当然，郭象并不是学程颐，程颐也不是学郭象。他们只是不谋而合。

如果通行的《庄子》前面的那一篇《庄子序》，不是郭象作的，而是后人从别的地方选抄过来配合上去的，这个后人也有一定的水平，他选抄得好，配合得对。

总起来说，郭象的无无论否定了贵无论的作为"宗极指导"的无，否定了"有生于无"的宇宙形成论，这就使他自己的体系同贵无论对立起来。他以天地万物的群有为"宗极指导",这就在哲学的根本问题上同崇有论站在一边,这就决定了他的哲学体系是唯物主义的。哲学上的唯物主义和唯心主义的区别,就是在这个根本问题上决定的。他又承认了贵无论的"无名之域"作为一种精神境界。精神境界是主观的不是客观的。这并不妨碍他的体系是唯物主义的。

他的哲学体系是广泛的,玄学中的主要问题在其中都得到解决。他对于贵无论或崇有论都有所扬弃,但他的体系不是二者的调和论,也不是拼盘式的杂家。它是用"辩名析理"的方法建立起来的一个完整的体系。它是玄学发展的高峰,在这个发展的阶段中,他处于否定之否定的地位。

第四十二章　魏晋之际玄学以外的唯物主义和进步的社会思想

玄学是中国历史中的一个时代思潮。"玄学"是一个时代思潮的名称，并不是一个哲学派别的名称，凡是一个历史时期的时代思潮，都有一个特殊的哲学中心问题，一种特殊的思想方法，一种特殊的精神面貌，围绕着这个中心问题，唯物主义和唯心主义这两大派别进行斗争。玄学这个时代思潮，也是这样。它的特殊的哲学中心问题，是有、无问题，它的特殊的思想方法是名理，贵无论是其中的唯心主义派别，崇有论是其中的唯物主义派别，这两大派别用名理的方法进行斗争，构成了这段时代思潮。

除此以外，还有一些直接继承王充、张衡的唯物主义思想。这些思想不在玄学的范围之内，因为它们没有参加玄学的中心问题的讨论，也没有用玄学的名理方法，所以也没有玄学的精神面貌。

第一节　曹植的唯物主义思想

在三国时期，魏国的统治者曹操和他的儿子曹丕、曹植的思想都倾向于唯物主义。在他们父子三人中曹植的写作较多，他的唯物主义思想也表现得比较明确。他没有专门的哲学著作，但可以在他的文学作品中看出来。

曹植所作的《魏德论》，从天地开始以前讲起说："在昔太初，玄黄混并，浑沌濛鸿，兆朕未形。"（《太平御览》一引）《魏德论》没有完全地流传下来，就上边所引的话可以看出来，他所讲的就是汉朝科学家和文学家张衡所作的《灵宪》中所提出的宇宙形成论。张衡说：在宇宙发生的过程中，有一个阶段叫作"庞鸿"，在这个阶段，事物的萌芽还没有完全形成，气连结在一起，颜色也分不清楚。（参看本书第三十四章第二节）《魏德论》所说的宇宙发生的那个阶段，就是张衡所说的"庞鸿"那个阶段。"濛鸿"就是"庞鸿"。

曹植在他所作的《七启》中说："夫太极之初，混沌未分。万物纷错，与道俱隆。盖有形必朽，有迹必穷。芒芒元气，谁知其终。"（《文选》卷三四）这里所说的"太极""道",似乎都是指"元气"。"元气"无始无终,由浑沌而分化成为万物。万物是有始有终的。这是吸收了王充的理论(参看本书第三十三章第四节)。

在封建社会的统治阶级中,有许多人都有关于长生和神仙的迷信。在东汉的时候,桓谭作了一本书,书名叫《新论》,指出长生不死是不可能的。他说:精神和肉体的关系,就像火和蜡烛的关系,蜡烛烧完了,火也就灭了(参看本书第三十二章第九节)。曹植作《辩道论》驳斥神仙迷信的虚妄。他称赞桓谭为"笃论之士",说桓谭的著作很多都是好的。曹植还指出:桓谭的论点,不十分彻底,又作了一些补充和修正。

可以说:曹植的宇宙观是以王充的《论衡》、张衡的《灵宪》为基础的。他的关于形、神关系的见解是以桓谭的《新论》为基础的。

当时曹操召集了很多的方士,都是讲长生不死的,曹植解释说:这是因为曹操怕这些人在民间宣扬迷信,所以把他们都聚集在一起,等于把他们软禁起来。

曹植说,他们弟兄常同这些人们谈论,发现所宣扬的都是骗人的谬论。曹植说:这些人如果遇见秦始皇和汉武帝,他们也就是徐市(秦始皇所信任的方士)和栾大(汉武帝所信任的方士)了。曹植说:什么时代都有暴君,这些暴君作恶都是一样的;什么时代都有奸人,他们作伪也都是一样的。("桀、纣,殊世而齐恶;奸人异代而等伪。")曹植说:真实的情况是,人的寿命长短各有不同。身体的强弱也各有不同。善于保养的人能够活到他所应该活到的自然界限。操劳过度的人,能活到他应该活到的一半。滥用他的身体,就要早死。("然寿命长短、骨体强劣,各有人焉。善养者终之,劳扰者半之,虚用者夭之。")(以上引文均见《辩道论》)

这个思想就是曹操在他的诗中所说的:"灵龟虽寿,犹有竟时,飞蛇腾雾,终为死灰。……盈缩之期,虽曰在天,颐养之福,可以永年。"(《龟虽寿》)曹丕也说:"生有七尺之形,死惟一棺之土。"(《三国志》魏文帝纪注引《魏书》)又说:"夫生之必死,成之必败,天地所不能变,圣贤所不能免。"(《文选》,郭景纯《游仙诗》注引)他也指出曹操所招致的"方士"的长生不死之说的虚妄,并举当时实行"修炼"的人所受的害处。

曹植又说:建安二十二年(公元217年)有大瘟疫,每家都有死亡的人,也有全家都死的。有人认为瘟疫是鬼神作出来的。曹植不以为然。他指出,受瘟疫死的人大多数都是穷人,至于富家贵族就很少得瘟疫的。

曹植说:瘟疫的发生是由阴阳失去了正常的位置,气候的冷暖不合节气("阴阳失位,寒暑错时")(《太平御览》七四二引)。这就是说,瘟疫的流行有其自然的原因,也有其社会的原因。他所说的自然原因不完全正确,他所说的社

129

会原因也只看到一些现象。但是就当时的医学知识的程度说，就曹植本人的阶级地位说，他能见到像他所说的那样，也就是不容易的了。

曹植又说："五行致灾，先史咸以为应政而作。天地之气，自有变动，未必政治之所兴致也。"（《诘咎文》）"五行致灾"指水灾、火灾等自然灾害。他所谓"先史"之说，就是董仲舒等所宣扬的"天人感应"的迷信。王充的《论衡》批判了这种迷信。曹植在这里指出，自然界的变动与政治无干。把自然和社会的界限，划分开来，这也是继承王充的唯物主义思想。

第二节　杨泉的《物理论》

杨泉是三国时期吴国的人。晋朝统一后，征他做官，他不应征。他作有《物理论》和《太玄经》都遗失了。清朝的学者，从马总的《意林》和《太平御览》引文中，辑出《物理论》的佚文成为《物理论》的辑本。

杨泉的《物理论》是继承两汉扬雄、王充、张衡的唯物主义传统，讲宇宙发生论。他说："所以立天地者，水也。成天地者，气也。水土之气，升而为天。天者君也。（"君"，疑当作"均"。《太平御览》引《物理论》另条说："天者，旋也，均也。"）夫地有形，而天无体，譬如灰焉，烟在上，灰在下也。"又说："皓天，元气也，皓然而已，无他物焉。"（《太平御览》天部引）杨泉认为，天是元气，除了气之外，别无他物，"成天地者气也"。仅就这些话看，好像他讲的是气一元论。实际上并不如此。他说："所以立天地者，水也。"这句话，可以解释为天地立在水中，好像张衡的《浑天仪》所说的，"天地各乘气而立，载水而浮"。在《物理论》的另一篇说："所以立天地者，水也。夫水，地之本也。吐元气，发日月，经星辰，皆由水而兴。"照这个说法，水是地之根本，天地元气，以及日月星辰，都是从水产生出来的。照这些话看起来，杨泉的宇宙发生论，不是气一元论，而是水一元论。

杨泉的水一元论大概是认为水是根本。水里的混浊部分，下沉了就成为土。水变为蒸气，就成为天。杨泉说："土气合和而庶类自生。"（《太平御览》地部引）这个气就是天，土就是地。土气合和就是天地合和。庶类就是万物。在这种天地和合的情况下，万物皆自然发生，"自"字很重要，就是说这里用不着上帝，用不着造物者。

封建社会统治者的思想讲到天地的时候，总是说天尊地卑，天比地更根本，地应该服从天。封建哲学家用此来证明臣应该服从君，子应该服从父，妻应该服从夫。杨泉的自然观认为地比天更根本。他说："地者，天之根本也。"（《太平

《御览》地部引）这与传统的天尊地卑的观念有很大的不同。作为一种自然观看，他的说法是很素朴的。

关于形神问题，杨泉说："人含气而生，精尽而死。死犹澌也，灭也。譬如火焉，薪尽而火灭，则无光矣。故灭火之余，无遗焰矣；人死之后，无遗魂矣。"（《太平御览》礼仪部引）就是说：身体和精神的关系，就如燃料与火的关系。燃料烧完以后，不会有余光；身体死了以后，也不会有余魂。这也是继承桓谭的形死神灭的唯物主义的理论。

关于人和自然界的关系，杨泉宣扬人力可以胜天的理论。他说："陆田者命悬于天，人力虽修，水旱不时，则一年之功弃矣。水田制之由人，人力苟修，则地利可尽。"（《意林》引）就是说，旱田是靠天吃饭，人努力种田，遇见旱涝，就前功尽弃。水田是由人力掌握的，不怕旱涝。只要充分发挥人力，就能够充分利用地的资源。

在发挥人力方面，杨泉极力称赞机械的作用。他作有一篇《织机赋》称赞织布机。他说："伊百工之为技，莫机巧之最长。似人君之列位，像百官之设张。立匡郭之制度，如城隔之圆方。应万机以布错，实变态之有章。……事物之宜，法天之常。既合利用，得道之方。"（《艺文类聚》卷六五引）这篇赋的开始，用一种封建社会中称颂皇帝的话，称颂机械。对于机械，可以说是推崇备至了。末尾的几句话是说机械的制造，是应用自然的规律，以满足生活的需要。这种对机械的看法，也是唯物主义的。

对于制造机械的工匠，杨泉更为颂扬。他说："夫蜘蛛之罗网，蜂之作巢，其巧妙矣，而况于人乎。故工匠之方圆规矩出乎心，巧成于手，非睿敏精密，孰能著勋，形成器用哉？"（《太平御览》艺术部引）就是说，工匠心灵手巧，睿敏精密，才能够造机械，立大功。

在封建社会中，地主阶级的哲学家们，对于机械的发明和制造，持轻视甚至反对的态度，说机械是"奇技淫巧"。即使他们有所称赞，也把功劳归之于"圣王"，像《周易·系辞》所说的那样。杨泉不但称颂机械，而且把发明、制造的功劳归之于工匠。极力赞扬工匠的伟大，这在封建社会中都是很难得的。

《物理论》中，有一条说："给事中与高堂隆、秦朗争指南车。二子云：古无此车，记虚言耳。先生曰：'争虚空言不如试之效也。'言于明帝，明帝诏使作之，车乃成。"（《意林》引）

这里所说的"给事中"和"先生"，都不知道是什么人。先生不可能是杨泉自己，因为在地理上和时间上，他都不能见到魏明帝。无论如何《物理论》有这一条，说明杨泉是赞成"争虚空言不如试之效也"，这句话可以说明杨泉的认识论的思想也是唯物主义的。

曹植和杨泉的思想，都是两汉唯物主义思想的继续。他们所讨论的问题和思想方法都是和玄学相对立的。

第三节　鲍敬言的"无君论"

汉末农民大起义对于当时思想界的影响，见于鲍敬言"无君论"。

鲍敬言的身世，我们完全不知道。他的名字也只见于葛洪的《抱朴子》外篇卷四十八《诘鲍》篇中。我曾怀疑，鲍敬言未必实有其人，只是葛洪虚构的一个人，以为其反对的对象。可是，在葛洪的《抱朴子》中，《诘鲍》篇以上是《正郭》《弹祢》。郭是郭林宗，祢是祢衡，都是历史人物。由此推论，鲍敬言也不是一个虚构的人物，是实有其人的。

据葛洪说：鲍敬言"好老庄之书，治剧辩之言"，葛洪同他往返辩论。他的时代大概和葛洪差不多，在西晋东晋之间。他"好老庄之书"，不过他所好的，不是老庄的唯心主义思想。老子和庄子，从没落奴隶主的立场，有对于新兴的地主统治阶级的批判。鲍敬言发挥了这一方面的批判，并且明确地提出了无君的主张。他的主张受到葛洪的反对。葛洪《抱朴子》里面的《诘鲍》篇，就是专为反对鲍敬言而作的。幸而有这一篇，鲍敬言的"无君论"的基本思想才得以保存下来。

鲍敬言的"无君论"，首先驳斥儒家的"君权神授"说。他说："儒者曰：'天生烝民而树之君。'岂其皇天谆谆言？亦将欲之者为辞哉。"就是说，不能有一个活灵活现的上帝命令什么人为君，这不过是企图为君的人这样说罢了。鲍敬言说："夫天地之位，二气范物，乐阳则云飞，好阴则川处。承柔刚以卒性，随四八（四象八卦）而化生。各附所安，本无尊卑也。"这就是说，在自然界中，人和万物都是阴阳二气所生，本来没有上帝，也没有尊卑之分。

所谓尊卑之分，就是统治者与被统治者之间的对立。这个对立是怎么发生的呢？鲍敬言说："夫强者凌弱，则弱者服之矣。智者诈愚，则愚者事之矣。服之，故君臣之道起焉；事之，故力寡之民制焉。然则隶属役御，由于争强弱而校愚智。彼苍天果无事也。""隶属役御"就是指统治与被统治的关系。鲍敬言明确地指出，这是人压迫人、人欺骗人的结果，并不是有什么天意。

鲍敬言认为，在原始社会还没有君的时候，人是很快乐的。他说："曩古之世，无君无臣，穿井而饮，耕田而食，日出而作，日入而息，泛然不系，恢尔自得，不竞不营，无荣无辱。山无蹊径，泽无舟梁。川谷不通，则不相并兼；士众不聚，则不相攻伐。……势利不萌，祸乱不作，干戈不用，城池不设，万物玄同，相忘于道。疫疠不流，民获考终。"

可是，有了君以后，情况就不同了。鲍敬言说："君臣既立，而变化遂滋。夫獭多则鱼扰，鹰众则鸟乱。有司设则百姓困，奉上厚则下民贫。壅崇宝货，饰玩台榭。食则方丈，衣则龙章。内聚旷女，外多鳏男。采难得之宝，贵奇怪之物，造无益之器，恣不已之欲，非鬼非神，财力安出哉？夫谷帛积则民有饥寒之俭，百官备则坐縻供奉之费。宿卫有徒食之众，百姓养游手之人。民乏衣食，自给已剧，况加赋敛，重以苦役。下不堪命，且冻且饥，冒法斯滥，于是乎在。王者忧劳于上，台鼎颦颥于下，临深履薄，惧祸之及。恐智勇之不用，故厚爵重禄以诱之，恐奸衅之不虞，故严城深池以备之。而不知禄厚则民匮而臣骄，城严则役重而攻巧。"

在这一段里鲍敬言对于剥削阶级统治的批判，是尖锐而深刻的。他把老百姓比作鱼和鸟，把统治者比作吃鱼的獭和捉鸟的鹰。有了这么多的獭和鹰，鱼和鸟当然不能安定。有了这么多的官吏，百姓当然要困穷。统治者像獭和鹰一样，把老百姓的财富夺取过去，过着穷奢极欲、荒淫无耻的生活。鲍敬言问道：他们并不是鬼也不是神，他们的财富从哪里来的？还不是用聚敛的方法，从人民手中夺过去的。鲍敬言说：人所生产的财富，专供自己用，还是很紧张的，况且其中一大部分，又为统治者夺去了。不仅如此，统治者还征发人民无偿地为他们劳动。老百姓又冻又饿，不能生活，当然要反抗。统治者就想出许多办法，镇压老百姓的反抗。他们用高爵厚禄，诱惑他的臣下，用高城深池，防范老百姓。可是，他的"禄"从哪里来的呢？还不是用聚敛的方法，从老百姓那里夺来的。所以他的禄越厚，老百姓越穷，他的臣越骄傲。他的城池是谁修的？还不是靠役使老百姓？所以他的城池修得越好，老百姓的役越重。城池好也不能解决问题，因为攻城的方法，也越来越巧。

鲍敬言继续说：统治者对于老百姓"劳之不休，夺之无已。囷芜仓虚，杼轴乏空，食不充口，衣不周身，欲令勿乱，其可得乎？所以救祸而祸弥深，峻禁而不止也。"这就是说，统治者对于老百姓越防范镇压，他就越得加重对于老百姓的剥削，老百姓就越要反抗。这样下去，统治者和被统治者之间，矛盾越来越尖锐，斗争越来越激烈。鲍敬言作出结论说："此皆有君之所致也。"

只要有统治者和被统治者的对立，他们之间的矛盾和斗争，是永远存在的。鲍敬言说："君臣既立，众慝日滋。而欲攘臂乎桎梏之间，愁劳于涂炭之中。人主忧栗于庙堂之上，百姓煎扰丁困苦之中。闲之以礼度，整之以刑罚。是犹辟滔天之源，激不测之流，塞之以撮壤，障之以指掌也。"这就是说，统治者压迫人民的任何措施都是徒劳的。

鲍敬言又指出，有了君以后，老百姓还有更大的灾难。因为统治者总是想扩大他的统治区域，以便有更多的人受他的剥削。鲍敬言说："民有所利，则有争心。富贵之家，所利重矣。且夫细民之争，不过小小，匹夫校力，亦何所至。无疆土之可贪，无城郭之可利，无金宝之可欲，无权柄之可竞，势不能以合徒众，威不足以驱异人。孰与王赫斯怒，陈师鞠旅，推无仇之民，攻无罪之国。僵尸则动以万计，流血则漂橹丹野。无道之君，无世不有。肆其虐乱，天下无邪（？）。忠良见害于内，黎民暴骨于外，岂徒小小争夺之患邪？"这就是说，有了剥削阶级的统治，他们必然要发动对外的侵略战争。这种战争只能给老百姓带来更大的灾害。统治者贪图别人的疆土、城郭、金宝，还想扩大他自己的权柄。他有权势把人集合起来，他用威力强迫人去送死。这样，战争就起来了，无论胜败如何，总是老百姓遭殃。

鲍敬言说：其实老百姓的希望，也是很简单的。他说："夫身无在公之役，家无输调之费，安土乐业，顺天分地。内足衣食之用，外无势利之争。操杖攻劫，非人情也。象刑之教，民莫之犯。"这就是说，老百姓所希望的，只是没有徭役和租税，按着自然的需要分得土地，有吃有穿。这样，满足他们的最低的物质生活的要求，他们自然就不"操杖攻劫"；即使象征式的刑罚，他们也不会犯的。（本节引文均见《抱朴子·诘鲍》）

葛洪站在地主阶级统治者的立场，反对鲍敬言的无君论。他首先用一种唯心主义的说法和一些封建哲学家们的一种陈词滥调，如"天尊地卑"之类，企图证明封建社会中的等级分别是合理的。此外，他又以鲍敬言的一些弱点为借口，进行狡辩、反驳。

鲍敬言的"无君论"歌颂原始社会，主要的是歌颂其中没有阶级，没有人剥削人，人压迫人的制度。但是他不加分析，把原始社会的生产力低下的情况，也歌颂了。从生产力方面看，原始社会也确实没有像庄周和鲍敬言所说的那样合乎理想。在那个时候，生产力是很低的，人的生活几乎完全受自然的支配。这是鲍敬言的弱点。葛洪指出，在原始社会中人的生活是很困难的，这倒是实在情况，但以这种情况为根据，证明有君的必要，这是强词夺理的。

鲍敬言对于封建剥削阶级的剥削制度的批判，是很尖锐而深刻的。他提出了一种理想社会的轮廓。这是两汉的"大同"和"太平"思想的继续，是人民反抗剥削和压迫在思想战线上的反映。

鲍敬言所理想的，没有剥削和没有压迫的理想社会，本来是对于将来的憧憬。但是他把对于未来的理想和过去的原始社会等同起来。在原始社会中，固然是没有阶级的分别，没有人剥削人、人压迫人的制度，但是人的生活是极端困难的，他把过去和未来混淆起来。这样，就给反对的人一种借口，像葛洪所说的。

但是，他的理想是伟大的。这种理想表达了被剥削被压迫者反对剥削压迫的愿望。但是，就当时的社会、政治经济情况说，他的理想是不可能实现的。正如列宁所指出，这种理想，"只是一种空想，虚构和童话"，是一种幻想，"幻想是弱者的命运"。(《列宁全集》第18卷，人民出版社1959年版，第349—350页)

　　从中国哲学史的观点看，鲍敬言的"无君论"和嵇康的《太师箴》及阮籍的《大人先生传》比较起来，其中的有些思想是相类似的。但鲍敬言的言语比他们尖锐得多，理论明确得多，态度激烈得多。这并不是一个作文章的问题。这是因为，鲍敬言是站在封建统治阶级的对立面说话的，嵇康和阮籍还是站在地主阶级的立场说话的。嵇康和阮籍对于封建统治者的批判，还是地主阶级的内部斗争。所以，嵇康的《太师箴》虽然也批评了当时的统治者，但终于是向统治者提出忠告或警告，希望他们吸取历史中的教训，不要蹈历史中的覆辙。阮籍的批判比嵇康尖锐一点，但也不过是想做一个隐士，表示不屑与统治者为伍，最后并且把这些"不屑"思想也批判了。这说明他们的立场终究是士族的立场。

第四十三章　玄学的尾声及其历史的功过

第一节　《列子》和《列子注》

郭象的哲学体系是玄学的高峰。高峰之后就是尾声了。这个尾声的代表作是《列子》和张湛的《列子注》。

《汉书·艺文志》著录《列子》八篇。先秦的著作中，常有人提到列御寇这个人或他的学派。但是现在通行的《列子》这部书并不是《汉书·艺文志》所著录的那部《列子》，而是在晋朝才出现的。其出现的经过，张湛的《列子序》有详细的叙述。据这篇序说，张湛的祖父是王家的外甥。这个家族有王粲（王弼的祖父），有王粲的藏书一万多卷。永嘉之乱，士族或一般知识分子都南逃。张湛的祖父和王家的其他亲属，挑选藏书中稀有罕见的部分带着南行。过江以后张家的人在他们带去的书中发现有《列子》，张湛加以编辑并为之作注。在这篇《序》中可以看出来，在永嘉以前已经没有公开通行的《列子》了。张湛把他所掌握的一些王家的旧资料加以整理编辑。在编辑的过程中，张湛掺入了一些别的资料。《天瑞》篇抄了《易纬·乾凿度》中一大段，就是一个例子。

他又作了一篇《列子序》。这篇《序》实际上是两篇，一篇是《列子序》，一篇是《列子注序》。其中有一段泛论《列子》，这是《列子序》。其余叙述他读《列子》的经过，这是《列子注序》。

张湛的《列子注》，在形式上是摹仿郭象《庄子注》。郭象有一篇《庄子序》，在《庄子》的重要篇目下都有一个解题。张湛的《列子注》也是这样。不过他在泛论《列子》的那一段中并没有讲出列子哲学的要点，只摘引了先秦著作中一些评论列子的字句或与老庄相比较之词，每篇的解题也多浮泛，或与本篇的内容不相称。他是在作文章，并不是在讲道理。现在通行的《列子》出于张湛之手，由他自编自注，成为《列子注》，希望能和王弼的《老子注》、郭象的《庄子注》并之而三。

《列子·天瑞》篇中，有一大段完全是从《易纬·乾凿度》抄来的。纬书出现于东汉末年。这就证明，现在通行的《列子》是出于东汉以后。更重要的是，这也证明它不是一部玄学作品。因为它所用的方法不是"辩名析理"，它所讲的问题不是玄学的问题。郭象所讲的"玄冥之境""惚怳之庭"，是一种精神境界，不是宇宙形成的一个过程。王弼和何晏所讲的"无名之域"可能也是宇宙形成的一个阶段。但他们只笼统地说，因为用"辩名析理"的方法不能讲宇宙形成论，更不能讲宇宙形成的详细过程。《天瑞》篇所抄的《乾凿度》那一大段，讲了它认为是宇宙形成的四个阶段。它说："有太易，有太初，有太始，有太素。太易者，未见气也；太初者，气之始也；太始者，形之始也；太素者，质之始也。气形质具而未相离，故曰浑沦。浑沦者，言万物相浑沦而未相离也。"浑沦相当于浑沌，但它不是一种精神境界，而完全是宇宙形成的一个阶段了。用"辩名析理"的方法怎么能得到这种知识呢？这是东汉末年的哲学问题。在当时，讨论这一类的哲学问题的代表是张衡。魏晋以来，玄学家们逐渐不讨论这一类的问题了。他们逐渐放弃了宇宙形成论而专讲本体论，因为"辩名析理"是本体论的方法，只能讲本体论。《天瑞》篇又想把它拉回来。这说明他完全不知道什么是玄学，不了解从东汉到魏晋这一段哲学的发展。

《列子》最突出的是《杨朱》篇。说它最突出，因为它公开地系统地提倡肉体快乐，这在中国哲学著作中是少见的。其中有一大段说："晏平仲问养生于管夷吾。管夷吾曰：'肆之而已，勿壅勿阏。'晏平仲曰：'其目奈何？'夷吾曰：'恣耳之所欲听，恣目之所欲视，恣鼻之所欲向，恣口之所欲言，恣体之所欲安，恣意之所欲行。夫耳之所欲闻者音声，而不得听，谓之阏聪；目之所欲见者美色，而不得视，谓之阏明；鼻之所欲向者椒兰，而不得嗅，谓之阏颤；口之所欲道者是非，而不得言，谓之阏智；体之所欲安者美厚，而不得从，谓之阏适；意之所欲为者放逸，而不得行，谓之阏性。凡此诸阏，废虐之主。去废虐之主，熙熙然以俟死，一日、一月、一年、十年，吾所谓养。拘此废虐之主，录而不舍，戚戚然以至久生，百年、千年、万年，非吾所谓养。'管夷吾曰：'吾既告子养生矣，送死奈何？'晏平仲曰：'送死略矣，将何以告焉？'管夷吾曰：'吾固欲闻之。'平仲曰：'既死，岂在我哉？焚之亦可，沉之亦可，瘗之亦可，露之亦可，衣薪而弃诸沟壑亦可，衮衣绣裳而纳诸石椁亦可，唯所遇焉。'管夷吾顾谓鲍叔、黄子曰：'生死之道，吾二人进之矣。'"

在这一段生动的设想对话中，所讨论的"道"是玄学中的主要问题——生死之道或养生。"肆之而已，勿壅勿阏"，就是顺自然。这个道也是玄学所提倡的生活方式。不过玄学家们所谓顺自然，主要是就人的精神方面说的。《杨朱》篇所说的六个"恣"，"恣口之所欲言"、"恣意之所欲行"这两项是和人的精神方面有关的，其余的思想都是就人的肉体方面说的。它所注重的是人的肉体快乐，它所讲的养生注重在讲人的肉体，这不是玄学的精神。玄学所注重的是精神方面的解放。"恣口之所欲言"，"恣意之所欲行"，是玄学所提倡的，但并不是提倡追求肉体快乐。"竹林七贤"说过的那种放纵生活，也是要在其中享受精神解放。他们都好喝酒，因为他们想在醉中得到类似浑沌的那种精神境界，像刘伶的《酒德颂》所说的那样，并不是认为喝酒是一种口福。精神解放也就是他们的养生之道。玄学所讲的"生死之道"，是一化为一，一变为一，由此而齐死生。从这个标准看，《杨朱》篇还没有真正懂得生死之道，还是把生死看成是个对立面，死是无可奈何，所以要在没有死的时候，尽量追求肉体快乐，大大地享受一阵，死了就不管了。汉朝人所作的古诗十九首中有一首说："驱车上东门，遥望郭北墓。白杨何萧萧，松柏夹广路。下有陈死人，杳杳即长暮。潜寐黄泉下，千载永不寤。浩浩阴阳移，年命如朝露。人生忽如寄，寿无金石固。万岁更相送，贤圣莫能度。服食求神仙，多为药所误。不如饮美酒，被服纨与素。"（《文选》卷二九）《杨朱》篇对生死问题所表现的情感和这首诗所说的是一类的。用玄学的标准看，其所以有这种情感正是由于生死问题还没有解决。

必须承认，要真是照《杨朱》篇所说的那样做，也还是不容易的。玄学有重精神轻肉体的倾向，它所谓"外形骸"，"放浪形骸"以及所谓"达"，都有轻视肉体的意思。刘伶出去游玩，叫人带着挖地的工具跟在后面，交代说："死便埋我。"他被称为"有达观"。《杨朱》篇所提倡的尽量追求肉体快乐，也非相当"达"的人不能行，因为尽量追求肉体快乐也可能带来对于肉体不幸福的结果。曾经有一个人喜欢吃肥腻的食物以致血压很高。医生警告他说："像你这个吃法不出五年，必有危险。"他说：我要在五年之内赶紧多吃，五年之后就吃不成了。当时也被称为有"达观"。一般人的血压稍微高一点，他们就怕这怕那，这也不敢吃那也不敢吃，有这样思想的人能够追求肉体的快乐吗？所以《杨朱》篇所讲的生活方式也非相当"达"的人不能实行。从这一方面说，也是在宣传玄学所谓"达"。他所讨论的问题也是玄学的问题。

玄学已经发展到最高峰了，张湛这一类的人还不理解，还要抬出列子这个偶像，讲一些落后的话，所以不能成为玄学更进一步的发展阶段，而只是它的一个尾声。

第二节　玄学与孔丘

一般的玄学家，虽然推崇老庄，但都认为老庄的思想和孔丘基本上相同，孔丘和老聃都是圣人，而且孔丘是最大的圣人。

《晋书》说：阮瞻"见司徒王戎。戎问曰：'圣人贵名教，老庄明自然，其旨同异？'瞻曰：'将无同。'"（《晋书·阮瞻传》）《世说新语·文学》也记载了这个故事，但说是王衍和阮修的对话。无论是王戎和阮瞻或王衍和阮修，这篇对话在当时是有名的，所以传闻异词。这四个人都是有名的玄学家，而且王戎和王衍是其中的领袖。所以，可以认为这是当时玄学家的一般见解。"贵名教""明自然"是当时辩论很激烈的问题。二者本来是对立的，可是，阮瞻说是"将无同"。

这三个字需要解释一下。《世说新语》有一条说：谢安同许多客人游海，碰见大风，客人都说要回转，谢安的游兴正发，不肯回来。后来风更大，谢安才说："如此，将无归？"船上的人马上就把船开回来了。

《世说新语·〈识鉴〉注引》又有一条说，孟嘉是当时的一名士。庾亮镇守武昌的时候，叫他当一名"从事"。褚裒善于赏鉴人才。"过武昌，问庾曰：'闻孟从事佳，今在此不？'庾云：'卿自求之。'褚眄睐良久，指嘉曰：'此君小异，得无是乎？'庾大笑曰：'然。'"《孟嘉别传》也记载了这个故事。其中"得无是乎？"作"将无是乎"。"得无是乎"，就是"将无是乎"。

这是"将无"在当时的用法，意思是：恐怕是，大概是，也许是，可能是。"将无同"意思是恐怕是同吧。孔丘和老聃怎么同呢？原来何晏和王弼在这方面已经作了不少的说明。

《论语》说："回也其庶乎？屡空。"何晏《论语集解》云："一曰，屡犹每也，空犹虚中也。以圣人之善道，教数子之庶几，犹不至于知道者，各内有此害也。其于庶几每能处中者，唯回怀道深远。不虚心，不能知道。子贡无数子病，然亦不知道者，虽不穷理而幸中，虽非天命而偶富，亦所以不虚心也。"（皇侃《论语义疏》卷六）《论语》原来的意思是说，颜回家里很穷，经常有青黄不接的时候，何晏把"空"解释为颜回的精神境界，这就把颜回庄学化了。

皇侃又引顾欢的话："夫无欲于无欲者，圣人之常也；有欲于无欲者，贤人之分也。二欲同无，故全空以目圣；一有一无，故每虚以称贤。贤人自有观之，则无欲于有欲；自无观之，则有欲于无欲。虚而未尽，非屡或何？"（同上）

皇侃又引太史叔明的话："颜子上贤，体具而微则精也。故无进退之事，就义上以立屡名。按其遗仁义，忘礼乐，堕支体，黜聪明，坐忘大通，此忘有之义也。有顿尽，非空如何？若以圣人验之，圣人忘忘，大贤不能忘忘。不能忘忘，心复为未尽。一未一空，故屡名生也焉。"（同上）这是更进一步地把颜回庄学化了。这里所讲的颜回已经不是《论语》中的颜回而是《庄子》中的颜回了。把颜回庄学化就是把孔丘庄学化。

王弼也是研究《论语》的，在《论语》中，孔子说："吾道一以贯之。"王弼解释说："贯犹统也。夫事有归，理有会，故得其归，事虽殷大，可以一名举；总其会，理虽博，可以至约穷也。譬犹以君御民，执一统众之道也。"（皇侃《论语义疏·里仁》章引《论语解释》）王弼用一般和特殊关系解释孔丘所说的一贯。这是把孔丘老学化了。

王弼和何晏都认为孔丘和老庄的思想基本上是相同的，这就是"将无同"的"同"字的根据。其所以加上"将无"两个字，用一种不十分肯定的语气，那是因为在表面上看毕竟有些不同。

郭象更是发挥了那个"同"字。《论语》："颜渊死，子哭之恸。"郭象说："人哭亦哭，人恸亦恸，盖无情者与无化也。"（同上书，卷六）这是把孔丘庄学化了。郭象把这个意思贯串在他的整个《庄子注》中。

《世说新语·文学》说："王辅嗣弱冠诣裴徽。徽问曰：'夫无者，诚万物之所资。圣人莫肯致言，而老子申之无已，何邪？'弼曰：'圣人体无，无又不可以训，故言必及有。老庄未免于有，恒训其所不足。'"这里所说的"圣人"是孔丘，照这里所说的，老聃还没有达到"圣人"的地位，比孔丘还差一点。其证据就在于老聃讲"无"，孔丘讲有。王弼认为，无是无名，既然无名，就不能讲。要了解无，只有与无同体，这就是所谓"体无"。孔丘已经"体无"，无又不能讲，所以只可以讲有。王弼说："夫无不可以无明，必因于有。"（《周易·系辞》韩康伯注引王弼）老聃还不能"体无"，这是他的不足之处。他越是不足，他就越要讲。这就说明，为什么他单讲无而不讲有。王弼用哲学的标准，认为孔丘的地位比老聃还高，孔丘是最大的圣人，老聃还在其次。照这个说法，孔丘和老聃不仅是"同"，而且在同中又有高下之分。王弼把"将无同"中的"将无"两个字去掉了，而且进一步肯定了孔丘是最大的圣人。不能说这只是王弼的早年见解，因为王弼只活到二十四岁。

郭象在《庄子序》中也是这样说的，而且说得更清楚。他认为庄周是"知无心"，孔丘是"无心"，所以《庄子》这部书不能列于经典，只能算诸子中的最高的一家。

如果说《庄子序》未必是郭象所作，不足为据，那就看《庄子注》吧。《庄子·逍遥游》中尧和许由对话那一段，《庄子》原文表示许由比尧高，注文认为尧比许由高。《庄子·大宗师》讲到"游于方之内"和"游于方之外"的区别，《庄子》原文认为后者比前者高，注文认为二者必须结合起来，仅仅"游于方外"是不可取的。注文中所说的圣人，就指孔丘。

《世说新语·言语》篇有一条说，有个小孩名叫齐庄，庾公问他："'欲何齐？'曰：'齐庄周。'"又问："'何不慕仲尼而慕庄周？'对曰：'圣人生知，故难企慕。'庾公大喜小儿对。"这也是说孔丘比庄周高，齐庄周是可能的，齐孔丘是不可能的。

自从汉武帝定儒为一尊以后，儒家的思想已成为中国封建制度的理论根据，孔丘遂成为中国封建社会理论上的思想统治者。在中国封建社会中对统治思想有异议的都以老聃为思想代表，东汉末年的农民大起义更以老聃为其政治上的代表。张鲁在汉中的政权规定《老子》为一般人必读的书，《老子》的影响是很大的。在这种影响下，上层社会的人也讲老子了。不过他们所讲的老子不是黄老的老，而是老庄的老。

士族是封建贵族，它的思想的代表是玄学。玄学开始是讲老子的，但不把老聃作为孔丘的对立面，而把他作为孔丘的补充者，把孔丘老学化，为的是借此维持孔丘在封建社会的地位，这是合乎历史发展规律的。封建贵族绝不会反对封建社会的正统思想，只有在封建社会的经济基础从根本上发生动摇了，它的上层建筑才能从根本上动摇。这种情况在玄学的时代是没有的。

第三节　玄学历史功过的哲学根源

在中国历史中，晋朝是个混乱衰败的朝代。一般的说法，把这种情况归咎于玄学。玄学是有它的功过，但哲学史的任务，不在于叙述这些功过，而在于说明这些功过的哲学根源。

玄学的主题是有无的问题，是一般和特殊的问题。从认识论说，从特殊到一般就是感性认识到理性认识，这在认识上是个飞跃。说它是个飞跃，因为这是一个从量变到质变的过程。在这个飞跃中，人从感性实践升入到理性实践，或者说，在感性实践中看到了理性实践。

如果对于这个飞跃有充分的认识，人的精神境界也跟着有了变化。认清感性实践是一种精神境界，看到了理性实践又是一种精神境界，进入理性实践那就更是一种精神境界了。这是一个发展的过程。在这个发展的过程中，人会有不同的感受。既然是一种感受，就不可能用理论思维的言语把它表示出来，只可用形象的言语作个比喻。西方古代哲学家柏拉图在他的名著《理想国》中作了一个比喻。他说，真正了解"好之理念"的人，就好像从一个黑暗的洞穴中走出来，初次看见太阳的光辉。

玄学所讲的从有到无的理论过程就是这个过程，或者基本上就是这个过程。经过这个过程的人的所有感受，主要的有两种，一种可以说是超越感，另一种可以说是解放感。人总是一个个体，既然是一个个体，它就必然要受一个个体的范围限制。这个个体必然是在感性实践之中,更具体一点说,人既然存在,就必然有一个身体,他的身体所给他的限制就是个体范围的限制。如果他看到,或者进入理性实践,他就超越了个体范围的限制,所以他就有超越感。所谓超越感就是超越个体范围的限制。既然超越限制,就有解放感,所谓解放感就是从个体范围的限制中解放出来。这个个体不是别的,就是他自己的身体,也就是他自己,概括起来说就是他的"我"。所以超越是自我超越,解放是自我解放,其关键在于无我、无私。嵇康的《释私论》接触到了这个道理。

玄学家们也用形象思维作了许多比喻,郭象的《庄子序》作了一个概括的叙述。《庄子序》说:"其言宏绰,其旨玄妙。至至之道,融微旨雅。泰然遣放,放而不敖。故曰不知义之所适,猖狂妄行,而蹈其大方。含哺而熙乎澹泊,鼓腹而游乎混芒。至仁极乎无亲,孝慈终于兼忘。礼乐复乎已能,忠信发乎天光。用其光,则其朴自成。是以神器独化于玄冥之境,而源流深长也。故其长波之所荡,高风之所扇,畅乎物宜,适乎民愿。弘其鄙,解其悬,洒落之功未加,而矜夸所以散。故观其书,超然自以为已当,经昆仑,涉太虚,而游惚恍之庭矣。虽复贪婪之人,进躁之士,暂而揽其余芳,味其溢流,仿佛其音影,尤足旷然有忘形自得之怀。况探其远情,而玩永年者乎?遂绵邈清遐,去离尘埃,而返冥极者也。"

这里所说的"泰然遣放","猖狂妄行","含哺而熙乎澹泊,鼓腹而游乎混芒",都是用形象思维的语言,表达解放感。这里所说的"超然自以为已当,经昆仑,涉太虚,而游惚恍之庭矣",也是用形象思维的语言表达超越感。这里所说的"弘其鄙,解其悬,洒落之功未加,而矜夸所以散",也是解放感。为个体范围局限的人,只有低级趣味,这就是"鄙"。他受种种限制和束缚,好像是被人吊在空中,这就是所谓悬。从这些情况中解放出来就获得一种新的精神状态,那就叫做"洒落"。"矜夸"是自我夸张,正是洒的反面,是"鄙"和"悬"的表现。如果能从个体范围的限制解放出来,就不求洒落而洒落自来,不除矜夸而矜夸自去。这里所说的"玄冥之境""惚恍之庭",指的就是那种更高的精神境界,也就是前几章中所说的"后得的浑沌"。

上面所说的精神境界,玄学家们称为无。他们说的无,其实就是抽象的有。因为是抽象的,所以没有任何内容。所以玄学家们认为最高的精神境界就是一个没有内容的空虚的境界。他们常常用以形容这种境界的形容词是"虚""旷"。这种精神状态他们称为"玄心"。他们的言论称为"玄谈",也称为"清谈"。所谓"清"就是脱离实际,既脱离自然的实际,也脱离社会的实际。为什么脱离实际?因为抽象的有中本来什么都没有,更没有实际。

这种情况也引起了玄学内部的不满。裴𬱟的崇有论批判了王弼、何晏的贵无论。他所说的有是群有，是具体的有，也就是实际。他主张从实际出发。他的崇有论当时在社会上起了多大的影响不很清楚，大概"清谈"的影响还是很大的。郭象所说的有，也是具体的有。但他所说的"玄冥之境""惚怳之庭""冥极"，还是"后得的浑沌"。

当时及后世的人都说："清谈误国。"晋朝政治上社会上的混乱，其原因是多方面的，不能完全都归咎于"清谈"，然而清谈是其原因之一，至少也是其现象之一。

玄学"辩名析理"的方法提高了中国哲学的理论思维能力，它所讲的"后得的浑沌"提高了人的精神境界，它所阐发的超越感、解放感，构成了一代人的精神面貌，所谓晋人风流。但脱离实际是它最大的缺点。怎样纠正这个缺点是后来宋明道学的任务。

第四十四章 通论佛学

第一节 所谓儒、释、道三教

在中国历史中，从汉魏以来，逐渐出现了所谓儒释道三教。这里所谓教，是教育或教化之教，不是宗教之教。教育或教化之教是中国原有名词，宗教之教是从西方传来的外国名词。教育或教化之教和宗教之教，在小节上可能互相穿插，但在大体上两者的界限是很清楚的。

每一个宗教都有自己的教主，据说他不是人而是神，至少也是半人半神。据说他就是救世主，人生是一个苦海，救世主有办法把人类和一切众生拯救出来，登于彼岸，一个幻想中的极乐世界。教主、救世主、彼岸世界，都是宗教之教中不可少的，而教育之教中却是不可有的，因为此三者都包含有迷信。宗教和迷信是纠缠在一起的。从历史上看，科学总是和宗教对立的，总是在和宗教的斗争中发展起来的。

孔丘的儒家虽然在中国历史中又被称为儒教，西汉的公羊学和今文经学也把孔丘说成是一个半人半神的人，但这个说法不久就被否定了。在中国长期封建社会中，孔丘的地位主要是"师"而不是神。他的最高的称号是"大成至圣先师"，他所受的最高政治待遇是"文宣王"。他是一个人，不是一个神，也不是半人半神。在他所宣传的思想中，也没有彼岸世界。由此看起来所谓儒教，如果可以称为教，也是教育之教，不是宗教之教。

佛教是世界上几个大宗教之一。它有教主，就是释迦牟尼，他也是救世主，它有一整套的教义，有一套教会制度和组织，有一整套仪式。它从东汉时期逐渐传入中国，影响越来越大。道教的成立是对佛教的反应，佛教是外来信仰，有一部分人就因为它是外来的而产生了反感。中国本来有所谓"夷夏之辨"，佛教被斥为"夷"。中国原有的神仙家、阴阳家和一般民间封建迷信便联合起来成为道教，与佛教相对立。道教是中国土生土长的宗教，和外来的佛教相对立，但又是模仿佛教的。佛教有大量的经典，道教就把中国儒家以外的许多著作都作为它的经典。它也模仿佛教组织了自己的教会，抬出了在中国社会中和孔丘齐名的老聃作为教主，也就是救世主，幻想出长生不死的神仙世界作为彼岸世界。道教这个教是宗教之教，不是教育之教。一个大的宗教都是解决人生中的某些主要问题的。要解决问题它必须有些思想原则，那就是它的教义。有些宗教的教义同时也是一种哲学。有些不是哲学，而只是一种迷信、方术或巫术。不能认为凡宗教的教义都是哲学。对于这个问题不能一刀切，要分别对待。它是哲学的，当然是哲学史的对象，它不是哲学的，就不是哲学史的对象。

佛教的教义是哲学，对于后来的中国哲学及中国文化的发展有很大的影响。为了分别起见，我们称佛教的教义为佛学。

道教虽然以老聃为教主，以《老子》和《庄子》为其主要经典，但它的教义基本上是神仙家。《老子》和《庄子》中也有神仙家的话，《老子》讲"长生久视"，其方法是"抟气致柔"。《庄子》也讲"真人之息以踵"（《庄子·大宗师》），这讲的大概是现在的所谓气功，这些大概都是神仙家的话。气功在于求长生，不过《老子》、《庄子》中的主要思想不是神仙家。所谓长生就是保存人的身体，使他不死。玄学讲的老庄都不要保存身体，玄学是老庄发展的主流。神仙家从老庄中分离出来，称为道教。道教教义的主题是求长生。为了求长生，道教讲了许多修炼的方法，这些都属技术之类。

在道教的经典中，除《老子》《庄子》以外，也时有一些名言警句。例如葛洪说："夫陶冶造化，莫灵于人。故达其浅者，则能役使万物。得其深者，则能长生久视。"（《抱朴子·对俗》）又如俞琰说："盖人在天地间，不过天地间一物耳。以其灵于物，故特谓之人，岂能与天地并哉？若夫窃天地之机，以修金液大丹，则与天地相为始终，乃谓之真人。"（同上）又引《翠虚》篇说："每当天地交合时，夺取阴阳造化机。"（同上）"窃天地之机"，"夺取阴阳造化机"，"役使万物"，以为吾用，以达吾之目的。此其注重权力之意，亦可谓有以人胜天的精神。但道教所讲的役使万物，主要是役使鬼神，其所用的方法，是掐诀、念咒、画符、炼丹之类。这是巫术，不是科学。在古代，科学和巫术是纠缠在一起的。在道教的经典中，可以看出来中国的巫术，也可以看出来中国古代科学的水平。道教不是中国哲学史的对象，而是中国科学史的对象，当然也是中国宗教史的对象。

第二节　佛教和佛学的主题——神不灭论

　　每一个时代思潮都有一个真正的哲学问题作为中心，围绕着这个中心问题各方面进行辩论，由此推动哲学的发展和历史的进步。玄学的中心问题是一般和特殊的问题。玄学进入尾声以后，随着佛教影响扩大，作为时代思潮的中心问题也换了。这个新的中心问题是关于生死、形神的问题。

　　恩格斯说："在远古时代，人们还完全不知道自己身体的构造，并且受梦中景象的影响，于是就产生一种观念：他们的思维和感觉不是他们身体的活动，而是一种独特的、寓于人的身体之中而在人死亡后就离开身体的灵魂的活动。从这个时候起，人们不得不思考这种灵魂对外部世界的关系。既然灵魂在人死时离开肉体而继续活着，那么就没有任何理由去设想它本身还会死亡。这样就产生了灵魂不死的观念。这种观念在那个发展阶段上绝不是一种安慰，而是一种不可抗拒的命运，并且往往被认为是一种真正的不幸，例如在希腊人那里就是这样。"（《马克思恩格斯选集》第四卷，人民出版社1972年版，第219—220页）

　　这种人的精神和人的肉体的关系问题，在中国称为形神问题，从战国以来经常为人们所讨论，是一般人都关心的问题。

　　这也是佛教和佛学的中心问题。佛教是宗教，佛学是作为佛教理论基础的哲学体系。佛学接触到哲学各方面的主要问题，其中心的主题是形神问题。它认为，个人精神不死，一个人的身体死亡了，但他一生中所造的"业"还继续存在着，他的精神还有来生，以至二生三生，这是佛学的主题，也是佛教的根本教义。

　　有些人认为佛学并不主张灵魂不死。他们说，一般人所谓灵魂，就是鬼。鬼的声音笑貌以及所穿的服装，都和他生前完全一样。佛学不承认有鬼。佛学是无鬼论。佛学仅只是说一个人在他的身体死亡以后，还有"中阴"继续存在，由这一生转入来生。

　　这种辩护，没有什么意义。认为有某种精神实体，在一个人的身体死亡以后还继续存在，这就是主张灵魂不灭，个人不死。至于这个实体究竟是个什么样子，或叫它什么名字，是无关宏旨的。

　　照佛教和佛学说，个人不死是一种不可抗拒的命运，是一种真正的不幸。正是因为人身体死亡以后还有某种精神实体继续存在，所以才有生死轮回。这是人生的一切痛苦的根源。佛教和佛学就是抗拒这种不可抗拒的命运，要把人从生死轮回的苦海中拯救出来，把他们渡到"彼岸"，在"彼岸"中可以得到一个极乐世界。但是，就根本上说，佛教和佛学还是认为个人不死、灵魂不灭是一种幸事。如果人的身体死亡以后，没有精神实体继续存在，那也就没有什么极乐世界可以说的了。

佛教和佛学把精神不灭和生死轮回、因果报应结合起来，这就明确地说明他们所说的神不灭，是个体的神。每一个体的神，都为它所做的业支配，每个个体现在的身体都是它过去所做的业的结果。一生的身体坏了，还有来生。每一个个体神都创造它自己的世界，不需要有一个公共的造物主。有人说佛学是无神论。其实照佛学说，每一个个体神就是一个造物主，有多少个体神就有多少造物主。作为一种哲学，佛教是主观唯心主义。作为一个宗教，佛教是多神教。这是佛学神不灭论的特点。

灵魂不灭这个理论，用中国哲学的传统话说，就是神不灭论。

第三节 佛学的方法

玄学的方法是"辩名析理"。佛学的方法是"止观"。观是观察，要观察一切事物都时时刻刻在生灭之中，一切事物都是众缘和合，缘会则生，缘离则灭。用我们现在的话说，任何事物的发生都有一定的原因，靠一定的条件。只有这些原因和条件都具备了，它才能存在，如果不具备，它就不能存在。这本是人的常识，佛学认为这就可以证明一切事都是虚幻不实。能注意到这一点，而且在这一点上下工夫，这就叫观。在观中，观察到那些东西的虚幻不实，就可以停止对虚幻不实东西的留恋贪爱，这就叫止。这是佛教和佛学的两个门，前者叫观门，后者叫止门。

"止观"和"辩名析理"是完全不同的。"辩名析理"是从一般和特殊的关系开始的，是围绕着那个关系的问题发展的，止观是从生死轮回的问题出发的，是围绕着这个问题发展的。玄学和佛学表面看起来有点相似，但是它们的主题则完全不同，它们的方法也完全不同。

观这个名词出于《老子》。《老子》说："故常无，欲以观其妙；常有，欲以观其徼。"（第一章）"万物并作，吾以观复。"（第十六章）又说，"以家观家，以乡观乡，以国观国。"（第五十四章）佛学在翻译中用观字，也许有格义连类的意思。

第四节　中国佛教和佛学发展的阶段

中国佛教和佛学的发展有三个阶段。第一个阶段称为格义,第二个阶段称为教门,第三个阶段称为宗门。

一个人初学外国语的时候,必须先把一句外国语翻成一句本国话,然后才能理解。他学说外国语的时候,也必须把他要说的一句话,先用本国话想好,然后再翻成外国话。他的话是用外国话说的,可是他的思想是用本国话想的,所以必须经过这些翻译程序。

一个国家的哲学,传到别国的时候,也要经过类似的程序。佛教初到中国的时候,当时的中国人听到佛教的哲学,首先把它翻成中国哲学原有的术语,然后才觉得可以理解。宣扬佛教哲学的人也必须把佛教哲学的思想,用中国原有的哲学术语说出来,然后中国人才能理解。这种办法当时称为"连类"或"格义"。《高僧传》说,佛学大家慧远向听众讲佛学的"实相义",费了很多的时间,听众越听越糊涂。慧远又用庄子的道理作解释,引"庄子义为连类",听众就明白了(《高僧传》卷六,本传)。

《高僧传》又说,另一个大佛学家法雅,因为他的学生对中国原有的思想有一定的了解,而对于佛教哲学了解得很少,他就把佛教的哲学同中国原有的思想联系起来互相解释。这种办法,当时称为"格义"(《高僧传》卷四,本传)。

在当时的思想界中,一般都认为玄学和佛学基本上是一致的,所以它们的概念可以互相通用,它们的语言可以互相翻译。

随着对佛学的进一步的深入研究,佛学和玄学逐渐划清了界限。就翻译这方面说,大翻译家鸠摩罗什倾向于意译。意译就不免有"格义""连类"之处,他的学生道生就简直用玄学的语言作文章了。以后的翻译逐渐改用直译,重要的概念术语都直接翻音,有名寺院的大宗派,大都各奉一部佛教经典作为教义。所谓"三玄"(《周易》《老子》《庄子》),他们都不怎么提了,这是佛教和佛学在中国发展的第二阶段。

在中国近代史中也有类似的情况。严复是对于西方文化有比较真正的了解的人。他翻译了许多书,他的翻译方法就是"格义"。他翻译了一段原文,就写一段按语,用一些中国原有的思想加以说明,这就是"连类"。例如逻辑,他原来翻译为名学,这是和先秦的名学家相联系。后来做翻译工作的人,提出了另外几个译名。人们觉得都不合适,于是改为音译。逻辑这个名字就通行了。这标志中国人对西方哲学有了进一步的了解。

148

佛教和佛学在中国发展的第三阶段是宗门。这个宗就是禅宗。它不是和隋唐诸大宗派并行的，而是它们的对立面。它不是像其他宗派那样信奉一部佛经，信奉一部佛经作教条，对它做咬文嚼字的研究，而是不信奉一切佛经，打倒一切佛经。它认为一个人的心就是佛，从一个人的心中直接发出的声音，比任何经典都有权威。禅宗的和尚都不学习佛教的经典，认为那些东西都是糟粕。可是他们把禅宗祖师的话都记录下来成为语录，他们都学习这些语录，这是禅宗内部的一个矛盾。

以上所说，就是佛教和佛学在中国发展的第三阶段。

第五节　一个辩论，一个问题

在南北朝时期，有一个关于神灭和神不灭的辩论。这是佛教和佛学内部的人和外部的人的辩论。佛学神不灭论所说的神是个体的神，所谓因果报应、生死轮回，都是就个人说的。所谓"山河大地都由心造"，"一切唯心所现"，这个心也是个体的心。照这个说法每一个人都有他自己的山河大地，他自己的一切，这就没有一个公共世界。这就是主观唯心主义。

从哲学发展的规律看，唯心主义内部的斗争，总不外是主观唯心主义和客观唯心主义的斗争，其主要的分歧是承认或不承认有一个公共的世界。不承认有一个公共世界的是主观唯心主义，承认有一个公共世界的是客观唯心主义。

佛教和佛学主张一切都是唯心所现，但是，这个心是个体的心或是宇宙的心，各宗派的主张则有不同。如果认为是个体的心，那就必然认为每一个个体都有它自己的世界，不可能有公共的世界，这就是主观唯心主义。如果认为是宇宙的心，那它所现的世界就是公共的世界，各个个体所公有的世界。这就是客观唯心主义。

佛教和佛学是从个体的因果报应，生死轮回讲起的。它们原来所说的心，所说的神都是个体的心。由此发展下去必然成为主观唯心主义。梁武帝的《立神明成佛义记》所定的调子，就是主观唯心主义。而在佛学的实际发展中，逐渐出现了客观唯心主义，在中国佛学中首先明确提出来的是《大乘起信论》。

佛教中各派别的斗争是佛教内部的斗争，是唯心主义内部的斗争。因为佛教中的派别都是以释迦牟尼佛为教主，为了维护教主的面子，所以各宗派之间的斗争，只是在暗中进行，没有表面化。当时从哲学的观点看，他们的斗争是很显然的。

第四十五章　佛学在中国发展的第一阶段——"格义"

第一节　僧肇及其著作

僧肇（384—414）是京兆长安（今属陕西）人。原来家中很穷，靠给别人抄书维持生活。在抄书之中，他看了很多的书。他早年喜欢老庄，可是他认为，总有些根本问题，老庄没有讲透。后来他看见《维摩诘所说经》的译本，非常高兴，他跟当时的大翻译家鸠摩罗什学佛，成为鸠摩罗什的大弟子之一。他的著作有《维摩经注》和《肇论》。《肇论》并不是把几篇文章合起来的论文集，而是一整篇哲学论文，在这篇论文中他先讲《宗本义》以树立他的根本论点，然后分四个题目阐述《宗本义》。五篇合起来，构成了他的哲学体系。

《宗本义》说："本无，实相，法性，性空，缘会，一义耳。何则？一切诸法，缘会而生，缘会而生则未生无有；缘离则灭，如其真有，有则无灭。以此而推，故知虽今现有，有而性常自空，性常自空，故谓之性空。性空故，故曰法性。法性如是，故曰实相。实相自无，非推之使无，故名本无。"

"有""无"是玄学的两个基本范畴或根本概念。佛学来到中国，首先和这个概念进行格义，这就同玄学连类起来。其实，佛学所谓无和玄学所谓无并不是一回事。玄学所谓无是抽象的有，因为抽象，有就变成无了。像僧肇在这里所说，一切事物都是缘会而生，缘离而灭。缘就是条件，是事物生成需要的各种条件。需要的条件都完备了，那个事物才生出来；如果条件不完备，那个东西就灭了。所以，一切事物都不是长住的，而是无常的。就这意义说，一切事物都是虚幻不实，所以是空，这里说的无就是空，这是就具体的事物说的，所以同玄学说的无根本不是一回事。僧肇认为这个空是"诸法实相"，就是说这是一切事物的真实情况，他认为佛学所讲的就是一切事物的真实情况。

当时讲佛学的人，对于"有""无"各有不同的解释，称为"六家七宗"。这也都是格义连类之类。

僧肇分四个题目以说明这个"宗本义",第一个题目是《物不迁论》。

这篇论开头说:"夫生死交谢,寒暑迭迁。有物流动,人之常情。余则谓之不然。"就是说一般人都认为,人和事物都经常在流动变化之中,但是他不以为然,他认为一切事物既不流动也不变化。何以见得?僧肇说:"夫人之所谓动者,以昔物不至今,故曰动而非静。我之所谓静者,亦以昔物不至今,故曰静而非动。"这里所谓静、动,包括变化。运动和变化本来是一回事,就空间方面说就叫运动,就时间方面说就叫变化。就时间方面说,以前的事物来不到现在,所以一般人都认为这是事物变了。僧肇也认为以前的事物来不到现在,所以事物没有变。因为以前的事物就是以前的事物,现在的事物就是现在的事物,两者本来是不同的。就空间方面说,《物不迁论》有几句名言,有一句名言说:"然则旋岚偃岳而常静,江河竞注而不流,野马飘鼓而不动,日月历天而不周。复何怪哉?"

照僧肇的这个说法,一切事物,无论在时间或空间上,都好像是一部没有放映的电影片子。在没有放映的时候,一个大动作都分成许多小动作,开始都是不动的。这就叫"物不迁"。

僧肇《宗本义》说,任何事物都是缘会则生,缘离则灭。任何事物都是灭,一个大生灭中有无数的小生灭。前一个小生灭并不来到现在,现在的小生灭和以前的小生灭有相似之处,其实是另外一回事。《物不迁论》说:"是以梵志出家,白首而归。邻人见之,曰:'昔人尚存乎?'梵志曰:'吾犹昔人,非昔人也。'"就是说,过去的梵志已经过去了,现在的梵志并不是过去的梵志,不过相似而已。僧肇用这个故事说明,人和事物时时刻刻都在生灭之中,可见人和事物都不是真实的。

郭象也有类似的说法。郭象的《庄子注》说:"夫时不再来,今不一停。故人之生人,一息一得耳。向息非今息,故纳养而续。前火非后火,故为薪而火传。"(《庄子·养生主》"不知其尽也"注)"息"就是呼吸。郭象也是说,人每一次呼吸,就得到一个新的生命。每次呼吸就是一次生灭,是一个人的生命这个大生灭中的一个小生灭。郭象和僧肇也有一个大不同。郭象认为,过去既已成为过去,那就等于它不曾存在。僧肇认为,过去虽然已成为过去,但是曾经存在,曾存在不等于不存在,曾存在的事物虽然现在已经不存在,但已成为"业",成为现在存在的原因和条件。《物不迁论》说:"是以如来功流万世而常存,道通百劫而弥固,成山假就于始篑,修途托至于初步,果以功业不可朽故也。功业不可朽,故虽在昔而不化。不化故不迁,不迁故则湛然明矣。"僧肇认为过去的事物虽然已经过去,但并不等于未曾存在,这就叫不化。过去对于现在是有功劳的,这就叫功业不朽。比如修筑一座土山要由一筐筐的土堆起来,第一筐的土为以后的土准备条件。要走一个长途,得一步一步地走,第一步为以后的步准备条件。过去的事物为现在准备条件，也是一样。僧肇的这个说法为佛学所讲的业报作了一个理论的根据。

《肇论》的《物不迁论》为《宗本义》的缘会说作了说明，又为下文的"不真空义"作根据。

"不真空"的意思是不真故空，意思就是说人和事物都是一个生灭，缘会则生，缘离则灭，所以都是虚幻的，不真实的。因为不真实，所以是空。《物不迁论》讲了许多话，就是要证明这一点。"不真空"是要说明，虽然一切事物都是虚幻的，但并非没有那些虚幻，虚幻是有的，不过是不真实。《不真空论》引《放光经》说："譬如幻化人，非无幻化人，幻化人非真人也。"幻化人是有，非真人是无。僧肇认为如果对于"有""无"有这样的理解，那就可以解决当时所辩论的"有""无"问题。《不真空论》说："然则万法果有其所以不有，不可得而有。有其所以不无，不可得而无。何则？欲言其有，有非真生。欲言其无，事象既形。象形不即无，非真非实有，然则不真空义显于兹矣。"僧肇认为一切事物都是一有一无，不有不无，这是一切事物的真实情况，也就是"诸法实相"。

其实僧肇所解决的是佛学中的有、无问题，并不是玄学中的有、无问题。玄学中的有、无问题是就一般和特殊的问题说的，佛学中的有、无问题是就事物的存在说的，这两者并不是一回事。它们所用的名词相同，所以混为一谈，这是格义连类阶段常有的现象。

《肇论》的第三个题目是《般若无知论》。

"般若"译言智慧或圣智。据僧肇说，他在姚秦听了鸠摩罗什的演讲，大受启发，写了这篇文章。在文章的第一段，他先讲文章的要点，说："《放光》云：'般若无所有相，无生灭相。'《道行》云：'般若无所知，无所见。'此辩智照之用，而曰无相无知者，何耶？果有无相之知，不知之照明矣。何者？夫有所知，则有所不知，以圣心无知，故无所不知。不知之知，乃曰一切知。故经云：'圣心无所知无所不知。'信矣。是以圣人虚其心而实其照，终日知而未尝知也。故能默耀韬光，虚心玄鉴，闭智塞聪，而独觉冥冥者矣。然则智有穷幽之鉴而无知焉，神有应会之用而无虑焉。神无虑故能独王于世表，智无知故能玄照于事外。智虽事外，未始无事；神虽世表，终日域中。所以俯仰顺化，应接无穷，无幽不察而无照功。斯则无知之所知，圣神之所会也。然其为物也，实而不有，虚而不无，存而不可论者，其唯圣智乎。"

这是僧肇对于"般若"的简要的说明，因为其中有些字有神秘色彩，所以对于一般人说，这个说明还是没有说明什么。其中比较没有神秘色彩的两个字是"虚"和"照"。僧肇说，"虚不失照，照不失虚"。可见这是"般若"的两个方面。从这两个方面推测，可见"般若"好像一面镜子。镜子能反映一切事物，这就是照。但对于所反映的事物并不外加上什么，这就是虚。镜子就是"虚不失照，照不失虚"。"般若"当然不是镜子，是一种知识。是一种什么知识呢？大概是一种类似直观的知识。人们在直观中对于事物只有一个印象，并没有对于事物的名言区别，也没有爱恶情感。就这一点说，直观就好像一面镜子反映事物，所以也可以成为照。

在直观中，人们不用理性认识中的概念，不用抽象的概念去套具体的事物。这就叫不取相。在直观中，连这一般的概念，如有无生灭，也没有，这就是"无所有相，无生灭相"。不用概念去套具体的事物，就不能对于事物有理性的认识，就这一点说，仅靠直观就是无知。但直观可以观任何事物，从这一点说，直观又可以无所不知。这就是无知而又无不知。我的这种理解并不是把"般若"和直观等同起来，只是说般若也是一种直观或者和直观是类似的。"般若"和一般直观主要的不同在于，一般的直观是人们自然就会有的，"般若"是需要经过长期的修持才会有的。人们的认识，听其自然发展，必经感性认识上升到理性认识。佛学要求人们的认识于上升到理性认识之后，又回复到直观。如果说"般若"也是一种直观，那也是后得的直观，不是原始的直观。

"般若"的直观是对于"诸法实相"的直观。佛学认为一切实物都是虚幻不实，虚幻不实就是它们的实相。僧肇在《肇论》第一、第二两篇中，论证了这个问题。那些论证都是出于理智的分析和推论，不是直观。那也是"观门"的工夫，但只靠这种工夫只能得到一些理性的知识。必须加上"止门"的工夫，才能得到对于"诸法实相"的直观，这种直观称为"般若"。

《肇论》的第四个题目是《涅槃无名论》。"涅槃"译言圆寂。这篇论共有十九段，其十七段说："无名曰：夫至人空洞无象，而万物无非我造。会万物以成己者，其唯圣人乎！何则？非理不圣，非圣不理，理而为圣者，圣不异理也。故天帝曰：般若当于何求？善吉曰：般若不可于色中求，亦不离色中求。又曰：见缘起为见法，见法为见佛。斯则物我不异之效也。所以至人戢玄机于未兆，藏冥运于即化。总六合以镜心，一去来以成体。古今通，始终同，穷本极末，莫之与二，浩然大均，乃曰涅槃。经曰：不离诸法而得涅槃。又云：诸法无边，故菩提无边。以知涅槃之道，存乎妙契。妙契之致，本乎冥一。然则物不异我，我不异物，物我玄会，归乎无极。进之弗先，退之弗后，岂容终始于其间哉？天女曰：耆年解脱，亦如何久。"

僧肇讲"涅槃"也讲"般若"，他引经说："见缘起为见法，见法为见佛。""见缘起"就是上边所说的对于"诸法实相"的直观。这里用一个"见"字以表明直观不是理性的知识。有了这种直观就是"见法"，就是得到无知的"般若"。"见法为见佛"，就是说得了无知的"般若"，就到了无名的"涅槃"。"涅槃"

不是别的,就是有"般若"的人的精神境界。

人有了这种精神境界,就直观到"物不异我,我不异物,物我玄会,归乎无极"。这就叫"妙契"。有了这种精神境界的人,也可以直观到"非理不圣,非圣不理,理而为圣者,圣不异理"。理就是"般若",圣就是"涅槃"。

有"涅槃"这种精神境界的人就是佛,就是圣人。僧肇说:"会万物以成己者,其唯圣人乎!"圣人并不是脱离万物以形成他的精神境界,而是汇合万物以形成他的精神境界。他的精神境界包括了万物。

僧肇的《肇论》虽然字数不多,但谈到了佛学所有的重要问题。思想清楚,语言明确,真可以说文约意丰而又词句华丽,很像当时名士的手笔。他所用的术语、词汇有许多同玄学相同,真是中国佛学在格义阶段中的代表作。他的有些问题的提法是沿用玄学的,所以很容易和玄学相混。其实他所谈的问题是佛学的问题,他所用的方法,例如他所谈的"般若"和"涅槃"很有点像玄学所谈的后得的浑沌,可是他最后的目的还是要回到脱离生死、超脱轮回,这是佛学的主要问题,而不是玄学的主要问题。

再总括一遍。《肇论》虽然只是几篇短文,但概括了全部佛学,也概括了全部哲学,它提出了四个题目,讨论了三个课题。头两个题目所讨论的课题是"诸法实相",就是说,一切事物的本来样子。《不真空论》从事物的本身讨论这个问题,《物不迁论》从运动方面讨论这个问题。所得的结论是佛家常说的一句话:"一切诸法,本性空寂。""空"并不是什么东西都没有,而是什么东西都是"缘生"。"缘生"所以不真,不真所以是空。"寂"并不是没有运动,而是"物不迁","昔物不至今",这样的"空寂"就是"诸法实相",就是一切事物的本来样子。第二个课题是说明怎样认识"诸法实相"。有两种认识的方法:一种是逻辑推论的方法,这是一般人所用的方法,也是《不真空论》和《物不迁论》所用的方法;另一种方法是直观、直觉的方法,《肇论》称为"照"。这两种方法是相反的,有了逻辑推论,就没有直观、直觉,有了直观、直觉就没有逻辑推论。用逻辑推论的方法而认识的"诸法实相"还不是真正的认识,必须对于"诸法实相"有了直观、直觉,这才是真正的认识,这种认识就叫"般若"。这种认识从逻辑推论的方法看就是不认识,就是"无知"。《肇论》中有一个题目是《般若无知论》,可见"无知"是"般若"的特点。

从逻辑推论的认识,转到直观、直觉的认识,是认识的一个大转变。这个转变佛教称为"悟"。转变是一种质变,必须一下子完成,这就是佛学所说的"顿悟"。在质变以前,必定还有一些量变,这就是佛学所说的"渐悟"。在佛学中,有"顿""渐"两派争论不休。其实,"渐"是"顿"的准备,"顿"是"渐"的结果,两者是相反相成的。

第三个课题讲"涅槃"是得到"般若"的人的精神境界。《肇论》提出了《涅槃无名论》，可见无名是"涅槃"的特点。为什么无名呢？因为"般若"是一种直观、直觉。"般若无知"，所以"涅槃无名"。

这三个课题是相连贯的。第一个课题是讲"诸法实相"，第二个课题是讲怎样正确认识"诸法实相"，第三个课题是讲正确认识"诸法实相"的人的精神境界。佛教的各派都要解答这三个课题，不过各派的说法各有不同。古今中外一切大哲学家所要解答的也就是这三个课题，不过各家的说法有所不同。

照佛学的说法，达到"涅槃"境界的人就出离生死，超脱轮回了。这一点是一个宗教的信仰，不属于哲学的范围了。

第二节　慧远的"神不灭论"及其他

慧远本姓贾，雁门楼烦（今山西宁武）人。早年跟着当时的佛教和佛学的一个大人物道安，在北方学习佛学。后来到南方庐山组织了一些信仰佛教的人成为一个佛教佛学的团体，在当时政治上和社会上很有影响。他对于佛学的主题的阐述，写有许多文章，其中有《沙门不敬王者论》（《弘明集》卷五）。此论的第五段讲"形尽神不灭"。这段的一开始先设疑难。这个疑难，其实就是玄学对于生死问题的看法。玄学和佛学都是唯心主义，但是，专就生死这个问题说，玄学和佛学的看法又有不同。玄学认为，人的生死就是气的聚散，气聚则为生，气散则为死。精神和形体精粗不同，但都是一气。气散形神都灭，都不存在。即使形和神本来是不同的东西，但是形和神的关系也如同火和燃料的关系。神托于形，也就如火托于燃料。燃料烧完了，火也就灭了，形坏了，神也就灭了。如果形神究竟是一是异这个问题一时还不能解决，也总可以说它们的存在和不存在，就是气的聚散。所谓万物的生灭也就是气的聚散。总之所谓生死，只是就一生而论，这一生完了，一切都没有了。

慧远回答说："神也者，圆应无生，妙尽无名，感物而动，假数而行。感物而非物，故物化而不灭；假数而非数，故数尽而不穷。"意思就是说，神是无名无相的，所谓"感"即指感召和感受的意思，神的活动感召物（一切都是心造），而且又同时受外物的感动。所谓"数"，有规律的意思，神的活动也借助于某种规律。神虽然感召物，也受物的感动，但它本身并不是物，所以物虽然不存在了，它仍然存在。他假借某种规律，但它本身不是规律，所以规律虽然完了，他还是没有完。

慧远接着说："火之传于薪，犹神之传于形；火之传异薪，犹神之传异形。

前薪非后薪，则知指穷之术妙。前形非后形，则悟情数之感深。惑者见形朽于一生，便以谓神情俱丧，犹睹火穷于一木，谓终期都尽耳。此由从养生之谈，非远寻其类者也。"意思就是说，薪火这个比喻，不但不能证明形死神灭，而且正可以证明形死神不灭。薪传火就如同形传神。不同的燃料传同一的火，就如同不同的形体传同一的神。就是那一个火，不同的燃料把它传下去，如同就是那一个神，不同的形把它传下去。前边的燃料不是后边的燃料，由烧火的人把后边的燃料继续凑上去。前边的形不是后边的形，由精神的感召把后形继续下来。不了解的人，看见人的形在一生之中就坏了，因此就认为神也就跟着灭了，这就如同看见一块木头烧完了，便认为火也必定灭了。这显然是错误的，这是讲养生的人的说法。这些人所要的就是这一生的形，不知道这一类事情的根本道理。

慧远的最末一句话，是指道教的道士们说的。道教讲究修炼吃药，企图保养这个身体，使之长生。佛教不讲究长生，而讲究无生。无生就是超脱生死的永生。这种永生的前提是灵魂不死、神不灭。这是道教和佛教的根本不同。这两种说法，无论长生和无生，都是唯心主义的臆造，都是虚构。人的精神是人的身体所发生的作用。无论什么东西，有成就有坏，人的身体也是如此。身体坏了就是死，没有不坏的身体，所以长生是虚妄的，是不可能的。身体死了，不能发生作用了，精神也就没有了。所谓永生也是不可能的。

慧远又说："火木之喻，原自圣典。"这个"圣典"指鸠摩罗什所译，龙树所作的《中论》。在这个著作中，有《燃可燃品》。"燃是火，可燃是薪。"《中论》用诡辩证明燃和可燃是"非一非异"，既不是一，也不是不一，意思是说它还是一。慧远认为，这就是说，薪尽火不灭。本来薪火之喻，是桓谭用以说明形尽神灭的（参看本书第三十二章第九节）。比喻有一定的限制，是可以两面说的。后来的佛学家反过来用以说明形尽神不灭。僧佑所编的《弘明集》把桓谭的薪火之喻也收了进去，并且注说："君山未闻释氏之教，至薪火之譬，乃暗与之会。"（《弘明集》卷五，僧佑误署为"晋桓谭"，应作"汉桓谭"）这个混乱，一直到范缜才讲清楚。

神不灭论，是佛教和佛学的理论前提，从这个前提出发，又讲了因果报应的理论。慧远作《明报应论》宣扬这个理论，说："夫因缘之所感，变化之所生，岂不由其道哉？无明为惑网之渊，贪爱为众累之府。二理俱游，冥为神用，吉凶悔吝，唯此之动。无明掩其照，故情想凝滞于外物；贪爱流其性，故四大结而成形。形结则彼我有封，情滞则善恶有主。有封于彼我，则私其身而身不忘。有主于善恶，则恋其生而生不绝。于是甘寝大梦，昏同长迷。抱疑长夜，所存唯著。是故失得相推，祸福相袭。恶积而天殃自至，罪成则地狱斯罚。此乃必然之数，无所容疑矣。何者？会之有本，则理自冥对。兆之虽微，势极则发。是故心以善恶为形声，报以罪福为影响，本以情感而应自来，岂有幽司由御失（三字有误）其道也？然则罪福之应，唯其所感。感之而然，故谓之自然。自然者，即我之影响耳。于夫主宰，复何功哉？"（《弘明集》卷五）

意思就是说，因缘变化有个道理。"无明"是一切迷惑的根本，贪爱是一切痛苦的来源。所谓"无明"就是没有明，就是不觉。"无明"就是"神"的不觉状态。因为不觉，所以误认为外界的事物都是实有，不是虚幻。贪爱迷了本性，于是四大（地、水、火、风）就结合起来，成为一个形。就以形为我，以形以外的东西为彼，彼我就划分了。所做的事情也就有善有恶。以形为自己所有，总是不忘这个形，留恋这个生，所以这个形坏了以后，就要再有一个形；这一生完了以后，还要再有一个生。这就是"生死轮回"。好像在大梦之中，永远不能醒过来。在这个梦中，作恶就要受殃，有罪就要受罚，这是必然的规律，没有什么可以怀疑的，归根结底都是心所造成的，心的善恶譬如形和声。罪福的报应，在道理上讲，业和报是一对。哪怕是很细微的业，如果条件具备，报就要来，譬如影和响，有什么样的形，就有个什么影子，有个什么声，就有什么回响，心有什么样的感情，就有什么样的报应。这是自然的道理，并不真是有什么阴间法庭在那里审判决定。报应就是我的影响，并不是什么主宰在那里发生作用。

佛教作为一种宗教，宣扬天堂、地狱、阎罗王、阴间法庭等迷信。佛学作为一种哲学，宣扬唯心主义的因果报应论，以替代阴曹地府等迷信。其实也还是一种迷信，不过是用一种精致的说法说出来的。照它说，人的活动大概有三种，第一种是人的所作所为，这叫身业。第二种是人口里所说的以及笔下所写的，这叫口业。第三种是心里所想的，这叫意业。总而言之，人的每一个动作、每一句话、每动一个念头，便都成为业。业是因，有了一种因，就要引起一种果。这个果就是报应。

也还有些人说，佛教认为没有一个主宰主持报应，像慧远所说的"于夫主宰何功哉"。这就是否认上帝的存在，否认阴曹地府的存在，这是无神论。这也是胡说。照佛学所讲的，每一个佛就是一个神。也可以说，每一个人就是一个神，因为每一个人都创造他自己的世界。我们在上边说过，作为一个哲学说，佛学是主观唯心主义，作为一种宗教说，佛教是多神论。

慧远又作《三报论》，以为补充。慧远说："经说，业有三报，一曰现报，二曰生报，三曰后报。现报者，善恶始于此身，即此身受。生报者，来生便受。后报者，或经二生、三生、百生、千生，然后乃受。受之无主，必由于心。心无定司，感事而应。应有迟速，故报有先后。先后虽异，咸随所遇而为对。对有强弱，故轻重不同。斯乃自然之赏罚，三报之大略也。……又三业殊体，自同有定报。定则时来必受，非祈祷之所移、智力之所免也。……世或有积善而殃集，或

有凶邪而致庆。此皆现业未就而前行始应。故曰祯祥遇祸，妖孽见福，疑似之嫌，于是乎在。"（《弘明集》卷五）

意思就是说，凡是一种业，都要引起报应。报应有三种，第一种是在这个做业的人的这一生就受报，这叫现报。第二种是在这个做业的人将来的一生受报，这叫生报。第三种是在这个做业的人的将来的第二生、第三生，以至第百生、第千生受报，这叫后报。受报的主体，不是别的，就是心。心的活动没有一定，是随着它的感动而引起反应，反应有迟速的差别，所以报也有先后的不同。虽有先后的不同，但都是随着心的感动而有跟它相对的东西。这个相对的东西有强有弱，所以受的报有重有轻，这就是自然的赏罚。业有身、口、意三种，称为"三业"。"三业"有不同之处，但都要受一定的报。报既然定了，时候到了，必定要受。这不是祈求祷告所能转移的，也不是聪明才力所能避免的。在世上，有的人行了许多善事，可是也受了祸。还有些人做了许多恶，可还是得福。照这种情况看起来，似乎报应之说是可以怀疑的。其实照慧远说，这种情况是由于有些行善的人的善业，在这一生中还没有引起得福的后果，而他的前生所做的恶业却在此生中引起了后果。懂得了这个道理，就没有什么可怀疑的了。

对于这一类的问题，慧远在《三报论》中解释说："由世典以一生为限，不明其外。其外未明，故寻理者自毕于视听之内。……如今合内外之道以求弘教之情，则知理会之必同，不惑众涂而骇其异。""世典"指中国原有的书。

意思就是说：中国人原来认为一个人的生命限于现在的这一生，不承认于今生之外，还有所谓前生和来生，即"三生"，把因果报应限制在人所能见到或听到的范围之内，此道理就讲不通了。如果照佛教所讲的那样，知道一个人的行为所应得到的报应，不限于在一生中实现，遇有恶人享福，善人受祸，也就没有什么可以觉得奇怪的了。

中国原有的宗教迷信，也不是不说有后报。但是它所说的后报是说，一个人的善恶报应，如果本身受不到，他的子孙一定受到。这就是《太平经》所说的："或身即坐，或流后生。"一个人的祖先或子孙的情况，也还是可考的。因此这种说法，也还不能自圆其说。佛教讲到一个人的前生和来生，这就毫无可考，任凭瞎说。

佛教和佛学所宣扬的这些迷信，显然是对剥削的统治阶级有利的，他们总是既富且贵，被剥削被统治的人民总是既贫且贱。按照这种迷信的逻辑推下去，剥削的统治阶级中的人，总是善人；被剥削被统治的人民总是恶人。

剥削的统治阶级现在所享受的"福"是他们前生的"善"所得的"报"，享受是应该的，至于来生的"福"可以拿钱买。佛教要求人"布施"，只要"布施"，就有"功德"，他们的来生的"福"也就可以保证。对于又富又贵的人，这是多么便宜的事情！

所谓善恶也是有阶级性的。佛教所讲的善恶，当然就是地主阶级的善恶。所谓行善的人就要得福，行恶的人就要得祸，就是说地主阶级认为是行善的人归根到底就要得福，地主阶级认为是行恶的人归根到底总要受祸，这就是用因果报应虚构的维护封建主义的道德标准，维护封建主义的社会秩序。

玄学的影响主要是在知识分子中间，佛教的影响则深入人民群众。佛教的因果报应是用各种各样的形式进行宣传的。它可以用宗教迷信的比较粗浅的形式迷惑人民群众，例如天堂、地狱、阎罗王等，也可以用唯心主义哲学的比较精致的形式麻醉知识分子。这样的影响可以贯穿到各个社会阶级和阶层。因此，它是统治阶级可以利用的一个麻醉人民和自我麻醉的有效工具。

第三节 道生的诸"义"

道生（374—434）本姓魏，巨鹿（今河北巨鹿县）人，寓居彭城。他出身于士族家庭，曾到长安跟鸠摩罗什学佛学，后来回到南京，宣扬佛学。他是当时一个有名的和尚，著作很多，但大都遗失了。他的佛学理论，重要的有"辩佛性义""善不受报义""顿悟成佛义"。这些"义"慧远也都讲过。但经过道生的发挥，佛教和佛教的多神教及佛学的主观唯心主义的实质，就更加突出，更加明显地暴露出来。

道生所根据的佛教经典是《涅槃经》。当时的一个和尚慧睿（《高僧传》卷七有传）所作的《喻疑论》中说："此经云：泥洹不灭，佛有真我。一切众生，皆有佛性。皆有佛性，学得成佛。佛有真我，故圣镜持宗，而为众圣中王。泥洹永存，为应照之本。大化不泯，真本存焉。"（《出三藏记集》卷五）意思就是说，宇宙的变化有个真正的根本，这个"真本"也就是佛的"真我"。这个"真我"虽然在涅槃中，也是不灭的。慧远、道生的佛学都是从因果报应讲起的，所以他们讲的心都是个体的心，道生所谓"真我"也是指个体的心。这个意思明确地说明了佛学本来的主观唯心主义本质。这个"真我"就是"佛性"，也称为"法性"。一切众生，皆有佛性，就是说，一切众生都有"真我"。这个真我又都是宇宙变化的真本。这个意思明确地说明了佛教的多神论的本质。

慧睿的这一段话是讲《涅槃经》的，也概括了道生所讲的佛学的要点。

《喻疑论》中又说，当鸠摩罗什在世的时候，他曾提出问题说："佛之真主，亦复虚妄，积功累德，谁为不惑之本？或时有言，佛若虚妄，谁为真者？若是虚妄，积功累德，谁为其主？"这两个问题就是说，佛从迷惑中觉悟过来，如果没有一个真我，是谁在那里觉悟呢？佛积功累德，如果没有一个真我，谁是功德的主体？这些问题的意思，也就是姚兴提出的问题："若无圣人，知无者谁？"慧睿说，当时《涅槃经》还没有传到中国来，鸠摩罗什对于这些问题，也都没有明确的答复。有了《涅槃经》，这些问题都解决了。

《维摩经》说："于我无我而不二，是无我义。"僧肇注说："小乘以封我为累，故尊于无我。无我既尊，则于我为二。大乘是非齐旨，二者不殊，为无我义也。"道生注说："无我本无死生中我，非不有佛性我也。"（《维摩经注》）

僧肇的意思是说，佛法分大乘小乘。小乘认为，有我是一种累，所以讲无我。这样讲，我和无我就对立起来，成为对立的二。大乘是要取消对立，认为有我固然不对，把无我和我对立起来也是不对。取消这种对立，才是真无我。道生的意思是说，佛既然超出生死，他当然没有生死中的那个我，但这并不是说他没有佛性我。道生的这个意思，就是"涅槃不灭，佛有真我"的意思。

上章讲过，僧肇的《涅槃无名论》，本来是回答姚兴所提的问题，也就是主张"涅槃不灭，佛有真我"。不过他没有像道生那样明确地说。这是因为，僧肇所讲的是佛教史家所谓"般若学"，以佛教经典中的《般若经》为主。道生所讲的是佛教史家所谓"涅槃学"，以《涅槃经》为主。这两派的根本主张，并没有不同，但是所用的表达方法则有差别。般若学所用的是佛学所谓"遮诠"；涅槃学所用的是佛学所谓"表诠"。"遮诠"着重讲佛学的最高原则不是什么，绕弯子暗示它是什么；"表诠"则直截了当地说它是什么。上面所引的僧肇和道生的两条关于"无我"的注解，就可以说明这个不同。

慧远的《法性论》说："至极以不变为性，得性以体极为宗。"（全文已佚，据《高僧传》卷五本传引）慧远又说："无性之性，谓之法性。法性无性，因缘以之生。生（此生字疑衍）缘无自相，虽有而常无。常无非绝有，犹火传而不息。"（《大智论钞序》，《出三藏记集》卷一〇）意思就是说，法性不能有什么性，如果有什么性，它就成为一般事物而不称其为法性了。可是也未尝不可以说，这个无性就是它的性，所以这个法性是无性之性。这个无性之性，不是一般事物，所以不能称为有。但是，它是不灭的。就好像火一样，虽然燃料经常变化，火总是不变。"至极以不变为性"，这个"至极"，就是法性。"得性以体极为宗"，这就是说，把法性完全体现出来。这是最高原则，就是所谓"宗"。

道生的"辩佛性义"，大概也是这样的意思。他跟慧远的不同，大概在于讲"佛性我"，佛性就是法性，可是慧远没有明确提出这个"我"字，而道生明确地提出来了。

道生还明确地说，每个人都有法性。他说："一切众生，莫不是佛，亦皆涅槃。"（《法华经疏》）佛教所说的"众生"指一切有情，即一切有感觉的东西，包括动物在内。说一切众生都是佛，就是说，他们都有佛性，佛性就是法性。道生由此推论，认为"一阐提人"也有佛性，皆得成佛。"一阐提人"就是不信因果报应，断绝"善根"，极恶的人。他说："禀气二仪者，皆是涅槃正果。三界受生，盖唯惑果。阐提是含生之类，何得独无佛性？盖此经度未尽耳。"（日本沙门宗撰《一乘佛性慧日钞》引《名僧传》）他所说的"此"经就是六卷本《涅槃经》，其中没有"一阐提人"皆得成佛这个说法。所以当时很多佛教信徒都不以道生为然。后来大本《涅槃经》翻译过来，其中果然有这个说法。

　　道生还明确地说，佛性或法性是人本来就有的。当时关于这个问题有两种说法。一种认为佛性是人本来就有的，即"本有"。另一种认为佛性不是本有而是"始有"，就是说，佛性是"修行"的结果，经过"修行"才开始有。道生有一篇著作，题目是《佛性当有论》。这篇著作也遗失了。照题目看，当有这个"当"字是当来（未来）的意思。照字面看，道生似乎认为佛性不是本有，而是始有。可是，从道生整个哲学体系看，他不可能主张始有。如果佛性是始有，"一阐提人"，就不可能有佛性了。道生的这篇文章，大概不是主张"佛性当有"，而是对于"佛性当有"这个问题进行讨论。他对于这个问题的主张应该是如他在《涅槃经义疏》中所说的那样。他说："苟能涉求，便反迷归极，归极得本。而似始起，始则必终，常之以昧。若寻其趣，乃是我始会之，非照今有。有不在今，则是莫先为大。既云大矣，所以为常。常必灭累，复曰般泥洹也。"（《涅槃经集解》卷一引）这一段话中有几句话不甚可解，但大概的意思是清楚的。就是说，众生都是在"迷"中，如果能从"迷"中返回来，就可以"归极"，"归极"就是"得本"。这个"极"和"本"就是佛性或法性。称之为本，"归极"称"归"，就说明道生认为佛性或法性是本有的。"归"了以后，法性的作用才完全发挥出来，因此从表面看法性似乎是始起。道生认为，始起实际上是讲不通的。因为有始就有终，如果法性有始终，它就不是常了。所以法性是本有，但就我对于法性的认识和体会说，我的认识和体会是始有，比如说我今天认识了法性，这并不等于我今天才有法性。法性应该是"莫先"，就是说，没有什么东西在它之先。这就是说，它是无始的，既然无始，也就无终，所以是常。但是就"修行"这方面说，还是要经过"修行"才能"得本"。"得本"即"般涅槃"。

　　道生的这段话，主要是说法性是本有的，但就人的修行这方面说，法性似乎是始起。就是说，这只是一种表面的现象。这是对于法性似乎是始起这种现象的解释，也是对于法性始起这种说法的一种批判。

　　道生的"一切众生皆有佛性"的说法，是佛教的多神教的本质的完全暴露。

道生关于"善不受报义"的论述，现在都遗失了，不过慧远在《明报应论》中也有类似的意思，可以借为说明。

慧远在《明报应论》中说："推夫四大之性，以明受形之本。则假于异物，托为同体，生若遗尘，起灭一化。此则慧观之所入，智忍之所游也。于是乘去来之自运，虽聚散而非我；寓群形于大梦，实处有而同无。岂复有封于所受，有系于所恋哉？若斯理自得于心而外物未悟，则悲独善之无功，感先觉而兴怀。于是思弘道以明训，故仁恕之德存焉。若彼我同得，心无两对，游刃则泯一玄观，交兵则莫逆相遇，伤之岂唯无害于神，固亦无生可杀。此则文殊案剑，迹逆而道顺，虽复终日挥戈，措刃无地矣。若然者，方将托鼓舞以尽神，运干戚而成化，虽功被犹无赏，何罪罚之有邪？"

意思就是说，人的形是地、水、火、风四大结合而成。人的神借助于异己的东西，和它们暂时成为一体。这个形有生有灭。但是它的生灭，在有智慧的人看起来，跟神没有什么关系。就好像身外的灰尘一样，来由它来，去由它去，或聚或散，都于我没有什么影响。他寄寓于形好像是在梦中，可是他知道他是在梦中。这样的人，虽然在"有"之中，可是与"无"相同。这样的人，并不为他的形所局限，也不留恋他的形。不但他自己得到这个"理"，而且还要使别人也懂得这个"理"，宣扬这个"理"。这就是这样的人的"仁恕之德"。对于这样的人说，"彼"和"我"的分别就没有了。在他的心中，没有"彼""我"的对立，这就是"泯一玄观"。他即使拿刀动枪，对于他的"泯一玄观"也没有什么妨碍。他的身体受了伤，对于他的神也不会有什么影响。他即使杀害别人的身体，也不是杀生，实际上也是"无生可杀"。譬如文殊菩萨拿着宝剑，表面上看起来好像是违反佛法，实际上并不违反。这样的人可以教化天下的人，虽然功被天下，也不赏，更不用说罪罚了。这个意思，大概也就是道生所讲的"善不受报"的意思。

后来的禅宗常说："终日吃饭，却不曾咬着一粒米，终日穿衣，却不曾挂着一缕丝"，也就是这个意思。照佛学所讲的，一切都由心造，如果能够出以无心，那就不成为"业"。既然不成为"业"，所以也就不引起报应。人的这一生是前生的"业"所引起的。等到前生的"业"的势力尽了，这一生也就完结了。因为这一生没有"业"，所以也就没有来生了，虽然没有来生，但是他的"法性"仍然存在，他的法性才真是他自己。这就叫"涅槃不灭，佛有真我"。

第四节　谢灵运的《辩宗论》

道生的关于"顿悟成佛义"的论述（《广弘明集》卷一八），现在也都遗失了，它的主要意思，见于谢灵运的《辩宗论》。谢灵运是当时的一个佛学家，又是一个大诗人，《辩宗论》的这个"宗"字，就是慧远所说的"得性以体极为宗"的那个"宗"字。《辩宗论》中说："新论道士以为寂鉴微妙，不容阶级。积学无限，何为自绝？"这里所说的新论道士就是道生。道生大概有一篇《顿悟成佛论》，就是这里所说的"新论"。"以为"以下十六个字，就是"新论"的要点，所谓"寂鉴"，就是慧远所说的"体极"，也就是"涅槃"。得到"涅槃"要靠悟。悟必须是"顿悟"，一下子完全地通了，或者就是不悟。没有一点一滴的"渐悟"，因为所谓"极"是整个的，不可能把它分开来一步一步地"悟"，这就是所谓"不容阶级"。可是悟以前，还需要"学"，学是靠积累来的。这个积累是无限的，不能讲"绝学"。学的主要内容就是教，"教"就是佛教。这是道生的"新论"的主要意思。

谢灵运对于这个"新论"极为佩服，认为是综合释迦牟尼和孔子两家的长处，而去其短处。照他说，释迦的长处是注重"积学"，其短处是主张渐悟。孔子的长处是着重顿悟，其短处是不讲积学。谢灵运认为，这是由于华人和夷人的能力有所不同。作为一个和尚，道生大概不会同意这一点，但是他对于谢灵运的《辩宗论》是赞成和支持的。

当时有些人不同意谢灵运的主张，同他辩论。其中有一个人叫王弘，把《辩宗论》送给道生看，道生给王弘一封回信，信中说："究寻谢永嘉（谢灵运做永嘉太守）论，都无间然。……以为苟若不知，焉能有信？然则由教而信，非不知也。但资彼之知，理在我表。资彼可以至我，庸得无功于日进？未是我知，何由有分于入照？岂不以见理于外，非复全昧。知不自中，未为能照耶？"（《答王卫军书》，《广弘明集》卷一八）

意思是说，他对于谢灵运的《辩宗论》没有不同意见。他认为学佛教可以得到一种信仰，这种信仰也是一种知。学得越多，信仰越坚，知也随之增加。但是这种知是从学佛教得来，佛教是"彼"不是"我"，靠"彼"而知的"理"是在"我"之外。靠"彼"可以到"我"，所以学也有"日进"之功。但是，这个知是从外来的，不是从"我"发出来的，所以这种知对于"入照"还是没有份的，"入照"就是"涅槃"。"学"的作用能够使人见"理"，虽然所见的理是在外的，但同完全无知还是不同的。由学得到的知，不是由内发出来的，所以同涅槃的"照"也是不同的。要想得到"涅槃"的"照",还要靠悟。悟必须是"顿悟",不可能有"渐悟"。"顿悟"所以可能,是因为"一切众生都有佛性"。佛性是本来有的。学的作用只是一种帮助,一种启发,有了这种帮助和启发,原有的佛性,就能够发挥其应有的作用。这个作用,就是"鉴照"。

第四十六章　中国佛学发展的第二阶段——"教门"

南北朝以后，佛教中分为许多宗派。每一派中都有他的祖师，各立山头，互相批评。这说明僧侣地主阶级也不是铁板一块。他们中间也分成许多宗派集团。在发展寺院经济和扩大佛教的社会影响方面，他们也各有自己的势力范围。这是佛教所以分成许多宗派的社会原因。

每一个宗派都信奉佛教的一种经典作为他的教义，这表示中国的佛教和佛学已经脱离了"格义"的阶段，进入了独立自主的阶段。

这些宗派之间也是有斗争的，他们的斗争基本上是围绕着是主观唯心主义还是客观唯心主义这个问题进行的。这就是第四十四章中所说的那"一个问题"。

第一节　三论宗

三论宗的祖师是吉藏（死于 623 年），姓安，本来是安息（今新疆）人。他和他的老师法朗（一作道朗）都是陈、隋两朝的有名的和尚，吉藏至唐初继续受皇帝的推崇。所谓三论，是《中论》《百论》《十二门论》，是这个宗派所根据的三部佛教经典，所以称为三论宗。

佛教和佛学认为有两种认识和宣扬佛教真理的方法，一种叫遮诠，一种叫表诠。遮诠着重讲佛教真理不是什么，表诠着重讲佛教真理是什么。在我们的日常生活中，我们讲述一个东西的时候，本来可以从两方面讲，一方面从正面讲，说它是什么，一方面从反面讲，说它不是什么。前者是用一些肯定命题直接说出一个东西的各方面的规定性，后者是用一些否定命题说一个东西不是什么。用佛学的名词说，前者是表诠，后者是遮诠。当然，说一个东西不是什么，也就间接地说它是什么。所以遮诠和表诠是我们在一般的言论和思考中经常交替使用的。

在佛教和佛学中，有一派人特别强调佛教的最后真理是不可言说、不可思议的。要想认识和宣扬这种不可言说、不可思议的真理，只有两种方法：一种是默，就是什么都不说，这叫默，另外一种是遮诠，用否定方式回答。但即使用遮诠，也需要"随说随扫"，说一句话以后，随着就又说，我那句话说得不对，就算没说。

《维摩经》中说，维摩诘叫别人讲什么是"入不二法门"，在别人讲了以后，维摩诘"默然无言"（《入不二法门品》）。僧肇的注引了鸠摩罗什所说的一个故事，说是从前有一个善于辩论的人名叫马鸣，他有一天去找另一个人进行辩论，说："一切言论，都可以被驳倒。请你提出一些言论，我若是不能把你驳倒，我就砍掉自己的头。"那个人"默然不言"，什么话都不说。马鸣自以为胜利了，可是又一想，他认识到自己失败了。因为如果什么言论都可以被驳倒，他自己的言论当然也可以被驳倒，那个人什么都没说，也就是没法把他驳倒。这个故事，同《庄子·知北游》里面所讲的那些故事是一类的，都是要说明，默是认识和宣扬所谓真理的最好的办法。

不过，要想宣扬佛教和佛学的真理，总还得说一点什么。照这派的人的说法，要说就得用遮诠和"随说随扫"。在上面所引的《维摩经》那段下面，道生注说："文殊虽明无可说，而未明说为无说也。"无可说就是默，"说为无说"就是说了算是白说。

照佛学讲，这虽然是白说，但也是宣扬佛学最后真理的过程中的一个环节，对于初学也是不可少的。要想过河，就要搭桥；要想上墙，就要搭梯子。但是不要忘记过了河就拆桥，上了墙就撤梯子。河外还有河，墙上还有墙，这就需要再搭桥，再搭梯子。新搭的桥和梯子，照佛学说就是达到一种更高的认识的环节。正是这种更高的认识，为拆以后的桥和梯子准备了条件。但是，照佛学说，这个过程不是无止境的，而是有一个究竟或了义，达到了义就算得到最后的真理，就算成了佛了。有了这种更高认识，才可以看出来以前的那种认识是不正确的，不对头的。

吉藏有一篇著作《二谛义》，讲的就是这个道理。所谓"二谛"，就是俗谛和真谛。俗谛亦称世谛，即世俗的道理。真谛亦称圣谛或第一义谛，即"圣人"所讲的道理，最高的道理。

吉藏说："山门相承，兴皇祖述，说三种二谛。第一明，说'有'为世谛，于（当作说）'无'为真谛。第二明，说'有'，说'无'，二并世谛。说'非有''非无'不二为真谛。……第三节二谛义。此二谛者，'有''无'二，非'有''无'不二，'说二'、说不'二'为世谛，说'非二''非不二'为真谛。"

为什么需要这三种二谛呢？吉藏说："此三种二谛，并是渐舍义，如从地架而起，何者？凡夫之人，谓诸法实录是有，不知无所有。是故诸佛为说诸法毕竟空无所有。言诸法有者，凡夫谓有。此是俗谛，此是凡谛。贤圣真知诸法性空，此是真谛，此是圣谛。令其从俗入真，舍凡取圣。为事义故，明初第二谛义也。次第二重明'有''无'为世谛，'不二'为真谛者，明'有''无'是二边，'有'是一边，'无'是一边。乃至常无常，生死涅槃，并是二边。以真，俗，生死，涅槃是二边故，所以为世谛，非真，非俗，非生死，非涅槃，不二中道，为第一义谛。次第重三，二与不二为世谛，非二非不二为第一义谛者，前明真俗，生死，涅槃，二边是偏，故为世谛；非真，非俗，非生死，非涅槃，不二中道为第一，此亦是二边。何者？二是偏，不二是中。偏是一边，中是一边。偏之与中，还是二边。二边故名世谛；非偏，非中，乃是中道第一义谛也。"（《二谛义》卷上）

意思就是说，二谛有三种，或三节。在第一节中讲"有"是世谛，讲"无"是真谛。客观世界以及主观的心理现象本来都是真实的，佛教和佛学认为这是一般人的"迷惑"。为了要破除这种迷惑，所以讲"诸法皆空"，空就是"无"。据说，这样可以叫人脱离生死轮回，得到涅槃。但是这种二谛，把"有"和"无"，"生死"和"涅槃"对立起来，成为二边，这也是不正确的。所以在第二节的二谛中，这种二边之见，都是世谛，非有，非无，非生死，非涅槃，这种不二中道，不是两边，这才是第一义谛。可是，这种第一义谛还是把不二和二对立起来，这还不是真正的"不二中道"，还是有二边。所以在第三节第二谛义中，讲二，讲不二，都是世谛，非二，非不二，才是第一义谛。这样一层一层地剥下去，到了最后也是要归于无言。郭象所说的"以言遣言，遣之又遣，以至于无遣"，也就是这个意思。

吉藏说：三种二谛"并是渐舍义"，舍什么呢？照佛学讲，就是舍"迷执"。佛教认为，客观世界以及主观世界都是无常的、虚幻的，可是一般人认为是实有。针对这种迷执，就要讲"无"，讲"空"。但是，如果把"空""无"和"有"对立起来，认为于"有"之外，还有一个"无"，这也是迷执。针对这种迷执，就要讲"不二中道"。但是，如果把"不二"和"二"对立起来，这又是一种"迷执"。这种"迷执"也要破。三种二谛，都是遮诠，如果有了执著，一个遮诠的命题就会成为一个表诠的命题，那就还需要用另一个遮诠的命题去破它。

吉藏说："故肇公云：'言其非有者，明其非是有，非谓是非有。言其非无者，明其非是无，非谓是非无。……得非有无意如肇公意者，是中道。复舍有无而著非有非无者，是愚痴论也。'"（《中观论疏》第五本）肇公就是僧肇，这里所引的就是《肇论》中的话。非是有和是非有，非是无和是非无，其分别在什么地方呢？说非是有是遮诠的说法，说是非有是表诠的说法。比如我们说，人非木石，这是一个否定命题，但是说人是非木石，这就成为一个肯定命题了。按照形式逻辑说，这不过是一个命题形式的变换。照佛学说，这表示说话的人对于非木石有没有执著。老子所讲的"无"，照玄学家讲，本来也是一个遮诠的名词。可是有很多人把它当成一个表诠的名词看，那也是对于"无"有所执著。

照这个意义讲，不但第一、二节二谛需废，要破除，就是第三节二谛也需废，也要破除。但是，如果没有执著，不但第三节二谛不需废，不需破除，就是第一节、第二节二谛也不需废，也不需要破除。

吉藏说："有方便三不废者，即不坏假名，说诸法实相，不动等觉，建立诸法。……唯假名即实相，岂需废之？……斯即空有，有空，二不二，不二二，横竖无碍。故肇师云：'欲言其有，有非真生，欲言其无，事像既形。'又云：'譬如幻化人，非无幻化人，幻化人非真人也。'"（《二谛义》卷上）

吉藏又说："兴皇大师常以因缘建于言首。今复触事当须识因缘，则触事无非寂灭，则触事无非是道。道远乎哉？故长行举缕布，被衣宛然，而无一缕可服。眠席宛然而无一蒲可卧。人触事皆与实相相应。"（《中观论疏》卷五）"兴皇大师"是吉藏的老师法朗（亦作道朗），他的意思就是说，一切事物都是许多的因缘凑合而成的。照佛教讲，这就证明一切事物都是不真实的。有了这种认识，对于一切事物都没有执著，无论接触到什么事物，都知道它是"本性空寂"，这样就认识到了一切事物的真实情况。这就是所谓"触事皆真"。这样，随你怎样说都可以，怎样做也都可以。后来禅宗常说，终日吃饭不曾咬着一粒米，终日穿衣不曾穿着一缕丝，也就是这里所说的意思。

吉藏说："家师朗和尚，每登高座，诲彼门人，言以不住为端，心以无得为主。故深经高匠，启悟群生。合心无所著。……所以然者，以著是累根，众苦之本。以执著故，起决定分别。定分别故，则生烦恼。烦恼因缘，即便起业。业因缘故，则受生、老、病、死之苦。有所得人，未学佛法，从无始来，任运于法，而起著心。今闻佛法，更复起著，是为著上而复生著。著心坚固，苦根转深，无由解脱。欲令弘经利人及行道自行，勿起著心。"（《胜鬘经宝窟》）

朗和尚就是法朗，"不住"就是不著，就是无所执著。有了执著，就有了分别，就有所得。照三论宗讲，一个表诠的命题，就是对于事物"有所取象"。"取象"就是分别。对于"有所取象"的人，他就是"有所得"。照他们讲，著就是一切麻烦的根本，一切痛苦的来源。因为有了执著就有分别；有了分别，就有烦恼；有了烦恼的因缘，就造业；有了业，就要受报。人的生、老、病、死，这些痛苦，都是他所造的业，所受的报。照这个说法，人所以造业，都是由于有执著，如果没有执著，他可以做很多的事情，都不算造业，所以也不受报（慧远和道生所讲的"善不受报义"就是这个意思）。有些人学习佛学的道理，自以为有了解，有所得，这也是一种执著。他本来有很多的执著，现在又对于佛家的道理有所执著，这就是著上加著。执著更甚，就是痛苦的根子更深。这样下去，就没有法子把自己解脱出来。所以学佛学和修行的人最根本的一条就是无著，不要有著心。

三论宗所根据的经典之一是《中论》。《中论》开头就说："不生亦不灭，不常亦不断，不一亦不异，不来亦不出。"这四句称为八不。吉藏的《中观论疏》又引法朗的话说："标此八不，摄一切大小内外有所得人，心之所行，口之所说，皆堕入八事中。今破此八事，即破此一切大小内外有所得人，故明八不。"意思就是说，"八不"是对于一切有所得人说的。这些有所得人对于生灭、常断、一异、来出，这些问题都作了这样或那样的肯定，这就是有所得。有所得就有所执著，所以要讲"八不"。

从哲学来看，有些人认为宇宙是有始有终的，有些人认为是无始无终的，这就是生灭、来出的问题。有些人认为宇宙是变的，有些人认为是不变的，这就是常断的问题。有些人认为宇宙是一元的，有些人认为是多元的，这就是一异的问题。《中论》认为这些说法都是"戏论"，是一种概念的游戏。所以提出"八不"以破这些戏论。三论宗认为，在这些戏论破除以后，一切事物的真实情况就自然地显露出来了。这就是说，一切事物的真实情况只能用遮诠表示，不能用表诠说明。如果用表诠说明，那就只能引起误解，增加人的执著。

三论宗以"三论"为它的主要经典，这说明它是教门中的一个宗派。但是，吉藏还是用了玄学中的一些范畴，他还是没有完全脱离"格义"的阶段，他是两个阶段中间的过渡人物。

吉藏的《二谛义》所谈的主要是方法论的问题，还没有直接参加主观唯心主义和客观唯心主义的斗争。在当时明确地提出客观唯心主义的著作是《大乘起信论》。

第二节　《大乘起信论》

《大乘起信论》原题马鸣菩萨造论，陈真谛译。可是据近人的考据，在印度并没有这部书的梵文原本，在真谛所译的经典目录中，也没有这部书的名字，因此认为这部书是中国人所伪造的。其所以伪托马鸣菩萨造论，是因为当时的中国的宗派都依傍一种佛教经典作为教义，所以作这部书的人也要依傍马鸣。无论如何，这部书在中国佛学中流行很广，影响很大，是中国哲学史的一部重要史料。

《大乘起信论》的《立义分》说："摩诃衍者，总说有二种。云何为二？一者法，二者义。所言法者，谓众生心。是心则摄一切世间法、出世间法。依于此心，显示摩诃衍义。何以故？是心真如相，即示摩诃衍体故。是心生灭因缘相，能示摩诃衍自体相用故。所言义者，则有三种。云何为三？一者体大，谓一切法，真如平等，不增减故。二者相大。谓如来藏，具足无量性功德故。三者用大，能生一切世间、出世间善因果故。"

这一段所说的，是该书的中心思想，所以称为《立义分》。"摩诃衍"是梵文的译音，意思是"大"，在这里指的是"大乘"。大乘为什么称为大呢？《大乘起信论》说："所言法者，谓众生心，是心则摄一切世间法、出世间法。依于此心，显示摩诃衍义。""一切世间法、出世间法"就是一切事物，用现代哲学的话说，就是宇宙。每一个众生都有他自己所认为是自己的心，这是个体的心，一切众心的本来样子就是宇宙的心。因其是宇宙的心，所以说它能总括宇宙，能作为摩诃衍的依据。

《大乘起信论》（以下简称《起信论》）又从三个方面说宇宙心的"大"，即所谓三种"义"。一是"体大"，因为宇宙心就是宇宙的本体。二是"相大"，因为宇宙间的各种现象都是宇宙的心的现象。三是"用大"，因为宇宙间一切事物所发生的作用，都是宇宙的心的作用。

《起信论》的这一段的最后解释"乘"字，为什么叫"乘"呢？"一切诸佛，本所乘故，一切菩萨，皆乘此法到如来地故。"

《起信论》的《立义分》立了一个客观唯心主义的哲学纲领，以下《解释分》进一步解释这个纲领。《解释分》说："依一心法，有二种门。云何为二？一者心真如门，二者心生灭门。是二种门，皆各总摄一切法。此义云何？以是二门不相离故。心真如者，即是一法界大总相法门体。所谓心性，不生不灭。一切诸法，唯依妄念而有差别。若离心念，则无一切境界之相。是故一切法，从本以来，离言说相，离名字相，离心缘相，毕竟平等，无有变异，不可破坏，唯是一心，故名真如。以一切言说，假名无实，但随妄念，不可得故。言真如者，亦无有相。谓言说之极，因言遣言。此真如体，无有可遣，以一切法悉皆真故。亦无可立，以一切法皆同如故。当知一切法，不可说，不可念，故名为真如。问曰：若如是义者，诸众生等，云何随顺，而能得入？答曰：若知一切法，虽说，无有能说可说，虽念，亦无能念可念，是名随顺。若离于念，名为得入。"

"一法界大总相法门"就是宇宙。照《起信论》说，它的本体是宇宙的心的真如门，作为宇宙的本体，它是不可言说的。它就是那个样子。真如的"如"字的意思就是，"就是那个样子"。

《起信论》接着说："心生灭者，依如来藏故，有生灭心。所谓不生不灭与生灭和合，非一非异，名为阿赖耶识。此识有二种义，能摄一切法，生一切法。"

如来藏就是心真如门。真如心是宇宙的本体，所以生灭心要依靠真如心。照

《起信论》所说，生灭心就是阿赖耶识。真如心"就是那个样子"，不生不灭。所以《起信论》只说它能灭一切法，不说它能生一切法，至于阿赖耶识，《起信论》说它"能灭一切法，能生一切法"。

《起信论》把阿赖耶识纳入心的生灭中，说明他认为阿赖耶识就是在不觉状态中的心。《起信论》说："以一切心识之相，皆是无明。无明之相，不离觉性，非可坏，非不可坏。如大海水，因风波动。水相风相，不相舍离。而水非动性，若风止灭，动相则灭，湿性不坏故。"无明就是不觉，不觉就是对觉而言，所以说无明之相不离觉性。无明就是明的一种情况，并不是和明相对立的另外一种东西。这个比喻并不十分确切，因为风是海以外的东西。

《起信论》说，随着阿赖耶识又生出许多识，其中最主要的是"计我我所，种种妄执"。在这种种妄执之中，计我为最根本。一有计我，阿赖耶识就是个体的心，而不是宇宙的心了。

《起信论》讲到四个根本范畴，说："云何为四？一者净法，名为真如。二者一切染因，名为无明。三者妄心，名为业识。四者妄境界，所谓六尘。"

以这四范畴为基础，《起信论》建立了它的体系。真如是宇宙的本体，也是世界中一切"净法"的根源。无明是世界中一切"染法"的根源。这个世界是一个公共的世界，是一切众生所共有的，它是一心所现，但并不是虚妄不实。虚妄不实的是"妄心"（即"妄念"），以及随之而起的"妄境界"。"妄念"或"妄境界"是虚妄不实的，修行的人应该认识其虚妄性，这就叫"观"。认识了以后，就应该制止"妄念"的发生，这就叫"止"。如果完全灭"妄念"，真如的本体就显现出来了。修行到了这个地步，修行的人就成佛了。《起信论》说真如就是佛的"法身"。这就是说佛和真如已经合为一体了，它和宇宙的本体合二为一了。

同梁武帝的《立神明成佛义记》比较起来，梁武帝所说的"神明"是个体的心，《起信论》所说的心是宇宙的心。两家对于明和无明的说法基本上是一致的，但对于心的说法，其范围大小就大相悬殊了。用哲学的话说，两家都在讲唯心主义，但梁武帝是在讲主观唯心主义，《起信论》是在讲客观唯心主义。

《起信论》的作者自称他的书是《大乘起信论》。稍后一点，被称为天台宗第二代祖师的南岳大师慧思也作了一部书，题为《大乘止观法门》。这部书也是用客观唯心主义讲佛学的。南北朝比较大的佛教中心，在北方是长安，其中的大人物是鸠摩罗什及其门徒们。在南方是庐山，其中的大人物是慧远、道生及其同伴们。在这两处都没有提到"大乘"这个名称。《起信论》的作者和慧思都提出"大乘"作为他们著作的名称。他们可能认为，以宇宙的心为根本的佛学是"大乘"。在中国佛学中，"大乘"这个名称开始出现的时候，可能有这样的意义。

至于在印度或者此后所谓大乘、小乘，意义繁多，用法不同，那就另当别论了。

有人认为，《大乘止观法门》并不是慧思作的，是一部伪书，这个真伪问题，在这里无关重要。这里所讲的是一个时代思潮，在这个思潮中，《大乘起信论》和《大乘止观法门》是两部重要著作，不管它们是谁作的。

无论如何，《大乘起信论》或《大乘止观法门》所讲的佛学和原来的佛学是不同的，在当时的中国佛学中引起了混乱，想从根本上澄清这个问题的人是玄奘。

第三节　玄奘的《成唯识论》

玄奘俗姓陈，洛州缑氏（今河南偃师缑氏镇）人，生于隋末，年十三岁出家。据当时人所作的《传》说："法师遍谒众师，备餐其说，详考其义，各擅宗途，验之圣典，亦隐显有异，莫知适从，乃誓游西方以问所惑，并取《十七地论》以释众疑，即今之《瑜伽师地论》也。"（慧立、彦悰《大唐大慈恩寺三藏法师传》卷一）玄奘是带着这个问题往印度去的。这个问题是什么，作者没有明确说。但就他所描写的看起来，这个问题显然就是上边所说的那个问题。这在佛学中是带根本性的，所以玄奘不顾一切要往印度去看个究竟。

玄奘于唐太宗贞观三年（629年）赴印度，年二十六岁，至贞观十九年（645年）归长安，唐高宗麟德元年（664年）卒。他带回了一批印度的佛学经典，并把它译成中文。但更重要的是，他选取了当时在印度流行的一些佛学著作，把它们编译成一部书，叫做《成唯识论》。这是他在印度长时期留学的研究成果，也是他企图用以解决当时中国佛学中争论的问题的一部著作。

《成唯识论》这个题目就表明这部书的宗旨，就是说一切东西都是"识"所变。在这个"变"中，识是"能变"，作为识的对象是"境"，境是"所变"。照《成唯识论》的说法，共有三种"能变"。

第一能变是阿赖耶识。这个识又名藏识，因其具有能藏所藏执藏义。又名异熟识，因其能引生异熟果故。所谓异熟者，谓变异而熟，异时而熟，异类而熟。异熟果者，其所熟之果，乃其因变异所熟，与其因异时异类也。又名种子识，因其中藏有诸法，即世间及出世间一切事物之种子。

这就是说在阿赖耶识中藏有一切事物的种子。它是能藏，也是所藏，所以成为"藏识"。不过这些种子不是当时就成熟，它们不一定在什么时候，在什么地方，随着众缘会合，才能成为果实，这些果实也成为异熟果。一切众生，每一个个体都有它自己的阿赖耶识，从它自己的阿赖耶识中生出它自己的一切事物，这是《成唯识论》的主观唯心主义的理论根据。

第二能变是末那识，即第七识。第三能变是前六识。"我"及一切诸"法"，皆此三能变所变，此三能变，不但变此"实我实法"，第二、第三能变且执之以为实有，执实我为实有，名为我执。执实法为实有，名为法执。《成唯识论》又云：第七识执第八识所起之自心相为实我实法，第六识执所变之五取蕴相，即根身等，为实我，又执识所变蕴处界相，即山河大地等，为实法，此二识实二执之所由起。《成唯识论》认为，如果没有此二执，就可以知道"我""法"皆"非实有"。《成唯识论》云，所谓唯识者，谓识外无物。"唯言为遮离识实物"。"离识实物"，"决定皆无"。至于"不离识法""则"亦是有性"。此唯识义所以为"远离增减二边，契会中道"也。意思就是说，《成唯识论》的主要思想就是"识外无物"，所谓唯识者，就是说任何事物离开了识就不可能有。如果说它们是随着识而有的，说它们是有也是可以的。如果用前者的说法，那就是对于主观唯心主义有所增，那是错误的；如果否认后者的说法，那就是有所减，那也是错误的。那都是"二边"，都有所偏差。只有《成唯识论》的说法是"中道"，无所偏差。

所谓前六识中的前五识，即眼、耳、鼻、舌、身，都是一个个人所有的感觉器官。由此可知，《成唯识论》所说的前五识都是个人的识，所说的阿赖耶识是个体的心，不是宇宙的心。

对于主观唯心主义不同意的人，可能有许多疑难。玄奘的大弟子窥基在他的《述记》中作了解释。他越解释，就越见得《成唯识论》的立场是主观唯心主义。

《成唯识论》讲三性、三无性。三性者，一遍计所执性，二依他起性，三圆成实性。《成唯识论》云：诸法皆"众缘所引，自心心所虚妄变现，犹如幻事，阳焰梦境，镜像，光影，谷响，水月，变化所成，非有实有"。"此等诸法，皆属依他起性。不知此诸法之实是众缘所引，虚妄变现，即于诸法，不'如真知'之，妄执之为实我实法。此我法二执，皆属遍计所执性。若知诸法之实是众缘所引，虚妄变现，即于诸法'如实知'之，则我法俱空。此二空所显诸法实相，识等真性，即属圆成实性"。

三无性者，一相无性，二生无性，三胜义无性。《成唯识论》云：此三性中，前一性是真无，后二性但"假说无性"。故三无性说非了义。《成唯识论》又云：心及心所，亦属依他起性。唯其如此。《成唯识论》云：心及一切诸法，皆依他起。此即心及诸法之实在状况，实在性质，即所谓诸法实性也。不知此诸法实性，而执诸法以为实有，即是遍计所执。知此诸法实性，即入圆成实。此诸法实性，即名真如。《成唯识论》又云："真如既是诸法实性，故有为流转等实性，亦是真如。"

《成唯识论》讲"真如"，《起信论》也讲"真如"，在表面上看似乎相合，其实这个名词在《大乘起信论》和《成唯识论》中的意义不同。《大乘起信论》所讲的"真如"是宇宙的心，《成唯识论》所讲的"真如"是个体的心。

玄奘在印度长期留学所得的结果是，重新建立了对于原来佛学的信心。他回国以后，得到了唐太宗的信任和支持，以致影响很大。他凭借这个影响宣扬他的唯识体系。

第四节　华严宗的三个"义"

华严宗的代表人物是法藏。法藏字贤首，姓康，本康居人。于唐太宗贞观十七年（643年）生于长安。曾参加玄奘翻译佛经的工作，因与玄奘"见识不同而出译场"。（赞宁《高僧传》卷五）后自立宗派，称为华严宗。这个宗派以佛教的《华严经》为主要的经典，法藏的著作基本上都是围绕这部《经》而写的。

法藏因为与玄奘意见不同而退出他的翻译班子，这个不同的意见是什么呢？前人没有说清楚。但可以推测这个不同必定是在佛学中有根本性的分歧。照法藏以后的发展看，这个不同就是客观唯心主义和主观唯心主义的不同。

华严宗佛学是宣扬客观唯心主义的，法藏用"体""用"这一对范畴说明宇宙的心和宇宙间一切事物的关系。宇宙的心是"体"，宇宙间一切事物是"用"。

法藏曾为当时的女皇帝武则天讲这些佛学的道理，她越听越糊涂，法藏便借当时殿前的一对金狮子为比喻，作了一篇通俗的讲说，这篇讲说，称为《金师子章》。

《金师子章》说："金无自性，随工巧匠缘，遂有师子相起。起但是缘，故名缘起。"意思就是说用金做成的狮子，其本质是金。金不一定成为狮子，也可以成为别的东西，对于金说，狮子只是一种现象。狮子这种现象的形成需要"因"，也需要"缘"，金是其"因"，工人的技巧是其"缘"。就狮子这种现象说，它是许多"缘"汇合在一起才能有的，这就是"缘起"。

《金师子章》说："谓师子相虚，唯是真金。师子不有，金体不无，故名色空。又复空无自相，约色以明。不碍幻有，名为色空。"意思就是说，如上面说的，所谓"真空"并不是绝无诸事物那样的"断灭空"，也不是在诸事物以外另有一个"色外空"。"真空"也不是另为一物，若果如此，"空"也成"有"了。《金师子章》认为，幻有是幻，因之言色空。所谓"空"者，即指这个。所以说："空无自相，约色以明。"就是说"空"是"色"中显出来的，离了色它自己也没有自己的存在。

《金师子章》说："师子情有，名为遍计。师子似有，名曰依他。金性不变，故号圆成。"

意思就是说，现象世界中的诸事物，都是因缘和合，方能生起，只是幻相似有，本无自性，它的存在依靠因缘和合，所以是说"依他"，"依他起性"。现象世界中的诸事物，本是似有，而世俗妄情执之为实有，这是"遍计所执性"。事物虽然是幻有，但心本体常恒不变，这是"圆成实性"。

这也就是《成唯识论》所说的三性。但是，《金师子章》所说的"圆成实性"同《成唯识论》所说的"圆成实性"意义不同。《成唯识论》所说的是个体之心的"圆成实性"，《金师子章》所说的是宇宙之心的"圆成实性"。

《金师子章》又说：法藏在这里所讲的就是他《华严还源观》中所讲的"三遍"中的"一尘出生无尽遍"。意思是说："一一毛中，皆有无边师子，义复一一毛，带此无边师子，还入一毛中。"现象世界中，每一事物都是真心全体之所现。真心包罗一切事物，故现象世界中的每一事物也包罗一切事物。此一事物不但包罗一切事物，并且也包罗一事物中所包罗的一切事物。它所包罗的每一事物中所包罗的一切事物，也各个包罗一切事物。

这就不是"金狮子"那个比喻能说明的了。据说，法藏又想了一个办法，他用十面镜子，十方（四方、四隅及上下）各置一面，相去各丈多远，中间放了一尊佛像，又在中间点了一支蜡烛。在这十面镜子中，每一面镜中，不止有别的镜的影，且有别的镜中的影中之影。（见赞宁《高僧传》卷五）这就是所谓"因陀罗网境界"。因陀罗网是一珠网，每一珠中现一切珠，又现一切珠中所反映的一切珠，这样一层一层地推下去，以至无穷。

法藏的这个说法，大概是打算说明这个个体的心和宇宙心的关系。宇宙的心包括宇宙间一切事物，当然也包括个体的心。像《成唯识论》所说的阿赖耶识，就是个体的心，据说其中也包括一切事物的种子，它当然也带着这些种子被包含在宇宙的心中。

华严宗又创造了一对范畴：理和事。经过华严宗的宣扬以后，在中国哲学史中，成为一对重要的范畴。照华严宗的体系说："真心"是"理"，所表现的事物是"事"。法藏说："如尘相圆小是事，尘性空无是理。以事无体，事随理而融通。由尘无体，即遍通于一切。由一切事，事不异理，全现尘中。"意思就是说，一粒微尘是事，表现了这粒微尘的"心"是理。事没有自己的存在，只能跟着理而存在，"心"遍于一切，所以一事也是一切事。一粒微尘虽小，也是真心全体之所现。真心的全体也见于一粒微尘之中。这样说，理和事就会通起来了。（见《华严义海百门·镕融任运门·理事》条）

法藏看出了宇宙间的许多对立，但是，他的原则是"一即一切，一切即一"，照这个原则，一切对立都不是对立，而是"圆融"。

照这些话看起来，华严宗认为宇宙的总规律不是对立统一，不是矛盾和斗争，而是"圆融无碍"。法藏提出这些对立，为的是要说明这些对立并不是对立的，为的是要取消这些对立。

佛教和佛学在中国或在印度，都有许多宗派，华严宗用所谓判教的办法把它们统一起来。这个思想法藏已经有了，后来的宗密又加以发展。宗密也是华严宗的一个重要人物，果州西充（今四川西充）人。他著有《原人论》，讲人的本质及人们对于人的认识发展的各个阶段。《原人论》的第一段题为《斥迷指》，首先对于中国原有的儒、道二家作了批驳，以后就讲佛法。

宗密认为，佛法本来只有一个，但佛说法的时候因环境的不同，所讲的法随时随地而有深浅偏全的不同。依深浅偏全的标准，可以把佛法分为五种教，这就是所谓的判教。所谓五教就是："一、人天教，二、小乘教，三、大乘法相教，四、大乘破相教，五、一乘显性教。"宗密认为前四教是偏浅，偏者言其不够全面，浅者言其不够深入。最后一种教才是"佛了义实教"。《原人论》第二段题为《斥偏浅》，是批评前四种教的。

《原人论》说："佛为初心人，且说三世业报，善恶因果。"这就是人天教，"据此教中，业为身本"。

《原人论》说：小乘教"以色心二法，及贪瞋痴为根身器界之本"。所谓色心二法大略等于现代哲学中所说的物质与精神，所谓根身器界指人的身体器官及物质世界。

《原人论》说："大乘法相教者，说一切有情，无始以来，法尔有八种识。于中第八阿赖耶识是其根本。顿变根身器界种子，转生七识，皆能变现，自分所缘，都无实法。"其实"我身唯识所变，识为身本"。

《原人论》说："大乘破相教者，破前大小乘法相之执，密显后真性空寂之理。""所变之境既妄，能变之识岂真。""故知梦时则梦想梦物，似能见所见之殊，据理则同一虚妄，都无所有。诸识亦尔，以皆假托众缘，无自性故。""约此原身，身元是空，空即是本。"

《原人论》认为经过这样的破，各偏浅教中所有的"执"都没有了，在这一切的空中，"真心"就显露出来了。《原人论》第三段题为《直显真源》，这个真源就是一乘显性教所说的"一切有情，皆有本觉真心。无始以来，常住清净，昭昭不昧，了了常知，亦名佛性，亦名如来藏"。这个常住真心显然不是大乘法相教所说的阿赖耶识，因为大乘破相教已经说明诸事没有自性，是虚妄不实。宗密认为识和心是有区别的，但区别在什么地方，他没有明确地说明。其实这是显然的，阿赖耶识是个体的心，所谓常住真心是宇宙的心。

本章上文说过，《大乘起信论》和《大乘止观法门》都自标为"大乘"。后来大乘这个名称就用滥了。所以，宗密称这个"直显真源"的显性教为一乘，以表明它又高于大乘。

《原人论》的第四段题为《会通本末》，其中说："真性虽为身本，生起盖有因由，不可无端忽成身相。但缘前宗未了，所以节节斥之。今将本末会通，乃至儒道亦是。"意思就是说，人的本质虽然是真性，但人所以成为现在这个样子，也有一个发展的过程，过程又有段落。对上边所说的各种宗派，因为不了解它们所说的只是一个段落，所以要加以驳斥。如果了解它们所说的只是一个段落，那它们又都不算错，就是儒道二家所说的也都是正确的。对于一个问题只能有一个真理，人们不能在一个时间内把一切真理都认识清楚，都说清楚，所以有不够全面、不够深入之处，如果不了解其不够全面、不够深入，而认为是全部真理，那它们就是错误的，如果了解它们都是真理的一部分，所以又都不错了。

《原人论》是从客观唯心主义的观点，对中国的佛教宗派加以总结。它所说的两个大乘教和一个一乘教，就是中国佛教教门中的三个大宗派。它所说的大乘法相教，就是唯识宗，后人称为法相宗。它所说的大乘破相教，就是三论宗，后人称为空宗。它所说的一乘显性教，就是华严宗，后人称为性宗。这是按逻辑顺序讲的，和中国佛教的三大宗派的历史顺序是不完全一致的。

《原人论》的"儒道亦是"的说法，预示宋明道学的出现。事实上，《原人论》所说的一乘显性教已为宋明道学提供了一个基本的内容。

第四十七章　中国佛学发展的第三阶段——"宗门"

第一节　禅宗出现的历史意义

在唐朝的中叶，佛教中发生了一个改革运动，形成一个新的宗派，这就是禅宗。它并不是同唯识、华严等宗派并行的一个宗派。它自称为"宗门"，称别的宗派为"教门"。"宗门"和"教门"是对立的。禅宗盛行以后，其他宗派的影响都逐渐衰微，甚至消灭，"禅"成为佛教和佛学的同义语。

禅宗的这种自我估计，是有根据的。它的这种社会影响，就是社会对其自我估计的承认。就其所讲的佛学的内容看，也确实有与其他宗派对立的一方面。从其社会基础看，禅宗与其他宗派的矛盾，也是当时反对门阀士族的斗争在佛教中的反映。当时其他宗派都是与门阀士族密切联系的，它们就是佛教中的门阀士族。社会中的门阀士族的统治的崩溃，也引起了佛教中的门阀士族的统治的崩溃。代之而起的是一种新兴的僧侣，这就是禅宗的"祖师"们。

从这几方面都可以看出来，禅宗并不仅只是佛教和佛学中的一个宗派，而且是中国佛学发展的一个新阶段，第三阶段。

"禅"是从印度的"禅那"这个词音译过来的，是"禅那"的简称，意译是"思维修"或"静虑"，指的是佛教中的一种修行的方法。如佛教中所说的"参禅打坐"（凝神静坐）之类，其实禅宗是反对"参禅打坐"的。不过它更反对从文字上学习佛教和佛学，可以说是注重"思维修"。禅宗的名字大概就是这样来的。

上章讲过，用"遮诠"讲佛学的人认为，"表诠"所表示的总有不合适的地方，在用过一个"表诠"以后，总应该接着说这个话不对，说了算白说，这就叫随说随扫。这也就是玄学家所说的："以言遣言，遣之又遣之，以致无遣。"总的说来，作为"宗门"的禅宗是对于教门中各宗派所说的话，作了一个总"扫"、总"遣"。好像是来了一个大扫除，把扫除来的东西都作为垃圾倒出去。但禅宗也不是像有些笑话中所说的那样，有人倒洗澡盆，把脏水和小孩一起倒出去，小孩它还是要的，那就是教门所讲的教义，不过它认为最高的教义是不能用"表诠"表达的，如果一用"表诠"，它就成为垃圾了。

用另一套话说，禅宗改革了教门，也继承了教门。这就是黑格尔所说的扬弃。扬弃是真正的发展，是发展过程中的一个主要规律。

照禅宗的说法，当初释迦牟尼创立佛教的时候，除了说"教"之外，还有一个"教外别传"，"以心传心，不立文字"。教是靠文字言说传授的。所谓教门，都是这一类的传授。照禅宗说，真正的佛学，不能靠这样的传授。上面所讲的那些佛教派别，无论它是着重"遮诠"，或着重"表诠"，都有几种佛教经典作为它们的根据。它们都对于它们所根据的佛教经典作了许多烦琐的注解和无谓的争论。禅宗认为，它自己接受了佛教经典以外的释迦牟尼的直接的秘密的传授，所以自己称为"宗门"，以别于那些"教门"。它不但不要那些教门的烦琐的注解和无谓的争论，而且基本上也不要任何佛教经典作为根据。它认为，它的根据就是人的自己的"本心"。从佛教和佛学的发展看，禅宗的兴起，也是对于佛学的烦琐哲学的一种否定。

照禅宗的传说，释迦牟尼的这种秘密传授，称为"密意"或"心法"，这个"密意"或"心法"，在印度经过二十七代的传授，到梁武帝的时候，经过达摩传到中国。又经过五代，传给慧能（亦作惠能，638—713）。照禅宗的说法，慧能是中国禅宗的第六代祖师。实际上，禅宗基本上是慧能创始的，它的社会影响，是经过慧能才扩大的。慧能以后，禅宗代替了其他宗派，"禅"成为佛教的别名。

第二节　慧能和神秀——禅宗中的客观唯心主义和主观唯心主义

慧能姓卢，据他的自序说："慈父本官范阳。左降迁流岭南，作新洲百姓。"（《坛经·自序品》）就是说，他的父亲本来是北方的一个官僚，后来被贬到广东。据此可知，慧能出身于没落官僚家庭，出生于广东。幼年以卖柴为生。后来听说禅宗的五祖弘忍在湖北黄梅宣扬佛教，他就到弘忍所主持的寺院去见弘忍，弘忍问他说："汝何方人？……复求何物？"慧能说："弟子是岭南人，新洲百姓。今故远来礼拜和尚，不求余物，惟求作佛。"弘忍说："汝是岭南人，又是獦獠（少数民族），若为堪（怎么能）作佛？"慧能说："人即有南北，佛性即无南北。獦獠身与和尚不同，佛性有何差别？"弘忍叫慧能在寺里砍柴、舂米。有一天，弘忍叫庙里和尚们每人作一个偈，如果做得好，就把法、衣（继承权的象征）传给他，当第六代祖师。当时有一个最有学问的"教授师"，名叫神秀，作了一个偈，写在墙上。偈说："身是菩提树，心如明镜台，时时勤拂拭，勿使惹尘埃。"意思就是说，人的身子比如一棵智慧的树，人的心比如一面光明的镜子。要时时刻刻勤加擦洗，别叫它招惹灰尘。慧能在舂米的地方，听见有人念这个偈，就说：我也有个偈，但是不会写。他托了一个会写的人把他的偈也写在墙上，偈说："菩提本无树，明镜亦非台，本来无一物，何处惹尘埃？"意思是说：本来没有什么智慧的树，也没有什么光明的镜子，本来什么东西都没有，什么地方可以招惹尘埃？弘忍后来把法、衣传授给慧能，叫他当第六代祖师，并且告诉他，要马上离开这个寺院，恐怕有人争夺继承权，要害他。慧能走了两个月到大庾岭，果然有几百人从后面追来，要夺衣钵、杀慧能，但是没有成功。后来慧能在广东宣扬禅宗思想，他在韶州的一部分的讲演，经他的徒弟整理记录，称为《坛经》。上面所说的这些故事，见于《坛经》的《自序品》。

　　上面所讲的那些故事，有多少是真实的，我们无从深考，也无须深考。但是，在这些故事中，我们可以看出当时佛教内部的一些斗争情况。这个斗争，主要的是，受佛教僧侣排斥的人和僧侣的斗争，是下层僧侣以及在寺庙中服务的人和上层僧侣的斗争，是没有学问的僧侣和有学问的僧侣的斗争。弘忍认为，慧能是边疆的人又是少数民族，不能成佛。可见边疆的人和少数民族是受佛教僧侣排斥的人。慧能的回答批判了这种排斥和歧视，但他还没有取得僧侣的资格。仅只能在弘忍寺院中作为一个劳动力，做些体力劳动。但是，他却成为禅宗的第六代祖师，这是对于上层僧侣的嘲笑。神秀是当时寺院中最有学问的"教授师"，自以为必定可以得到继承权，慧能一个字不识，但是得了继承权。这是对于有学问的僧侣的嘲笑。弘忍把衣钵传给慧能，但又叫他马上离开寺院逃走，继承什么呢？衣是一件衣服，钵是和尚乞食用的饭碗，衣、钵是继承权的象征。说是继承佛法，实际上也是继承寺院的财产，所以争夺很激烈。哪个和尚得了继承权，在他的权威还没有树立以前，就有被杀害的危险。

　　上面所说的故事，所反映的情况，就是禅宗兴起的社会背景，它是有反抗这一面的。这种反抗，也是隋唐之际的农民大起义在佛教内部的反映。这种反抗形成为佛教内部的改革运动。但是，这种改革，主要是佛教内部的事情，对于人民说，并没有什么积极的意义。它打倒了佛教经典的权威，但是，代之而起的是禅宗"祖师"们的语录的权威。他们教学生所说的话，以及他们在教徒弟的时候所采取的某种动作（他们往往以某种动作，例如打学生一拳、一棒，或大喝一声，取代言语）都载入语录之内。《六祖坛经》，本来是慧能的语录，但也被尊为"经"。他们破坏了原来寺庙僧侣的等级制度，而代之以他们自己的等级制度。他们还是有他们自己的寺院，有他们自己的财产。对于财产权的争夺，还是很激烈的，如上面所说的那样。他们自己中间又分成许多宗派，其间的分歧、争论、排挤，仍然是很激烈的。

禅宗的语录的特点是，它不用翻译佛教经典所用的那种翻译文体，也不用魏晋隋唐那种骈体文言。它能够用当时的通俗易懂的白话，把佛教和佛学的中心思想简明扼要地表达出来。这是中国佛学的发展进入第三阶段的特征，也是禅宗所以广泛流行的部分原因。

神秀和慧能的这两个偈，是禅宗中的重要文件，其内容是互相对立的。神秀所说的是原来的佛学，一棵菩提树，一个明镜台，表明他所说的心是个体的心。他认为对于这个心，要"时时勤拂拭，勿使惹尘埃"。慧能否定了神秀的偈，提出了"本来无一物"这五个大字，否定了神秀关于个体的心的说法。弘忍对于这两个偈都作了评论。他认为神秀仅只是进了佛学的大门，还没有进入二门，距离"菩提"还相当远。弘忍对于慧能的偈，也没有完全肯定，认为慧能"亦未见性"。怎样才是见性呢？他没有说，但是《坛经》在后面所说的那几个"何期"作了回答。慧能悟到了这几个"何期"，有了这几个"何期"，他就见性了。这个"性"，就是宇宙的心。如果把这两个偈与上章所讲的教门中的那几个宗派联系起来看，神秀的偈相当于大乘法相教，慧能的偈相当于大乘破相教，他所悟到的那几个"何期"，相当于一乘显性教。从哲学上说，神秀所讲的是主观唯心主义，慧能所讲的是客观唯心主义。后来禅宗成为南北二宗，神秀是北宗的领袖，慧能是南宗的领袖。在历史上，这两宗也可以照着主观唯心主义和客观唯心主义划分。

据说慧能在广州的时候，在一个寺院听人讲经，其时有风，吹动了旗杆上的幡。有的人说是风动，有的人说是幡动。慧能说："不是风动，不是幡动，仁者心动。"（《坛经·自序品》）"仁者"指对面说话的人。

曾有许多人根据这个故事，说慧能的哲学是主观唯心主义。这是望文生义，事情恐怕没有那么简单，慧能所说的可能是僧肇的《物不迁论》所说的那种道理，他说："旋岚偃岳而常静，江河竞注而不流。"山岳并不是不动，江河并不是不流，但是动而常静，流而不流，因为"物不迁"。照这个道理，风是动的，幡也是动的，但平常人不了解动的真相，所以不知道风、幡都是动而常静，所以说是"仁者心动"。这个道理比较深奥，而慧能能这样说，所以当时主讲的印宗法师就知道他是一个了不起的人物。

慧能自述弘忍向他传法、衣的经过时，说：弘忍"为说《金刚经》，至'应无所住而生其心'，慧能言下大悟，一切万法，不离自性。遂启祖言，何期自性本自清净，何期自性本不生灭，何期自性本自具足，何期自性本无动摇，何期自性能生万法。祖知悟本性。"（《坛经·自序品》）

所谓本性就是宇宙的心，本性或本心，对每一个人说都是本来就有的，所以又称为自本性。这个自本性生出来连续不断的念头,也生出来万法万境。弘忍说:"万境自如如",所谓"如如",就是说,是那个样子。万法万境,就是那个样子。这些就是真实的,因为它们都是人的自本性所生出来的。神秀的偈所以未见本性,因为他把尘埃和菩提树、明镜台对立起来,不知道尘埃就是菩提树、明镜台,万法万境就是自本性。弘忍说:慧能的偈"亦未见性",因为他把自本性和尘埃都讲空了,也没有见到自本性的本来的样子。

上面已经说过,禅宗的教义基本上和教门是一致的,它的特殊之处在于方法论。方法论有两方面:讲说的方面和修行的方面。在讲说的方面,禅宗以不讲说为讲说,即所谓"不道之道"。在修行方面,禅宗以不修行为修行,即所谓"无修之修"。

第三节 禅宗的"不道之道"

禅宗自以为他们所讲的佛法,是"超佛越祖之谈"。其所谓超越二字,甚有意思。他们以教门中的各宗为"教",而以自己为"教外别传"。他们是从一个较高的观点来看教门中的各宗的。他们所讲的佛法,严格地说,不是教"外"别传,而是教"上"别传。所谓上,就是超越的意思。

所谓"超佛越祖之谈",禅宗宗门称之为第一义或第一句。《镇州临济慧照禅师语录》云:"若第一句中得,与祖佛为师。若第二句中得,与人天为师。若第三句中得,自救不了。"(《古尊宿语录》卷四)但"超佛越祖之谈"是不可谈的,"第一句"或"第一义"是不可说的。《文益禅师语录》云:"问:'如何是第一义?'师曰:'我向尔道,是第二义。'"《佛果禅师语录》云:"师升座,焦山和尚白槌云:'法筵龙象众,当观第一义。'师乃云:'适来未升座,第一义已自现成,如今槌下分疏,知他是第几义也?'"禅宗常说,第一义不可说,因为第一义所拟说者不可说。《怀让禅师语录》云:"师乃白祖(慧能)云:'某甲有个会处。'祖师云:'作么生?'师云:'说似一物即不中。'"(《古尊宿语录》卷一)南泉(普愿)云:"江西马祖说:'即心即佛。'王老师不恁么道,不是心,不是佛,不是物。"(《传灯录》卷八)《洞山(良价)语录》云:"云岩(昙成)问一尼:'汝爷在?'曰:'在。'岩曰:'年多少?'云:'年八十。'岩曰:'汝有个爷,不年八十,还知否?'云:'莫是什么来者?'岩曰:'犹是儿孙在。'师曰:'直是不什么来者亦是儿孙。'"(又见《传灯录》卷一四)第一义所拟说者不能说是心,亦不能说是物,称谓什么即不是。即称谓不什么亦不是。如拟说第一义所拟说者,其说必与其所拟说者不合,所以禅宗说:"有拟议既乖。"所以第一义不可说。

如拟说第一义所拟说者，其说必不是第一义，至多也不过是第二义，也许不知是第几义。这些说都是"戏论"。僧问马祖（道一）："'和尚为什么说即心即佛？'曰：'为止小儿啼。'曰：'啼止时将如何？'曰：'非心非佛。'"（《古尊宿语录》卷一）百丈（怀海）说："说道修行得佛，有修有证，是心是佛，即心即佛"，这"是死语"，"不许修行得佛，无修无证，非心非佛"，这"是生语"。《古尊宿语录》卷一）所谓生是活的意思，这些语是生语或活语，因为这些语并不对于第一义所拟说者有所肯定。说非心非佛，并不是肯定第一义所拟说者是非心非佛。说非心非佛，只是说，不能说第一义所拟说者是心是佛。

凡对于第一义所拟说者作肯定，以为其一定是如此如此者，都是所谓死语。说死语的人，用禅宗的话说，都是该打的。《宗杲语录》云："乌龙长老访冯济川说话次，云：昔有官人问泗州大圣，'师何姓？'圣曰：'姓何。'官云：'住何国？'圣云：'住何国。'龙云：'大圣本不姓何，亦不住何国，乃随缘化度耳。'冯笑曰：'大圣决定姓何，住何国。'如是往返数次，遂致书于师，乞断此公案，师云：'有六十棒。将三十棒打大圣，不合道姓何，三十棒打济川，不合道大圣决定姓何。'"（《大慧普光禅师宗门武库》）

禅宗亦喜说重复叙述的命题（拖拖逻辑）。因为这种命题并没说什么。《文益禅师语录》云："师一上上堂，僧问：'如何是曹源一滴水？'师云：'是曹源一点水。'又云：'上堂。尽十方世界皎皎地无一丝头。若有一丝头，即是一丝头。'又云：'举昔有老僧住庵，于门上书心字、于窗上书心字、于壁上书心字。'师云：'门上但书门字，窗上但书窗字，壁上但书壁字。'"

第一义虽不可说，"超佛越祖之谈"虽不可谈，但总须有方法表现之。不然则即等于没有第一义，没有"超佛越祖之谈"。其实说第一义不可说，这就是用"遮诠"说第一义。说"超佛越祖之谈"不可谈，这就是用"遮诠"谈"超佛越祖之谈"。因为人们若了解为什么不可说不可谈，他也就了解第一义，了解"超佛越祖之谈"了，这就叫不道之道。

中国画画月亮有两种办法。一种是在白纸上画一个圆圈，一种办法是在白纸上涂些颜色作为云彩，在云彩中露出一个白圆块，这就是月亮。这种办法叫烘云托月。它不直接画月亮，只画云彩，用云彩把月亮托出来，这可以说是不画之画，用佛学的话说，前者是用"表诠"，后者是用"遮诠"。

第四节 禅宗的"无修之修"

慧能的大弟子怀让的语录中说:"马祖(道一)居南岳传法院,独处一庵,惟习坐禅,凡有来访者都不顾……(师)一日将砖于庵前磨,马祖亦不顾。时既久,乃问曰:'做什么?'师云:'磨作镜。'马祖云:'磨砖岂能成镜?'师云:'磨砖不能成镜,坐禅岂能成佛?'"(《古尊宿语录》卷一)说坐禅不能成佛,是说道不可修。《马祖语录》云:"问:'如何是修道?'师云:'道不属修。若言修得,修成还坏,即同声闻。若言不修,即同凡夫。'"得道的方法,是非修非不修。非修非不修,就是无修之修。

有修之修,是有心的作为,就是所谓有为。有为是生灭法,是有生有灭的,所以修成还坏。黄檗(希运)云:"设使恒沙劫数,行六度万行,得佛菩提,亦非究竟。何以故?为属因缘造作故。因缘若尽,还归无常。"又说:"诸行尽归无常。势力皆有尽期。犹如箭射于空,力尽还坠。都归生死轮回。如斯修行,不解佛意,虚受辛苦,岂非大错?"(《古尊宿语录》卷三)有心的修行,是有为法,其所得亦是万法中的一法,不是超乎万法者。超乎万法者,就是禅宗所谓不与万法为侣者。庞居士问马祖:"不与万法为侣者是什么人?"马祖说:"待汝一口吸尽西江水,即向汝道。"(《古尊宿语录》卷一)不与万法为侣者,是不可说的。因为说之所说,即是一法,即是与万法为侣者。马祖说:"待汝一口吸尽西江水,即向汝道。"就是说不能向汝道。说不能向汝道,亦即是有所道。这就是"不道之道"。欲说不与万法为侣者,须以"不道之道"。欲得不与万法为侣者,须用"无修之修"。

有修之修的修行,亦是一种行。有行即是于佛法所谓生死轮回中造业,造业即须受报。黄檗云:"若未会无心,著相皆属魔业,乃至作净土佛事,并皆成业。乃名佛障,障汝心故。被因果管束,去住无自由分。所以菩提等法,本不是有。如来所说,皆是化人。犹如黄叶为金钱,权止小儿啼。故实无法,名阿耨菩提。如今既会此意,何用驱驱?但随缘消旧业,更莫造新殃。"(《古尊宿语录》卷三)不造新业,所以无修。然此无修,正是修。所以此修是无修之修。

不造新业,并不是不做任何事,而是做事以无心。马祖云:"自性本来具足,但于善恶事上不滞,唤作修道人。取善舍恶,观空入定,即属造作。更若向外驰求,转疏转远。……故经云:但以众法,合成此身,起时唯法起,灭时唯法灭。此法起时不言我起,灭时不言我灭。前念,后念,中念,念念不相待,念念寂灭,唤作海印三昧。"(《古尊宿语录》卷一)"于善恶事上不滞",就是无心。不滞就是不着，也就是不住，也就是无情系。《百丈怀海禅师语录》云："问：'如何是有情无佛性，无情有佛性？'师云：'从人至佛，是圣情执。纵人至地狱，是凡情执。只如今但于凡圣二境有染爱心，是名有情无佛性。只如今但于凡圣二境及一切有无诸法都无取舍心，亦无无取舍知解，是名无情有佛性。只是无其情系，故名无情。不同木石、太虚、黄华、翠竹之无情。'"又云："若踏佛阶梯，无情有佛性。若未踏佛阶梯，有情无佛性。"（《古尊宿语录》卷一）

无心也就是无念。《坛经》云："我此法门，从上已来，顿渐皆立无念为宗，无相为体，无住为本。……无相者，于相而离相，无念者，于念而无念。无住者，为人本性，念念不住。前念，念（今）念，后念，念念相续，无有断绝。若一念断绝，法身即离色身。念念时中，于一切法上无住。一念若住，念念即住，名系缚。于一切上，念念不住，即无缚也。此是以无住为本。"（据郭朋《坛经校释》）所谓无念，不是"百物不思，念尽除却"。若"百物不思"，小是"法缚"。（《坛经》）神会云："声闻修空住空，被空缚。修定住定被定缚，修静住静被静缚。修寂住寂被寂缚。"（《荷泽神会禅师语录》卷一）"百物不思"，即"修空住空"之类也。无念是"于诸境上心不染"，"常离诸境"。（《坛经》）"于诸境上心不染"，即是"于诸法上念念不住"。此即是无住，亦即是"于相而离相"。亦即是"无相"。所以《坛经》所说："无念为宗，无相为体，无住为本。"实只是"无念"。"前念著境即烦恼，后念离境即菩提。"（《坛经》）此即是"善不受报"、"顿悟成佛"之义。

临济（义玄）云："如今学者不得，病在甚处？病在不自信处。你若自信不及，即便忙忙地徇一切境转，被佗万境回换，不得自由。你若能歇得念念驰求心，便与祖佛不别。你欲得识祖佛吗？只你面前听法底是。"（《古尊宿语录》卷四）又说："道流，佛法无用功处。只是平常无事，屙屎送尿，著衣吃饭，困来即卧，愚人笑我，智乃知焉。"（同上）学者要自信得及，一切放下，不必于日用平常行事外，别有用功，别有修行。只于日用平常行事中，于相而无相，于念而无念。这就是不用功的用功，也就是无修之修。

临济又云："有时夺人不夺境，有时夺境不夺人。有时人境俱夺，有时人境俱不夺。"（同上）人是能知的主体，境是所知的对象。《禅宗传》说："明上座向六祖（慧能）求法。六祖云：'汝其暂时敛欲念，善恶都莫思量。'明上座乃禀言。六祖云：'不思善，不思恶，正当与么时，还我明上座父母未生时面目来。'时上座于言下，忽然默契，便体拜云：'如人饮水，冷暖自知。'"父母未生明上座时，并无明上座。亦无对此人之境。令明上座还其父母未生时面目，就是令其人境俱夺。人境俱夺，与"无"同体，谓之默契。契者契合，言其与无契合为一，并不是仅知有"无"。

忽然默契，就是所谓顿悟。所谓"一念相应，便成正觉"(《神会语录》)。悟与普通所谓知识不同。普通所谓知识，有能知与所知的对立。悟无能悟与所悟的对立。因其无对象，可以说是无知。但悟亦并不是普通所谓无知。悟是非有知，非无知，是所谓无知之知。

《赵州（从念）语录》云："师问南泉（普愿）：'如何是道？'泉云：'平常心是道。'师云：'还可趣向不？'泉云：'拟既乖。'师云：'不拟，争知是道？'泉云：'道不属知不知，知是妄觉，不知是无记。若真达不疑之道，犹如太虚，廓然荡豁，岂可强是非也。'"(《古尊宿语录》卷一三) 舒州佛眼禅师（清远）云："先师（法演）三十五方落发，便在成都听习唯识百法。因闻说，菩萨入见道时，智与理冥，境与神会，不分能证所证。外道就难，既不分能所证，却以何为证？时无能对者，不鸣钟鼓，返披袈裟。后来唐三藏至彼，救此义云：'智与理冥，境与神会时，如人饮水，冷暖自知。'遂自思惟，冷暖则可矣，怎么生是自知的事？无不深疑。因问讲师，不知自知之理如何。讲师不能对。……后来浮渡山见圆鉴，看他升堂入室，所说者尽皆说着心下事。遂住一年。令看'如来有密语，迦叶不覆藏'之语。一日云：'子何不早来，吾年老矣，可往参白云端和尚。'先师到白云，一日上法堂，便大悟：'如来有密语，迦叶不覆藏'，果然果然。智与理冥，境与神会，如人饮水，冷暖自知，诚哉是言也。乃有投机颂云：'山前一片闲田地，叉手叮咛向祖翁。几度卖来还自买，为怜松竹引青风。'端和尚觑了点头。"(《古尊宿语录》卷三二) 理为知的对象，境为神的对象，智与神为能，理与境为所。"智与理冥，境与神会"即是知对象之能，与对象之所，冥合不分。不分而又自觉其是不分。此所谓"如人饮水，冷暖自知"。南泉云："道不属知不知。"普通所谓知识之知，有能知所知之分，知道之知不能有此等分别，故曰："知是妄觉。"道不属知。然人于悟中所得的能所不分，亦不是不自觉的，如其是不自觉的，则即是一个浑沌，一个原始的无知，一个"空顽"。所以说："不知是无记。"道不属不知。

禅宗人常形容悟"如桶底子脱"，桶底子脱，则桶中所有之物均一时脱出。得道的人于悟时，以前所有的各种问题均一时解决。其解决并不是积极的解决，而是在悟中懂得此等问题，本来都不是问题。所以悟后所得的道，为"不疑之道"。

僧肇有《般若无知论》，般若无知就是"无知之知"。在第四十五章中我说，这种知是一种直觉。什么是直觉，禅宗用"如人饮水，冷暖自知"，这八个字说出来了。看到别人饮水，你问他是暖是冷，他回答热或是冷，这个冷热是概念是名言。其实，他所喝的水，岂只冷暖而已？自有特别的冷法或热法。这就不是概念名言所能表达出来的。必须自己饮水，才能用直觉感到它的冷法或热法。在直觉中，你的感觉和水的冷热合二为一，不分能感、所感，这就是所谓"冥合""契合"。

悟之所得，并不是一种积极的知识，原来亦不是得到什么东西。舒州云："如今明得了，向前明不得底在什么处？如今明不得，到几时明得去，只凭么翻复体究，也须会去。所以道，向前迷底，便是即今悟底。即今悟底，便是向前迷底。"(《古尊宿语录》卷三二) 禅宗人常说：山是山，水是水，在你迷中，山是山，水是水，在你悟中，山还是山，水还是水。"山前一片闲田地"，"几度卖来还自买"。田地本来就只是那一片田地，而且本就是你的，除此外另找田地，谓之"骑驴觅驴"。既得驴之后，自以为真有所得，谓之"骑驴不肯下"。舒州云："只有二种病，一是骑驴觅驴，二是骑却驴了不肯下。你道骑却驴了更觅驴，可杀，是大病。山僧向你道，不要觅，伶俐人当下识得。除却觅底病，狂心遂息。既识得驴了，骑了不肯下，此一病最难医。山僧向你道，不要骑。你便是驴，尽大地是个驴，你作么生骑。你若骑，管取病不去。若不骑，十方世界廓落地。此二病一时去，心下无一事，名为道人，复有什么事？"(《古尊宿语录》卷三一)

于悟前无道可修。于悟后亦无佛可成。《黄檗语录》云："问：'今正悟时，佛在何处？'师云：'问从何来，觉从何起？语默动静，一切声色，尽是佛事。何处觅佛？不可更头上安头，嘴上加嘴。'"(《古尊宿语录》卷三) 不但无佛可成，且亦无悟可得。"对迷说悟，本既无迷，悟亦不立。"(马祖语，见《古尊宿语录》卷一) 此所谓"得无所得"，亦谓为"究竟无得"。

所以圣人的生活，无异于平常人的生活。禅宗人常说："着衣吃饭，屙屎送尿。"平常人所做的是此等平常的事，圣人所做的亦是此等平常的事。禅宗的主要意思，说穿点破，实是明白简单。舒州云："参禅唤作金屎法。未会一似金，会了一似屎。"(《古尊宿语录》卷三二) 此主要意思，若说点破，亦毫无奇特秘密。所以禅宗人常说："如来有密语，迦叶不覆藏。"云居士（道膺）云："汝若不会，世尊有密语。汝若会，迦叶不覆藏。"(《传灯录》卷七) 密语之所以是密，因众人不会也。佛果云："迦叶不覆藏，乃如来真密语也。当不覆藏即密，当密即不覆藏。"(《佛果禅师语录》卷一五) 不复藏的密，即所谓公开的秘密。

原来佛法中的宇宙论，心理学等，都可以说是"戏论之粪"。(百丈语，见《古尊宿语录》卷二) 亦可说是"闲家具"。(药山禅师语，见《传灯录》卷一四) "戏论之粪"是需要"运出"的，"闲家具"是用不着的。把这些一扫而空之后，佛法所剩，就是这一点的公开秘密。临济云："我二十年在黄檗先师处，三度问佛法的大意，三度被打。后于大愚处大悟，云：'元来黄檗佛法无多子。'"(《古尊宿语录》卷四) 不只黄檗佛法无多子，佛法本来无多子。《传灯录》卷一一记临济此言，正作佛法无多子。

自迷而悟，谓之从凡入圣。入圣之后，圣人的生活，也无异于平常人的生活。"平常心是道"，圣人的心也是平常心。此所谓从圣入凡。从圣入凡谓之堕。堕亦可说是堕落，亦可说是超圣。（此皆《洞山（良价）语录》中语）超圣是所谓"百尺竿头，更进一步"。南泉云："直向那边会了，却来这里行履。"（《古尊宿语录》卷一二）《曹洞语录》引作："先过那边知有，却来这里行履。""直向那边会了"，是从凡入圣。"却来这里行履"，是从圣入凡。

因为圣人平常所做的事，是从圣入凡，所以他所做的事只是平常人所做的事，而其实并非此等事与平常人做的事不同。百丈（怀海）云："未悟未解时名贪嗔，悟了唤作佛慧。故云：'不异旧时人，只异旧时行履处。'"（《古尊宿语录》卷一）黄檗云："但无一切心，即名无漏智。汝每日行住坐卧，一切言语，但莫著有为法，出言瞬目尽同无漏。"（《古尊宿语录》卷二）庞居士偈云："神通并妙用，担水及砍柴。"担水砍柴平常人做之，只是担水砍柴，圣人做之，就是神通妙用。

因有此不同，所以圣人虽做平常人所做的事，而不受所谓生死轮回中的果报。《百丈怀海语录》云："问：'斩草伐木，掘地垦土，为有罪报相否？'师云：'不得定言有罪，亦不得定言无罪。有罪无罪，事在当人。若贪染一切有无等法，有取舍心在，透三句不过，此人定言有罪。若透三句外，心如虚空，亦莫作虚空想，此人定言无罪。'又云：'罪若作了，道不见有罪，无有是处。若不作罪，道有罪，亦无有是处。如律中，本迷煞人，及转相煞，尚不得煞罪，何况禅宗下相承，心如虚空，不停留一物，亦无虚空相，将罪何处安著？'"（《古尊宿语录》卷一）圣人虽做平常人所做的事，但不沾滞于此等事，不为此等事所累。黄檗云："但终日吃饭，未曾咬着一粒米。终日行，未曾踏着一片地。与么时，无人无我等相。终日不离一切事，不被诸境惑，方名自在人。"（《古尊宿语录》卷三）云门匡真亦说："终日说事，未曾挂着唇齿，未曾道着一字。终日着衣吃饭，未曾触着一粒米，挂着一缕丝。"（《古尊宿语录》卷一五）《洞山语录》云："师与密师伯过水次，乃问曰：'过水事作么生？'伯曰：'不湿脚。'师曰：'老老大大，作这个话。'伯曰：'尔作么生道？'师曰：'脚不湿。'"过水而脚不湿，谓做事而不沾滞于事，不为事所累。圣人就是这样的自在人，禅宗亦称为自由人。

这是"无修之修"所得的成就。于修时，也是要念念不著于相，于相而无相。于成就时，也是念念不著于相，于相而无相。不过于修行时如此，是出于努力。于成就时如此，则是不用努力，自能如此。这不是说，因为修行的人养成了一种习惯，所以不必努力，自能如此。而是因为修行的人于成就时，顿悟"同无"，所以不必努力，自能如此。

圣人的境界，就是所谓"人境俱不夺"的境界。在此等境界中，山还是山，水还是水，但人已不是旧日的，而是从凡人入圣人了。百丈所引："不异旧时人，只异旧时行履处。"严格地说应该说："只异旧时人，不异旧时行履处。"人是从圣入凡，所以虽有人有境，而仍若无人无境。"人境俱夺"，是从凡入圣的工夫。"人境俱不夺"，是从圣入凡的境界。

上面说过，玄学家说，圣人亦应务应世，不过是说，圣人亦能应务应世。僧肇所谓："圣人居动用之域，而止无为之境。"不过是说："居动用之域"无碍于"止无为之境"。若此说，则圣人的玄远与其应务应世、动用之域、无为之境，仍是两行，不是一行。如照禅宗所说，则应务应世对于圣人就是妙道，"动用之域"就是"无为之境"。如此说，则只有一行，没有两行。

但如果担水砍柴就是妙道，何以修道的人仍须出家？何以"事父事君"不是妙道？这又须下一转语。宋明道学的使命，就是下这一转语。

第五节　禅宗中的派别

禅宗也有许多派别，主要的是所谓南宗北宗。上边讲到慧能和神秀在黄梅时的对立。后来神秀受了武后的尊重，进入宫中。他的佛学在北方影响很大，称为北宗。慧能离黄梅以后，在广东宣扬佛学，影响也很大，称为南宗。慧能的声名传到北方，唐中宗于神龙元年派内侍薛简到南方邀请慧能进京。慧能辞绝。薛简对慧能说："京城禅德皆云，欲得会道，必须坐禅习定。若不因禅定而得解脱者，未之有也。未审师所说法如何？"慧能说："道由心悟，岂在坐也？"照这个记载看起来，慧能和神秀在成立了宗派之后，仍各持他们在黄梅时所作的那两个偈的意思，北宗和南宗的对立仍然是那两个偈的对立。薛简请慧能"指示心要"，慧能说："道无明暗，明暗是代谢之义。明暗无尽亦是有尽，相待立名。故经云：'法无有比，无相待故。'"慧能的这几句话仍然是就他和神秀在黄梅时所作的那两个偈说的。"明"就是"心如明镜台"那个"明"。明镜是"明"，尘埃就是"暗"了。这是把明镜和尘埃作为两个对立的东西，也就是把明暗作为两个对立的东西。慧能指出，明暗是"代谢之义""相待立名"。意思就是说，明暗不是两个对立的东西，而是心的两种情况。明是明，暗是无明。无明就是没有明，并不是和明相对立的另一个东西。有了明就没有无明，有了无明就没有明，这就是所谓代谢。这个代谢是无尽的，也是有尽的，看情况而定。慧能引经说："法无有比，无相待故。"无相待就是没有相对，没有相对就是绝对。个体的心是相对的，宇宙的心是绝对的，这是不可混淆的。慧能和神秀的两个偈的根本不同就在这里。

薛简又问说："明喻智慧，暗况烦恼。修道之人，倘不以智慧照破烦恼，无始生死，凭何出离？"慧能回答说："烦恼即是菩提，无二无别。若以智慧照烦恼者，此是二乘小见，羊鹿等机。大智上根，悉不如是。"

薛简又问说："如何是大乘见解？"慧能回答说："明与无明，其性无二。无二之性，即是实性。实性者，处凡愚而不减，在贤圣而不增，住烦恼而不乱，居禅定而不寂。不断不常，不来不去，不在中间及其内外，不生不灭，性相如如，常住不迁，名之曰道。"慧能在这里说出禅宗最后的见解。个体的心也就是宇宙的心。心就是那么一个心，无论在什么情况下，它就是那么一个样子，这就叫如如。菩提是它，烦恼也是它。菩提与烦恼的分别不在于它，而在于个人的迷悟。迷了它就是烦恼，悟了它就是菩提。所以说，烦恼菩提"无二无别"。《大乘起信论》或其他佛学的著作，常举一个比喻说，一个迷了方向的人错误地以西为东，等到他正确地认识了方向以后，他就知道原来的西就是东，并不是还有一个方向叫作东。

薛简又问说："师说不生不灭，何异外道？"慧能回答说："外道所说不生不灭者，将灭止生，以生显灭，灭犹不灭，生说无生。我说不生不灭者，本自无生，今亦无灭，所以不同外道。汝若欲知心恶（依上文当作心要），但一切善恶都莫思量，自然得入。清净心体，湛然常寂，妙用恒沙。"意思就是说，外道仍然是把生灭对立起来，然后用修行去掉这种对立，以得到不生不灭，即所谓"无生"。慧能自以为他所说的不生不灭，是"本自无生，今亦无灭"，所以同外道不同。这就是宇宙的心，也就是禅宗所说的"实性"。一个人有了这种认识，就叫"见性"。上边说过，弘忍说神秀的偈"未见本性"，慧能的偈"亦未见性"，因为那两个偈都没有讲到慧能在这里讲的道理。

慧能并且告诉了薛简"心要"和"得入"的方法，薛简"豁然大悟"。（以上引文均见《五灯会元》卷一）这一段文章很重要，但是事情发生在《坛经》行世以后，所以没有载入《坛经》。

在慧能的时代，哲学的用语还不很完备，所以慧能的意思还没有说清楚。用现在哲学中的话说，外道所说的不生不灭，是时间中的生灭相续，所谓无生，其实是长生。慧能所说的"本自无生，今亦无灭"，不是时间中的生灭相续，而是永恒。永恒不是长时间，而是无时间。

禅宗中的南北两宗不同，照传统的说法，是修行方法的不同，北宗主张"渐修"，南宗主张"顿悟"。这个不同是有的，但其所以有这个不同，是因为它们在哲学上有根本的不同。这个不同，就是主观唯心主义和客观唯心主义的不同。

第四十八章　隋唐佛学向宋明道学的过渡

第一节　所谓"三教合流"

　　从佛教在东汉时期进入中国以后，就有所谓三教，即儒、释、道三家。儒教就是以孔丘为主的儒家思想，道教就是以老子为主的道家的一部分思想，佛教则是以释迦牟尼为主的思想。如前几章所讲的，有一种一般的说法，认为儒教的思想是入世的，道教和佛教的思想是出世的。所谓"世"就是社会。就是说，儒家所着重的是社会内的事情，如社会组织和人与人的关系等。佛教和道教所着重的是脱离日常社会的生活，以求达到一个脱离社会的虚幻世界，即所谓成仙、成佛。道教的道士和佛教的和尚，都是所谓"出家人"。这个"出"字，就是所谓"出世"那个"出"字。严格地说，"出家"是可能的，"出"社会是不可能的。和尚、道士们纵然住在深山老林之中，但他们还是要吃饭穿衣，从社会中得到他们的生活必需品，他还是在社会之中。他们所宣扬的出社会的思想也还是一种社会思想，在社会中也产生一种消极的影响。

　　不过，相对地说，儒教和道教、佛教是有所谓"入世"和"出世"的这点不同。拿这个标准说，儒教是一边，道教和佛教是另一边。比如，就"出家"这一点说，儒教和道教、佛教的不同是显然的。道教和佛教的不同，粗看就不是那么显然。和尚和道士都出家修行，但是他们的目的还有不同。和尚们出家的目的是想成佛，道士们出家的目的是想成仙。当然佛、仙都是虚构，但照他们自己讲起来，却是根本不同的。

　　这些虚构，从其认识论的根源说，是围绕着一个人的生死问题而起的。儒、释、道三教对于人的生死这个问题各有不同的了解和不同的态度。

　　儒教对于生死的问题的了解、对于生死问题的态度基本上是合乎自然规律的。宇宙间的事物，有成必有坏，一切生物有生必有死。但是生物有一种传种接代的自然方法，那就是雌雄配合，生育子女。下一代的子女就是这一代的父母的替身。这一代的父母死了，下一代的子女可以把他的生命传递下去。所以一代一代的生物都是死而不死。就人类社会说，下一代的子女不仅可以传递这一代的父母的生命，还可以传递这一代父母的事业。就像老愚公移山时说的那样，这个山他这一辈子是挖不完的，但是他死了以后，还有他儿子继续去挖，他儿子死了以后，还有他的孙子继续去挖，他的子子孙孙是没有穷尽的，一直继续挖下去，他的移山的事业，终究是会完成的。老愚公的这一段话，也表示一种对于生死问题的态度。儒教对于生死问题的态度基本上也就是这样。

在《老子》这部书里面，关于生死问题，有两种思想。《老子》说："吾所以有大患者，为吾有身，及吾无身，吾有何患！"（第十三章）但《老子》也讲"深根固柢，长生久视之道"（第五十九章）。这两种思想是相反的。第一种思想认为，人生的一切麻烦都是由于有这个身体，如果没有这个身体，我的一切麻烦也都没有了。这种思想，可以说是对于人生的虚无主义。第二种思想认为，如果对于人的精神和身体保养得法，那就可以得到长生。后来庄子发挥了第一种思想，汉初的道家发挥了第二种思想。司马谈说："凡人所生者神也，所托者形也。神大（太）用则竭，形大劳则敝，形神离则死。死者不可复生，离者不可复合，故圣人重之。"又说："夫神大用则竭，形大劳则敝，形神骚动，欲与天地长久，非所闻也。"（《史记·太史公自序》引）这里谈到形、神关系的问题。司马谈认为，神是人的生命的根本，但是神必须有形以为寄托。神寄托于形，这就是形、神合。形、神合，人就生。如果没有形，神无所寄托，那就是形、神离。形、神离，人就死了。照司马谈的说法，神虽然是根本，但是离开形也不能单独存在。所以要想长生，必须形、神俱养。养的办法就是不要用之太过。这就是《老子》五十九章所说的"啬"。要想保养精神和身体，就要劳逸结合，如果结合得好，可以延年益寿，这是不错的。但是，司马谈希望保养精神，人的生命就可以"与天地长久"，这就是迷信。

魏晋的玄学家们，基本上是发挥《老子》的第一种思想以及《庄子》的思想。但是他们之中也有人不放弃《老子》的第二种思想，像司马谈所说的那样。嵇康的《养生论》就是讲"长生久视"这种思想。

道教的基本思想就是讲"长生久视"。晋朝的葛洪（自称为抱朴子）所作的《抱朴子》阐述了道教的基本理论以及一些修行的方法。他说："夫陶冶造化，莫灵于人。故达其浅者，则能役用万物；得其深者，则能长生久视。知上药之延年，故服其药以求仙。知龟鹤之遐寿，故效其导引以增年。"（《抱朴子·内篇·对俗》）意思就是说，人能役使万物，因为人能够懂得"道"，懂得浅的也能够叫万物听他的驱使（葛洪在这里所指的是画符念咒等巫术），懂得深的，就可以"长生久视"。人知道上等的药可以延年，所以就吃这种药，以求成为仙人。人知道龟和鹤的寿命很长，所以就学他们吸气的方法（导引），以增加自己的寿命。葛洪在这里说出了道教的基本原理，以及修炼方法的原则。基本原理是求"道"以得到"长生久视"。原则有两种，一种是吃药，以求外来的补助。道教所谓外丹，就是根据这个原则。另一个原则，就是自己用呼吸运气等方法，发挥人身体内部本来有的潜力。道教所谓的内丹，就是根据这个原则。

道教认为，靠这两种方法，可以得到长生。长生的人，就叫仙。所谓长生，就是这个身体永远存在下去。葛洪说：他听他老师说，仙人有的升到天上，有的照旧住在地上，各从其所好，如果炼成了金丹，愿意留在世间，可以先吃半剂，以后如果想升天，就把剩下的半剂也吃了。总之，已经得到长生不死，无论在什么地方住，都没有关系。彭祖活了八百岁，据彭祖说，天上有很多"尊官大臣"，新升天的仙人，地位比较低，如果升天还要侍候那些"尊官大臣"，所以他不愿意早升天，在人间住了八百年。又说成仙的人并不需要放弃妻子。人所以求长生，正是因为舍不得今天所欲求的事，"求长生者正惜今日之所欲耳"（《抱朴子·内篇·对俗》）。葛洪的这一句话，说出了求仙的人的真正动机。秦皇、汉武求仙，因为他们舍不得他们的皇帝的地位。他们想得到一种"不死药"，吃下去可以长生不死。道教所说的长生不死，都是就这个身体而言，这个身体可以永远存在下去。住在地上是这个身体，升天也是这个身体升到天上去。认为形可以永远存在下去，那完全是迷信。

道教的人，在佛教进入中国以后，又模仿了佛教经典的形式，作了一些道教的经典。模仿佛教的宗教仪式，作了一些道教的仪式，以与佛教相对抗。

道教的长生不死的迷信，在佛教中也是有的。天台宗的祖师慧思，曾发誓愿，要做"长寿仙"，以学习和宣扬佛法。他说："誓于此生作长寿五通仙，以为护法故求长寿命。""誓愿入山学神仙，得长寿命学佛道……过去、未来、今诸佛，所有经藏我悉持。一切十方世界中，若有佛法欲灭处，我愿持续命不灭，为彼国土人广说。"（《南岳思大禅师立誓愿文》，日本《大正大藏经》卷四六）他认为佛法无边，学是学不完的，世界无边，宣扬也宣扬不尽的，所以要先修成长寿仙，才可有充分时间做这些事。他的求仙的动机和道教不同，但其为迷信则一。

但这不是佛教的主要思想。佛教认为，形的存在或不存在是由一种更深的因果报应的规律所决定的。无论寿命的长短，都不能根本解决生死的问题。老子说："及吾无身，吾有何患。"照佛教说，没有那么便宜的事，你即使没有身，你的大患仍然存在。你的身，不过是从无始以来，一连串的因果报应的一个环节。问题不在于你的这个身体是不是能够永远存在下去，而在于你怎样才能从这个因果报应的环节中跳出去。这个一连串的环节，就是所谓"生死轮回"。能够跳出去，就是所谓"超出轮回"。就生死问题说，佛教的说法，在表面上看起来似乎比较深入一层，但是其前提是个虚构。因前提是虚构，由此推论出来整个体系，也都是虚构的了。

佛教和佛学的整个体系，虽然都是虚构，但是其中牵涉到许多哲学问题。所以我们在上面，对于它在中国发展的三个阶段都作了评述。但是就道教说，它的前提是一个迷信，他所讲的修炼的方法可能牵涉到一些科学问题，但是，与哲学相距很远。

在南北朝的时候，道、佛二教的斗争是很激烈的。它们都想凭借一个时期的政治上的势力压倒对方，使自己占优势。唐朝的道宣所作的《广弘明集》，叙述了这种斗争的几次大事。

这些斗争都是你死我活的斗争，都以废除对方或压倒对方为目的。当时的统治者受其影响，或灭佛，或灭道。但是被灭的一方面，也都不久就又恢复。唐太宗以后，这种情况有所改变，由一教独尊，改为三教并行。唐太宗在贞观十三年（639年），命令国子祭酒孔颖达，沙门慧净，道士蔡晃入弘文殿谈论三教。但是，对于道、佛两教，分了先后。因为唐朝的皇帝自称为是老子的后代，唐太宗在贞观十一年，命令在供斋的会中，道士的座位在和尚之上。有一部佛教经典中有"女主威伏天下"的话。武后当了皇帝，又命令说："今后释教宜在道法之上，缁服处黄冠之前。"把和尚的地位提高在道士之上。到了睿宗景云二年（711年），又命令僧道"齐行并进"，不分先后，和尚道士的地位是平等的。唐德宗于贞元十二年（796年）在麟德殿命令给事中徐岱等与沙门覃延、道士葛参成论三教。第二年又命令沙门端甫入内殿与儒道论议。这些事情都说明在唐朝除唐武宗于会昌五年（845年）一度灭佛法外，儒、释、道三教是并行的。

隋末唐初的一个文人王绩，在其《答程道士书》中说："孔子曰：'无可无不可'，而欲居九夷。老子曰：'同谓之元（玄）'，而乘关西出。释迦曰：'色即是空'，而建立诸法。此皆圣人通方之元（玄）致，宏济之秘藏。"（《全唐文》卷一三一）这就不但承认了三教并行，而且主张三教合流了。

《新唐书·王绩传》说："王绩……兄通，隋末大儒也。"《旧唐书·王勃传》说：王通"以著书讲学为业。依《春秋》体例，自获麟后，历秦、汉至于后魏，著纪年之书，谓之《元经》。又依《孔子家语》、扬雄《法言》例，为客主对答之说，号曰《中说》"。当时是佛教盛行的时候，这也是过渡时期的一个段落。

这个段落的趋势也表现在政治方面。在政治上三教并行之中，也有所偏重。在有所偏重中，儒教逐渐取得了优势，逐渐恢复了封建社会中统治思想的地位。

在唐朝开始的时候，唐高祖就命令在太学中立周公孔子庙。唐太宗在当秦王的时候，就在王府"开文学馆，召名儒十八人为学士，与议天下事"。他当了皇帝以后，又设"弘文馆，悉引内学士番宿更休。听朝之间，则与讨古今，道前王所以成败"。贞观六年（632年）又"诏……以孔子为先圣，颜氏为先师。尽召天下师老德，以为学官"。太学的学生，能够通一种儒家的经典，就可以做官。他又"雠正五经缪缺，颁天下，示学者，与诸儒稡章句为义疏，俾久其传"。（《新唐书·儒学列传》序）

这里所说的义疏就是唐太宗命令孔颖达同颜师古等人所作的"五经正义"。《儒学列传》中的《孔颖达传》说："颖达与颜师古、司马木章、王恭、王琰，受诏撰五经义训，凡百余篇，号《义赞》，诏改为《正义》云。"

唐太宗命令孔颖达等人作《五经正义》，这是儒教逐渐恢复统治思想的地位的标志。儒家的经典在汉朝经过董仲舒等人的解释，成为他们宣扬谶纬迷信的工具。汉朝的唯物主义者，对于这种迷信，进行了坚决的斗争。东汉末年，农民大起义严重地打击了当时的地主在政治上和思想上的统治，在三国时期魏明帝命令何晏等人作《论语集解》。这是当时的统治阶级重新整顿儒家的经典、以使其为统治思想的一种尝试。何晏的《论语集解》，王弼的《周易注》，都排斥谶纬迷信，开辟一种新经学的风气。这种风气，后来转为玄学，没有发展下去。孔颖达的《五经正义》可以说是这个新经学的一种继续。他的《周易正义》用王弼的《周易注》，《诗经正义》用《毛传》，《书经正义》用《伪孔传》。这些传注，都是排除谶纬迷信的。何晏的《论语集解》以后也成为标准的注解。

据此，《五经正义》是在唐太宗亲自主持下写作的，其目的在于确定儒家经典的官方注解，充实经典的内容，恢复这些经典的权威，使儒家重新取得统治思想的地位。

孔颖达的《五经正义》的初稿出来以后，有些人提出批评的意见，唐太宗命令孔颖达重修。唐高宗永徽二年（651年），命令中书门下与国子三馆博士、弘义馆学士考正之。他动员了所有当时政府中的高级官员以及文教界的人士，全力修订这个稿子。经过这番修订，才把这部书正式公布。（《新唐书·孔颖达传》）

第二节 韩愈、李翱在过渡时期的贡献

韩愈（768—824）邓州南阳（今河南邓县）人，是唐朝文学界和思想界的一个重要人物，是当时复古运动的一个领袖，也是当时反佛教的一个有力的人物。这个复古运动有"文"和"道"的两个方面。在"文"的方面，是要用所谓三代两汉文体代替魏晋以来的骈文，用所谓"古文"代替魏晋以来的"靡靡

之音"。在"道"的方面，要用儒教代替佛教和道教，为儒教争取统治的地位，以代替佛教或道教统治的地位。这个运动说是复古，实际上是一种革新。

唐朝的皇帝自称是老子的后代。韩愈对于老子，有时也作些属于应酬性质的颂扬之辞。他有《和杜相公太清宫》诗颂扬老子说："象帝威严大，仙宗宝历赊。……礼乐追尊盛，乾坤降福遐。"（《昌黎先生集》卷十）但是，他对于道教，作了尖锐的批判。

当时有个妇女名叫谢自然。据说，她修道成仙，肉体升天。韩愈作了一首诗：批判了这个谣言。在诗中，他先叙当时的谣言说：（谢自然）"凝心感魑魅，慌惚难具言。一朝坐空室，云雾生其间。如聆笙竽韵，来自冥冥天。白日变幽晦，萧萧风景寒。檐楹暂明灭，五色光属联。观者徒倾骇，踯躅讵敢前？须臾自轻举，飘若风中烟。茫茫八纮大，影响无由缘。里胥上其事，郡守惊且叹。驱车领官吏，氓俗争相先。入门无所见，冠屦同蜕蝉。皆云神仙事，灼灼信可传。"（《谢自然》，《昌黎先生集》卷一）这一段诗，活灵活现地把当时的谣言记录下来。据谣言说，谢自然有一天在家里坐着，忽然之间，生起云雾，又好像有音乐的声音从天上下来，房檐之间，有五色的光彩。顷刻之间，谢自然就飘入空中，升天去了。当地的官僚和老百姓进了她的屋子，只看见她的衣服鞋子，脱在那里。大家都认为她成仙去了。韩愈批判说："人生处万类，知识最为贤。奈何不自信，反欲从物迁。……人生有常理，男女各有伦。寒衣及饥食，在纺绩耕耘。下以保子孙，上以奉君亲。苟异于此道，皆为弃其身。噫乎彼寒女，永托异物群。"（同上）这是从儒教的立场和观点批判道教。韩愈的意思是说：人生最重要的事情是穿衣吃饭。要解决衣食问题，就要老老实实地纺织、种地，这样就可以养活子孙，侍奉父母和皇帝。这是他反对佛教和道教的一个主要的理由和动机。

在批判这个谣言的时候，韩愈没有直接指出这完全是胡说八道、毫无根据的谣言。他认为谢自然是受了一种妖怪（"魑魅"）的迷惑而变成妖怪了。他说，在万物之中，人是最高的。谢自然不能自信，把自己变成不同于人的别种东西（"异物群"）。他认为谢自然"永托异物群"是很可悲的。但是他不知道根本就没有像他所说的那种"异物群"。

韩愈还有一首诗，题目是《华山女》。诗中说："黄衣道士亦讲说，座下寥落如明星。华山女儿家奉道，欲驱异教归仙灵。洗妆拭面著冠帔，白咽红颊长眉青。遂来升座演真诀，观门不许人开扃。不知谁人暗相报，訇然振动如雷霆。扫除众寺人迹绝，骅骝塞路连辎軿。观中人满坐观外，后至无地无由听。抽钗脱钏解环佩，堆金叠玉光青荧。天门贵人传诏召，六宫愿识师颜形。玉皇颔首许归去，乘龙驾鹤来青冥。豪家少年岂知道，来绕百匝脚不停。云窗雾阁事慌惚，重

重翠幔深金屏。"(《昌黎先生集》卷六)

在这首诗里面，韩愈生动地写了当时道教中的一件丑事。说的是道士讲经，听的人很少。他们就用了一个美人计，叫了一个华山女子上台去讲。他们故作神秘，把观（道教的庙宇叫观，念去声）门都关起来，可是，消息一传出去，起了一阵大轰动。寺（佛教的庙宇叫寺）里面的人都跑到观里来了。有钱的人，有的骑马，有的坐车，都来听讲。观里面坐满了，就坐在观外。后来观外也没有坐的地方了。他们把金银首饰脱下来作布施，堆积起来，五光十色。消息传到皇宫里面，皇后、妃子都想见华山女。皇帝传下命令叫她进宫，豪门大族的少爷们，不知道她已经进宫，还在观外跑来跑去。至于她进宫以后，见了皇帝，做些什么事，因为"云窗雾阁"，又加上重重的帷幕和屏风，很恍惚而不能说了。韩愈的这首诗，是对于道教的无情的讥讽和嘲笑。

韩愈对于佛教的最尖锐的斗争是他谏唐宪宗迎佛骨表。当时在凤翔一个寺庙里，有一块据说是佛的手指的骨头。唐宪宗元和十四年（817年）派人把佛骨迎入宫内。韩愈上"表"反对。表中说：佛骨所到之处，迷信的人，"焚顶烧指，百十为群，解衣散钱，自朝至暮，转相仿效，唯恐后时"。表中说："夫佛本夷狄之人，与中国言语不通，衣服殊制。口不言先王之法言，身不服先王之法服，不知君臣之义，父子之情。……况其身死已久，枯朽之骨，凶秽之余，岂宜令入宫禁？……乞以此骨付之有司，投诸水火，永绝根本，断天下之疑，绝后代之惑。使天下之人，知大圣人之所作为，出于寻常万万也。岂不盛哉！岂不快哉！佛如有灵，能作祸祟，凡有殃咎，宜加臣身。上天鉴临，臣不怨悔。"(《论佛骨表》，《昌黎先生集》卷三九)

意思就是说，佛本来是野蛮的人，跟中国言语衣服都不相同，不遵奉中国古代先王的教训，不知道君臣关系的道理，父子关系的情分。况且他已经死了很久，剩下的骨头，又凶又脏，不可以进入宫内。请把这块骨头交给有关方面的人员，把它扔在水里或火里，永远断绝佛教的根本，叫大卜的人，都不受佛教的迷惑。这才是大快人心的盛事。如果佛真是有灵，能够降祸于反对的人，那就请他把祸降到我的身上。我是绝不后悔的。

这个"表"上去以后，唐宪宗大怒，把韩愈贬为潮州刺史。这是当时反佛教斗争的一件大事。韩愈在往潮州的途上，作了一首诗。诗中说："一封朝奏九重天，夕贬潮阳路八千。欲为圣明除弊事，敢将衰朽惜残年。"(《左迁至蓝关示侄孙湘》，《昌黎先生集》卷十) 他的斗争的意志是很坚强的。

韩愈在理论上反对佛教、道教的著作是《原道》（《昌黎先生集》卷一一）。这篇文章开头说"博爱之谓仁，行而宜之之谓义，由是而之焉之谓道，足乎己无待于外之谓德。仁与义为定名，道与德为虚位。故道有君子小人，而德有凶有吉"。在这里，韩愈给仁、义、道、德下了定义。照他的定义，仁、义有特定的内容，是儒家所特别有的。道、德的意义比较宽泛。君子所由之路，可以叫做道，小人所由之路也可以叫做道。好的品质可以叫做德，不好的品质也可以叫做德。

《原道》接着说："老子之小仁义，非毁之也，其见者小也。……其所谓道，道其所道，非吾所谓道也。其所谓德，德其所德，非吾所谓德也。凡吾所谓道德云者，合仁与义言之也，天下之公言也。老子之所谓道德云者，去仁与义言之也，一人之私言也。"

意思就是说，老子讲道德，他的书就叫《道德经》，儒家也讲道德。道德本来是两个通用的名词，两家都可以用。但是，老子所讲的道德，并不是儒家所讲的道德。儒家所讲的道德，其内容包括仁义，这是天下的人所共同承认的道德。老子所讲的道德，其内容不包括仁义，这是他一个人的道德。

《原道》接着说："周道衰，孔子没，火于秦，黄老于汉，佛于晋、魏、梁、隋之间。其言道德仁义者（案不当有仁义二字），不入于杨，则入于墨，不入于老，则入于佛。入于彼，必出于此。入者主之，出者奴之。入者附之，出者污之。噫，后之人其欲闻仁义道德之说，孰从而听之？"意思就是说，孔子所讲的道，就是周道，周道衰了，孔子死了，他的经典被秦朝烧了。他的道，在汉朝受到黄老的干扰，在六朝又受到佛教的干扰。在这些时候，讲道德的人不是入于佛，就是入于老。入于佛、老的人，必定要脱离儒教。入于佛、老的人，必定要以佛、老为主，以儒家为奴，必定要迷惑于佛教道教，反对儒教。儒家的仁义道德甚至没有人讲了。这是韩愈叙述魏晋以来三教斗争的情况。

《原道》批判这些情况，说："古之为民者四，今之为民者六。古之教者处其一，今之教者处其三。农之家一而食粟之家六，工之家一而用器之家六，贾之家一而资焉之家六，奈之何民不穷且盗也？"

意思就是说，古来把民按其职业分为四种，即士（知识分子）、农（农民）、工（手工业者）、商（即贾，做生意买卖的人），叫做四民。现在又有和尚、道士，四民就变成六民了。古来只有一个教，就是儒教，现在又加上道教、佛教，一教就变为三教了。农只有一家，而吃粮食的有六家；工只有一家，而用器具的有六家；贾只有一家，而六家的人都需要物资交换，商品流通。劳动工作的人还是那么多，凭空加上和尚、道士这两种吃闲饭的人，所以人民越来越穷，盗贼越来越多。这是从生产经济方面说明佛教、道教的危害性。

《原道》接着说："古之时，人之害多矣。有圣人者立，然后教之以相生养之道。为之君，为之师。……为之礼以次其先后，为之乐以宣其湮郁，为之政以率其怠倦，为之刑以锄其强梗。"

意思就是说，在古时，害人的东西是很多的，人的生活是极困难的。后来出了圣人，教人怎样生活，给人立君，以统治他们，立师教育他们。怎样种庄稼，怎样盖房子，怎样交流物资，都是圣人教的。圣人还立了礼、乐、政、刑这些上层建筑。礼的作用是规定社会中先后的次序；乐的作用是发泄人的心中的烦闷；政的作用是管理人民，叫他们不敢懒惰；刑的作用是去掉那些敢于违抗的人，对于这些人要像除草一样，把他们统统除去。

韩愈在这里说出了封建统治阶级统治人民的一整套办法。韩愈在这里连用了许多"为之"，"之"就是指的人民。好像是圣人搞这些统治人民的办法，都是为了人民的利益，都是对于人民的仁慈。其实用的是刽子手、牧师的两手，这就是他所说的"博爱之谓仁"的具体内容。

《原道》接着说："如古之无圣人，人之类灭久矣。何也？无羽毛鳞介以居寒热也，无爪牙以争食也。是故君者，出令者也。臣者，行君之令而致之民者也。民者，出粟米麻丝（农）、作器皿（工）、通货财（商贾）以事其上者也。君不出令，则失其所以为君；臣不行君之令而致之民，则失其所以为臣；民不出粟米麻丝、作器皿、通货财以事其上，则诛。"

韩愈在这里特别提出封建社会中所谓君臣关系。上面讲的两种职能，在封建社会中也不是并立并行的。君是最高的统治者，师也是臣的地位。这一段的意思是说，君是最高发号施令的，臣是执行君的命令以统治人民的。民，有的出粟米麻丝（农），有的制造器具（工），有的流通货财（商贾）。他们用这些劳动工作以为在他们上面的人服务。君如果不发号施令，就失去其所以为君的道理。臣如果不执行君的命令以统治人民，那就失去所以为臣的道理。民如果不好好劳动工作，为在他们上面的人服务，那就要杀。

韩愈讲"四民"，可是没有明确地说，士的职务是什么。实际上，在封建社会中，士就是臣的预备队，臣是封建社会中的官僚，封建政府的庞大的官僚机构就是靠这些官僚支持的，士就是候补官僚。

韩愈在这里讲了礼、乐、刑、政，讲了君、臣、民的关系，他认为这些都是应该如此的，都是非这样做不可的，这就叫"行而宜之"。他这里所说的，就是"行而宜之之谓义"的具体内容。

《原道》接着说："今其法曰：必弃而君臣、去而父子、禁而相生养之道，以求其所谓清净寂灭者。……灭（各本无此字，以意加）其天常。子焉而不父其父，臣焉而不君其君，民焉而不事其事。……今也举夷狄之法而加之先王之教之上，几何其不胥而为夷也。"

意思就是说：现在道教和佛教的"法"告诉人民说，必须抛弃你们的君臣关系，去掉你们的父子关系，禁止你们的生活原则，这样才可以得到像道教所说的清净，像佛教所说的寂灭。这就是要消灭人的本性中所本来有的东西。和尚和道士们也都是子，可是他们不以他们的父为父；他们都是臣，可是不以他们的君为君；他们都是民，可是他们不干民所应该干的事。这就是把野蛮人的道理加到中国先王的道理之上，这就是把中国人降低为野蛮人。

韩愈在这里，从上层建筑方面，批判道教和佛教的危害性。指出，道教和佛教，都是破坏封建社会的伦常道德的。而中国封建社会的纲常名教的上层建筑，就是唯一的文化。破坏它，就是破坏文化，使中国的文明人降低为野蛮人。

其实，道教和佛教也是维护中国封建社会的上层建筑的，中国封建统治者也用它们作为维护封建统治的工具。就这一点说，儒、释、道三教是一样的。

《原道》最后说："然则如之何而可也？曰：不塞不流，不止不行。人其人，火其书，庐其居，明先王之道以道之，鳏寡孤独废疾者有养也。其亦庶乎其可也。"

意思就是说：现在怎么办呢？回答说：如果不把水流的错误渠道堵塞了，水就不向着正经的渠道流。如果不把错误的道理禁止了，正确的道理就不能通行。应该把佛教、道教的僧侣都恢复成为人，把它们的书都烧了，把它们的庙宇都改成住宅，宣扬中国的先王之道以教育人民，使那些鳏寡孤独、有疾病的人都能够生活，这就差不多了。

《原道》提出了韩愈所以反对佛教、道教的理由，表露了他反对佛教、道教的动机以及禁止佛教、道教的措施。他的动机是庶族地主阶级的动机，他的理由是庶族地主阶级的理由。庶族地主阶级认为佛教、道教不适宜于作为统治人民的思想工具，而且对于地主阶级的统治有很大的危害性。他所想的是庶族地主阶级的利益，他的措施是依靠地主阶级的政权、用政治的力量禁止佛教和道教。

韩愈还作有《原人》。他说："天者，日月星辰之主也。地者，草木山川之主也。人者，夷狄禽兽之主也。"（《昌黎先生集》卷一一）他认为，野蛮人和禽兽是一类的，严格地说，都不能算是人。佛教是野蛮人的教，中国人信了佛教，就变成野蛮人了，严格地说，就不能算是人了。应该把这些信佛教的人拉回到中国先王之道这边来，使他们恢复所谓人的资格。这就是所谓"人其人"。

禅宗自称，有一个它的这种"以心传心"的"心法"，在印度经过七佛、二十八祖师的传授，经过菩提达摩，传到中国，为东土的初祖，经过五代的传授，到慧能为六祖。历代祖师，一脉相传。韩愈企图用禅宗的办法对抗佛教，他也为儒家制造了一个"道统"。据他说，儒家的"道"，从神话式的人物尧开始，经过舜、禹、周文王、武王、周公传到孔子，孔子又传给孟轲。在《原道》中，他只说：孟轲之死，"不得其传焉"。在另一个地方他说："释老之害，过于杨、墨。韩愈之贤，不及孟子。……使其道由愈而粗传，虽灭死万万无恨。"（《与孟尚书书》,《昌黎先生集》卷一八)他自以为是孟子以后的"道统"的唯一继承人。

《原道》说:"传曰:'古之欲明明德于天下者,先治其国。欲治其国者,先齐其家。欲齐其家者,先修其身。欲修其身者,先正其心。欲正其心者,先诚其意。'然则古之所谓正心而诚意者,将以有为也。今也欲治其心而外天下国家。"韩愈所引的"传"就是《大学》。韩愈指出,儒家也并不是不讲"正心诚意",但它讲"正心诚意"的目的,为的是"治国平天下"。而佛教、道教讲"正心诚意",却要抛弃天下国家。这里所说的就是所谓"入世"和"出世"的分别。这种分别是有的,上面已经说过。

《原道》提出《大学》还有一个重要的意义。佛教的经典分为经、律、论三藏。经据说是佛的言论,律规定佛教修行的清规戒律,论是对一些问题的有系统的阐述。佛教中各派别都有它们所根据的经、论。即使禅宗不立文字,也常引《金刚经》。韩愈为了对抗佛教的经、论,也想找出一些儒家的经典著作为根据。儒家虽然也有《五经》和《论语》《孟子》等书,但除《易传》外,多不是对于某些问题的有系统的阐述。韩愈找出《大学》,引了一大段,这就是为他的"道统"找出一个经典。《大学》本来只是《礼记》中的一篇,韩愈把它挑选出来,成为后来道学所遵奉的"四书"之一。照后来道学家门的解释,《大学》有"三纲领","八条目"。"三纲领"是"明明德""亲民""止于至善"。"八条目"是格物、致知、诚意、正心、修身、齐家、治国、平天下。韩愈在《原道》中所引的,正是这个"三纲领"和"八条目"的一大部分。

韩愈又作有《原性》,为它的仁义作理论的根据。他说:"性也者,与生俱生也。情也者,接于物而生也。性之品有三,而其所以为性者五。情之品有三,而其所以为情者七。"(《昌黎先生集》卷一一)意思就是说:性是人生来就有的东西,情是人与外物接触的时候所发生的东西。性有上、中、下三品。上品是善,下品是恶,中品是可以为善也可以为恶。性的内容就是仁、义、礼、智、信这五种封建道德。情的内容是喜、怒、哀、惧、爱、恶、欲这七种情感。这七种情感,在发动的时候,有的得其中,合乎封建道德所规定的限制,有的太过,有的不及。这些情况是由人性的三品所决定的。所以随着人性的三品,情也有三品。照这样说来,仁、义是人的性中所本来有的。所以儒家所讲的以仁义为内容的道德,是合乎人性的。佛教、道教所讲的不以仁义为内容的道德,是违反人性的。

韩愈又举出哲学史中的三家人性论。一家是孟轲,认为人性善。一家是荀况,认为人性恶。一家是扬雄,认为人性是善恶混,其中有善的成分,也有恶的成分。韩愈认为孟轲讲的是就人性的上品而言的,扬雄讲的是就人性的中品而言的，荀况讲的是就人性的下品而言的，所以都不全面。

韩愈的性三品说不过是重复孔丘关于人性的说法。孔丘说，有中人的性，也有上智与下愚。中人的性可以为恶，也可以为善。上智与下愚是不可改变的。韩愈说："上之性就学而愈明，下之性畏威而寡罪。是故上者可教而下者可制也，其品则孔子谓不移也。"（《昌黎先生集》卷一一）意思就是说，上品的性，如果加上学习，就更能发挥他的光辉。下品的性，也可以因制裁而少犯罪。所以上品可以教育，下品可以制裁，但这并不是对于性的本身有所改变。这就是孔子所说的"惟上智与下愚不移"。

如果把韩愈所说的三品的性和他在《原道》中所说的君、臣、民三个等级联系起来，就可以看出，他所说的有上品性的人就是圣人，圣人是应该为君的。他所说的有中品性的人就是那些为臣的人。他所说的有下品性的人就是民，民所应该做的事就只能是老老实实地劳动，以侍候在他们上边的人。

韩愈又作《原鬼》，说："有形而无声者，物有之矣，土石是也。有声而无形者，物有之矣，风霆是也。有声与形者，物有之矣，人兽是也。无声与形者，物有之矣，鬼神是也。"（《昌黎先生集》卷一一）

意思就是说，有些东西，有形象而没有声音，像土块和石头就是这一类的东西。有些东西，没有形象而有声音，像风和雷就是这一类的东西。有些东西又有形象又有声音，像人和禽兽就是这一类的东西。有些东西既没有形象也没有声音，像鬼神就是这一类的东西。韩愈相信有鬼神，而且相信有妖怪。上面说过，当时谣传谢自然成仙了，韩愈不相信她成仙，但是认为谢自然变成妖怪了。

韩愈反对佛教，但并不反对迷信。在这一点上他常常顺从世俗流行的见解。在《原道》中，他又认为，儒家的道不但合乎人性，而且合乎"天意"。"郊焉而天神假，庙焉而人鬼飨。"他又说，佛不能为祸于人，因为如果佛是个"君子"，他"必不妄加祸于守道之人"。如果佛是个"小人"，其人已死，其鬼不灵。"天地神祇，昭布森列，非可诬也。又肯令其鬼行胸臆，作威福于其间哉？"（《与孟尚书书》，《昌黎先生集》卷一八）韩愈否认佛能给人祸福，这是对的。但是他所举的理由，认为有"天"和各种"神"，不准佛胡乱给人祸福，这就是唯心主义了。

韩愈的文集中有几篇祭神文。他在潮州时，要驱逐鳄鱼，也派人先去祭告，限它们于三天至七天的期限中搬走，不然，就要派兵驱逐。（见《昌黎先生集》卷三七）柳宗元在柳州死了以后，柳州的人谣传柳宗元成神了，给他修了一座庙。韩愈作的碑文说："余谓柳侯生能泽其民，死能惊动福祸之，以食其土，可谓灵也已。"（《柳州罗池庙碑》，《昌黎先生集》卷三一）韩愈相信，有有意志的天，可以赏善罚恶，又有一个鬼神系统，帮助天赏善罚恶。这正是道教的一部分的内容。就这一点说，韩愈反道教是不彻底的。

韩愈有很多的和尚朋友，特别是他被贬到潮州的时候，同一个名叫大颠的和尚来往相当密切。当时有一种谣言，说他同佛教妥协了。他的朋友孟简写信告诉他这个谣言。他回孟简的信说：大颠这个和尚"颇聪明识道理……实能外形骸，以理自胜，不为事物侵乱。与之语，虽不尽解，要自胸中无滞碍。以为难得，因与来往"。（《与孟尚书书》，《昌黎先生集》卷一八）这是韩愈的辟谣之辞。在这个辟谣之辞中，也可以看出韩愈的思想情况。他说：大颠"识道理"，"以理自胜"，照他在《原道》中所用的逻辑推起来，道理也是虚位了。儒、释、道三教，各有各的道理。大颠所识的道理，"以理自胜"的理究竟是哪家的理，哪一家的道？如果大颠能"以理自胜"，所以能"外形骸"，"不为事物侵乱"，"胸中无滞碍"。如果是那样，他所识的道理，"以理自胜"的理，基本上还是佛教的道理。韩愈用这些话称许大颠，可见他同大颠的这些道理有共鸣之处。

韩愈反对佛教和道教，基本上是从政治、经济的问题上说的。他没有能够在哲学上反对道教和佛教，他没有能够把佛教道教的根本原则，提到哲学的高度加以批判。因此，他的批判就不会彻底。韩愈的自然观是唯心主义的，而且还是有神论的，多神论的。用这种思想批判佛教和道教，当然是不会彻底的。只有彻底的唯物论才能彻底地驳倒唯心主义和宗教迷信。

与韩愈同时的李翱（死于830年），对于韩愈的思想，作了发展和补充。他认为："佛法之所言者，列御寇庄周言所（当作所言）详矣。其余则皆戎狄之道也。"（《去佛斋》，《李文公集》卷四）他指出，出家的佛教徒，"不蚕而衣裳具，弗耨而饭食充。安居不作，役物以养己者，至于几十百万人。推是而冻馁者几何人可知矣"。（同上）他的这些"排佛"的理由，同韩愈是一致的。

韩愈企图从理论上"排佛"；可是并没有接触到哲学的根本问题，并没有从哲学根本问题上与佛教作斗争。他的那些理论，并不能把佛教驳倒。李翱说："惑之者溺于其（佛）教，而排之者不知其心。虽辩而当，不能使其徒无哗而劝来者。"（同上）他的这些话不一定是指韩愈说的，可是韩愈的《原道》确有这种情况。

李翱同韩愈一样，企图在儒家著作中，找出他所要依据的经典。韩愈找出了《大学》，李翱找出了《中庸》。李翱对于韩愈所制造的"道统"也作了一些补充。他认为孔子有"尽性命之道"的"道"。孔子的孙子子思，得了这个"道"，作《中庸》传给孟子。孟子死以后，《中庸》的文字固然还有人了解，可是其中所谈的"性命之源"就没有传人了。李翱认为，因此，谈到性命之源，人都"入于庄、列、老、释"。人都认为，儒家的人，"不足以穷性命之道"。（《复性书上》，《李文公集》卷二）他认为这是儒家所以敌不过佛教的一个原因。

203

佛教的思想体系包括有哲学方面的问题。其中有一部分就是李翱所说的关于"性命之源"的问题。要想驳倒佛教，必须对于这些问题提出与佛教不同的解决。李翱看出了这个问题，提出了《中庸》。

《中庸》原来也是《礼记》中的一篇，经过李翱的推崇，后来道学家把《中庸》列为"四书"之一，认为是儒家的一部根本经典。

李翱认为《中庸》是"性命之书"。《中庸》的头一句话就是"天命之谓性"，这可以说是谈到"性命之源"。但是专凭这样的一句话，还是不能解决问题。李翱企图发挥这部"性命之书"的思想。可是在哲学根本问题上，李翱的思想还是唯心主义。因此，在发挥《中庸》的时候，佛教的唯心主义哲学，对于他又是有用的了。他从佛教的唯心主义中吸取了很多东西。他的主观意图是企图以《中庸》抵制佛教，实际上是，在许多论点上，他把《中庸》同佛教合流了。

李翱作了三篇《复性书》。上篇总论性、情和"圣人"，中篇论所以"修养"成为"圣人"的方法，下篇论"修养"的必要。他认为："人之所以为圣人者，性也。人之所以惑其性者，情也。"这同韩愈在《原性》中所讲的，在名词上看是一致的。但是，韩愈讲性情的善恶，只是就伦理道德方面说的。李翱所讲的不仅只是伦理学上的问题，而且是关于"性命之源"的哲学根本问题。

李翱说："百姓之性与圣人之性弗差也。虽然，情之所昏，交相攻伐，未始有穷，故虽终身而不自睹其性焉。"（《复性书上》，《李文公集》卷二）意思就是说，平常人也都有与"圣人"完全一样的"性"，所不同的，就是平常人都为"情"所惑。他所说的性，实际上相当于佛教所谓"佛性"。他所说的情，实际上相当于佛教所谓"无明"。所谓"昏"就是无明的意思。因为昏，所以每人都有性而不自知。李翱不同意韩愈的性三品说，但是他的"复性"说更接近于佛教。李翱接着说："圣人者，人之先觉者也。觉则明，否则惑，惑则昏。……夫明者所以对昏，昏既灭，则明亦不立矣。"（同上）意思就是说，"圣人"的特点就是"觉"，佛教所谓佛，也就是觉的意思。平常人虽不觉，可是其性完全与"圣人"无异。只要去掉"情"的"惑"，就可以恢复"性"的本来面目。这就是他所说的"复性"。李翱在理论上认为人的性都是一样，可是，实际上他肯定"圣人"与常人还是不同的，因为能"复性"的毕竟还是极少的一部分人。

李翱与佛教实际的不同，在于他和韩愈一样，肯定"君臣、父子、夫妇、兄弟、朋友，存有所养，死有所归。生物有道，费之有节。自伏羲至于仲尼，虽百代圣人不能革也"（《去佛斋》，《李文公集》卷四）。就是说，封建社会的道德和秩序是"性"的具体内容，因而也就是"圣人之道"的具体内容。

李翱认为他所讲的这些道理，就是"尼父（孔丘）之心"。"夫子复生，不废吾言矣"（同上）。他认为孟轲以后的"道统"就是归于他自己。

韩愈和李翱等所领导的复古运动，企图割去六朝骈文和玄学、佛学这一历史阶段，与秦汉以前接起来。对于骈文、玄学和佛学说，这个运动有革新的内容。但他们确实要恢复"孔子之道"的原来面目，所以这个复古运动也确实是名副其实的复古主义运动。

历史是不能割断的。对于佛教，如果没有彻底的唯物主义思想把佛教的唯心主义驳倒，那还是要受其影响。韩愈、李翱就是这样。他们是用他们儒家的唯心主义反对佛教的唯心主义。这种反对，只能是软弱无力的。

他们的又一个特点是，他们虽反对佛教而不反对迷信。这在韩愈尤其明显。他们的反佛教，不是唯物主义与唯心主义的斗争，而是唯心主义内部的斗争。

韩愈和李翱为道学奠定了基础。他们制造了一个"道统"，为道学作历史根据。他们提出《大学》《中庸》，作为道学的基本经典，加上《论语》（韩愈和李翱曾合注《论语》）、《孟子》，成为后来的道学的"四书"。

但是，仅只如此还不够。要想有一个哲学体系，可以作为一个时代的时代思潮，它必须同佛教一样，包括哲学主要方面的根本问题。就这方面说，"四书"是不够的。李翱的《复性书》也引《易传》。《易传》后来也成为道学的基本典籍。但是也还不够。道学家必须把这些典籍中的思想加以提炼，把其中有一大部分原来只是伦理的思想，提到哲学的高度。道学家在这样做的时候，佛教就不是他们的哲学的对立物，反而成为他们所要汲取的养料了。李翱开了这样一个途径。后来的道学家都是照着这个途径进行的。

从唐末到宋初，随着地主阶级的要求的发展，韩愈在封建统治阶级中的地位，也越来越高。五代时期的刘昫所作的《唐书》（《旧唐书》）对于韩愈和李翱，仅只说："虽于道未弘，亦端士之用心也。"（《旧唐书·韩愈传》）到北宋，欧阳修和宋祁所作的《唐书》（《新唐书》）就说："自愈没，其言大行，学者仰之如泰山北斗云。"（《新唐书·韩愈传》）苏轼也说：（韩愈）"匹夫而为百世师，一言而为天下法。……文起八代之衰，道济天下之溺。"（《韩文公庙碑》，《东坡文集》卷五五）到了南宋时期，道学的体系完全建立起来。韩愈在封建统治阶级中的地位，就降低了。这是因为韩愈只是为道学的建立创造了条件，而在哲学上，还不能列入道学的创始者的行列。

从这些地方可以看出道学发展的阶段。

第三节 柳宗元的唯物主义思想和反迷信的斗争

柳宗元（773—819）字子厚，河东（今山西）人。是唐代著名的文学家和唯物主义哲学家。在唐顺宗的时候，王叔文做了宰相。他掌握政权只有几个月，就失败了。柳宗元参加了王叔文的政治改革运动。王叔文失败，柳宗元也被贬，终身受政治上的迫害。他的著作，后辑为文集，有不同的名称和版本，本章所根据的是称为《唐柳先生集》的四部丛刊本。

唯物主义哲学家柳宗元和刘禹锡，同唯心主义哲学家韩愈之间展开了一个唯物主义反驳唯心主义的辩论，这个辩论的主题是天与人的关系。

"天"这个名词，在中国哲学的著作中，有五种不同的意义。第一种意义是指与地相对的天，这可以说是"物质之天"。第二种意义，是指自然界及其规律，这可以说是"自然之天"。第三种意义是像一般宗教所说的上帝，这可以说是"主宰之天"。第四个意义是像有些唯心主义哲学家所说的宇宙精神，这可以说是"意志之天"。第五个意义是像有些唯心主义哲学家所说的宇宙的道德原则，这可以说是"道德之天"或"义理之天"。这五种意义的分别，在古代哲学著作中经常是不清楚的。

柳宗元作有《天说》（《唐柳先生集》卷一六）。这篇文章开头说："韩愈谓柳子曰：'若知天之说乎？吾为子言天之说。……夫果蓏饮食既坏，虫生之。人之血气败逆壅底，为痈疡、疣赘、瘘痔，虫生之。木朽而蝎中，草腐而萤飞，是岂不以坏而后出耶？物坏，虫由之生。元气阴阳之坏，人由之生。虫之生而物益坏，食啮之，攻穴之，虫之祸物也滋甚。其有能去之者，有功于物者也。繁而息之者，物之仇也。人之坏元气阴阳亦滋甚。垦原田，伐山林，凿泉以井饮，窾墓以送死……其为祸元气阴阳也，不甚于虫之所为乎？吾意，有能残斯人使日薄岁削，祸元气阴阳者滋少，是则有功于天地者也。繁而息之者，天地之仇也。……有功者受赏必矣，其祸焉者受罚亦大矣。子以吾言为何如？'"

这是韩愈的天说，照现在所有的材料看，韩愈没有这一篇文章。这大概是韩愈和柳宗元的一段谈话。"韩愈谓柳子曰"，这句话说明这一点。韩愈的这段话开始所说的天，是自然之天。他认为天就是元气阴阳。他说，草木瓜果坏了，就生虫，虫是破坏草木瓜果的。阴阳元气坏了就生人，人是破坏元气阴阳的。他列举了许多人类破坏元气阴阳的事实。假使韩愈能活到现在，他就能列举更多的、更严重的事实。因此他认为如果有人能够破坏人类的生存，他就对于天有大功；如果有人能够帮助人类，使其进一步破坏元气阴阳，他就是天的仇人。对于天有功的人就应该受天的赏，如果是天的仇人，就应该受天的罚。

韩愈在这段话里，开始所谈的问题，是人类和自然斗争的问题。在这个斗争中，人要战胜自然，改造自然。用韩愈的话说，就是破坏自然。可是，在后半段，韩愈所说的天，就不是自然之天，而是主宰之天了。这个天能分别什么人对于它有功，什么人对于它有罪。这是韩愈的话第一层意思。人是破坏天的，是天的仇人。对于人类有功的人，就是对于天有罪，对于人类有罪的人，就是对于天有功。这是韩愈这段话的第二层意思。第一层意思同韩愈向来所主张的是一致的。第二层意思同韩愈向来所主张的相违背。韩愈向来主张天赏善罚恶。这个善恶是就人类说的。对于人类有益的是善，对于人类有害的是恶。韩愈的第二层意思是他发牢骚的话。韩愈曾经两次被贬，被贬的原因，都是因为他做了他认为是对于人有益的事，所以他发这样的牢骚。柳宗元的《天说》接着说："柳子曰：'子诚有激而为是耶？则信辩且美矣。吾能终其说。'"意思就是说，你的话的意思大概是牢骚之辞，你的话是很好，但你没有从其中推出应有的结论。我替你推出这个结论。

《天说》接着说："彼上而玄者，世谓之天。下而黄者，世谓之地。浑然而中处者，世谓之元气。寒而暑者，世谓之阴阳。是虽大，无异果蓏、痈痔、草木也。"意思就是说，往上边看那个苍苍的东西，就是一般人所说的天。往下边看那些黄色的土，就是一般人所说的地。在天地中间，有些浑然不分的东西，这就是一般人所说的元气。冬寒夏热，这就是一般人所说的阴阳。这些东西虽然很大，但是，和果蓏、痈痔、草木都是一类的东西。就是说，都是物质的东西。柳宗元在这里所说的天，是物质之天。他肯定天是物质的东西，地也是物质的东西，以及天地之间的大大小小的东西都是物质的东西。这是一个唯物主义的原则。

《天说》接着说："假而有能去其攻穴者，是物也，其能有报乎？蕃而息之者，其能有怒乎？"意思就是说，果蓏草木坏了，就生虫。人的血气坏了，就生疮。虫害果蓏草木，假使有人能把虫去掉，果蓏草木能够感恩吗？假使有人培养这些虫，让它繁殖，果蓏草木能够发怒吗？当然是不能的。

《天说》接着说："天地，大果蓏也。元气，大痈痔也。阴阳，大草木也。其乌能赏功而罚祸乎？功者自功，祸者自祸，欲望其赏罚者，大谬。呼而怨，欲望其哀且仁者愈大谬矣。"意思就是说，天地、元气、阴阳和果蓏草木都是一类的东西。它们都不能赏功，也不能罚祸。有功的人就是有功，有祸的人就是有祸，这和天是两回事，其间并没有什么关系。有些人希望天赏功罚祸，这是大错。更有些人，有了什么冤屈就怨天恨地，有些人还认为天是仁慈的，希望天能救他们，这更是大错特错了。

《天说》接着说:"子而信子之仁义以游其内,生而死尔,乌置存亡得丧于果蓏、痈痔、草木耶。"意思就是说,你是相信仁义的,你就本着你的仁义生活,也无非就是由生到死。何必在果蓏草木上边考虑存亡得失?这是柳宗元对于韩愈的一个劝告。

柳宗元对于韩愈的第二层意思,未加批评,认为这是他的牢骚之辞。对于韩愈的第一层意思加以批评,因为这是物质和精神哪个是第一位的问题,这是唯物主义和唯心主义的根本分歧的问题。

柳宗元又作有《天对》(《唐柳先生集》卷一四)。战国时期的屈原作了一篇《天问》,提出了一些哲学上和历史上的问题。他把这些问题作为疑问提出来,有问而无对。柳宗元的《天对》就是要回答屈原所提出的问题,所以叫《天对》。

关于屈原的《天问》,本书在第二册第十八章中已经讲过。关于柳宗元的《天对》,朱熹在他的《楚辞集注》中说,向来注释《天问》的人,都注重在文字上的注解和故事上的考证,不了解屈原为什么要这样问,更不知道应该怎样回答这些问题。唐朝的柳宗元能够从义理上回答这些问题。但是他学未闻道,所以他的对还是不能令人满意的。朱熹在他的《楚辞集注》中,也作了一些"对"。

朱熹的话的前半段所说倒是事实,在后半段中,他说柳宗元"学未闻道",这个道是唯心主义的道。柳宗元从唯物主义的观点回答屈原所提出的问题,当然不能叫朱熹满意。朱熹的"对",是从唯心主义的观点提出的。在中国哲学史中,从哲学上回答屈原所提出的问题,也就是柳宗元和朱熹两家。下面我们把两家的观点比较一下。

屈原的《天问》开头就问:"遂古之初,谁传道之?上下未形,何由考之?冥昭瞢暗,谁能极之?冯翼惟象,何以识之?明明暗暗,惟时何为?"这是屈原就当时所流行的一种宇宙发生论所提出的疑问。

这里所提出的,首先是一个关于认识论方面的问题。朱熹的《楚辞集注》解释《天问》开头这几句话说:"往古之初,未有天地,固未有人,谁得见之,而传道其事乎?"意思就是说,讲到宇宙发生,就是要讲还没有人的时候的事。既然还没有人,是谁把这些事传说下来的?要说那个时候,一切都是浑然不分("冥昭瞢暗,冯翼惟象",都是还没有光明、还没有分别的意思),又怎能够有认识呢?

柳宗元回答说:"本始之茫,诞者传焉。鸿灵幽纷,曷可言焉?曶黑晰眇,往来屯屯,庞昧革化,惟元气存,而何为焉?"意思就是说,关于宇宙开始的情况,是"诞者"传说的。那种情况是浑沌不分的,这本来是没有什么可说的。后来分别明暗,还有许多变化,这都是由于元气的存在。这都是出于自然,并不是有意识的作为。

"诞"指夸张而没有充分根据的话。"诞者"就是说这一类话的人。这并不是说，他所说的话，完全是荒谬的。只是说，这些话是夸张的，没有充分的根据，是一种揣度之辞。

朱熹的《楚辞集注》说："答之曰：开辟之初，其事虽不可知，其理则具于吾心，固可反求而默识，非如传记杂书谬妄之说，必诞者而后传，如柳子之所讥也。"这是朱熹对于屈原的这样的"问"的"对"。他的意思是说，关于天地开辟的事情，虽然没有人看见，但是关于天地开辟的"理"，确是人的心中所具有的。只要向人的心中认识这种"理"，就可以知道天地是怎样开辟的。这并不是像一些历史故事，必须诞者才能传说，像柳宗元所批评的那样。这是朱熹对于柳宗元"对"的批评。

柳宗元的"对"和朱熹的"对"，比较起来，不仅其内容截然不同，他们所用的方法，也是截然不同的。

柳宗元的方法是从经验、事实出发。他认为，关于天地开辟的情况，就当时的知识的水平，是没有充分的根据可以明确地说的。所有的说法，都是一种没有充分根据的说法，所以说"诞者传焉"。这不一定是对于这些说法的批评，这只是说明，关于这些说法的一种不可避免的情况。柳宗元在《封建论》中说："天地果无初乎？吾不得而知之也。生人果有初乎？吾不得而知之也。然则孰为近？曰：有初为近。"（《唐柳先生集》卷三）在这里，柳宗元明确地说天地是否真是无开始，他不知道。人类是否真是有开始，他也不知道。他对这两个问题的提法，说明他倾向于认为天地是无始的，人类是有始的。他认为，人类有始的说法比较合乎事实。就下文看起来，他所说的"有始为近"是专就人类说的。柳宗元的这种态度，是唯物主义的态度。他的方法，是唯物主义的方法。他重视经验事实，不肯轻信没有充分根据的揣测之辞。

朱熹的态度和方法，完全不同。他认为像天地开辟这一类的问题，可以从"理"上去推，所以，朱熹和柳宗元的分歧是唯理论和经验论的不同。

屈原的《天问》说："阴阳三合，何本何化？"意思就是问，阴阳三者合起来哪一个是本，哪一个是化。阴阳就有两个，怎么是三合，那个第三者又是什么。这一点屈原没有说清楚，但是提出来的一个问题，就是问：在三者中间，哪一个是根本，哪一个是从根本化生出来。就是要问：哪一个是根本的，哪一个是派生的。

柳宗元回答说："合焉者三，一以统同。吁炎吹冷，交错而功。"意思就是说，三个东西合成一个东西，有寒有热，寒热交错，发生作用。

所谓三者是什么？柳宗元也没有清楚地说。他在《天说》中说，上边有天，下边有地，中间有元气阴阳。照这个说法，所谓三者就是天、地、元气阴阳。所谓寒热就是指阴阳。照《天说》中所说的，他似乎认为天地是本，元气阴阳是化，这同中国哲学史中唯物主义者一般的说法不同。一般的说法，认为元气是本，天地是化。无论如何，柳宗元的这个回答，是一个唯物主义的回答。

朱熹的《楚辞集注》说："此问盖曰：明必有明之者，暗必有暗之者，是何物之所为乎？阴也、阳也、天也，三者之合，何者为本、何者为化乎？今答之曰，天地之化，阴阳而已。……所谓天者，理而已矣。……是为阴阳之本，而其两端，循环不已者为之化焉。"照朱熹的解释，三合的"三"，就是阴、阳、天。阳是明，阴是暗，天是使明能明、使暗能暗的根本原因，"理"，是使明能明、使暗能暗的原则。天就是"理"，阴和阳，一暗一明，一静一动，循环不已，这就是化。理是阴阳的"本"，阴阳是理的"化"，这是一种唯心主义的回答。朱熹的态度和方法，是唯心主义的。

柳宗元又作《时令论》上、下两篇（《唐柳先生集》卷三），对于《礼记》中的《月令》提出批判。关于《月令》，本书在第二册中，已经讲过。《吕氏春秋》有十二纪，每一纪里的第一篇专讲某一个月的天文、气候和其他方面的自然情况。根据这种情况，决定在生产方面所应该做的事情，以及统治者在宗教政治方面所应有的活动。十二纪有十二篇，综合起来，就成为一年十二个月的月历。汉朝人把这个月历从《吕氏春秋》中抽出来，编入《礼记》，称为《月令》。

《时令论》说："其（《月令》）言有十二月，七十有二候，迎日步气，以追寒暑之序，类其物宜，而逆为之备，圣人之作也。然而圣人之道，不穷异以为神，不引天以为高，利于人，备于事，如斯而已矣。观《月令》之说，苟以合五事，配五行，而施其政令，离圣人之道，不亦远乎？"意思就是说，《月令》讲每年有十二个月，每月有六种物候，如雁来、花开之类，以表示气象上的变化。根据这些物候，可以知道春、夏、秋、冬四时的变化。在每一种变化中，生产特别是在农业生产方面，应该做些什么事，可以预先准备，这是正确的，这是合乎圣人之道的。但是圣人之道，不讲特别奇怪的事以表示神秘，不讲有意志的天以表示自己的高贵，它所讲的，仅只是于人有利，于事情能做好准备。它所讲的就是这些。可是《月令》所讲的，用国君的貌、言、视、听、思这五事，配合水、火、木、金、土这五行，用这些东西，决定国家的政治上的措施和号令，这离圣人之道是很远的。

《月令》是科学和宗教迷信的混合产物，柳宗元在这里明确地区分了其中的科学方面和宗教迷信方面。其科学方面，柳宗元认为是圣人之道。这一方面，我们现行的农历基本上继承下来。其迷信方面，应该批判。柳宗元《时令论》就是批判《月令》的这一方面。

《时令论》接着说："凡政令之作，有俟时而行之者，有不俟时而行之者。"就是说，政治上的措施和号令，有些是要随着天时的变化而决定的，有些是不随着天时的变化而决定的。前者必须等待有合适的天时，才能施行，后者完全不要等待。比如说，在孟春的时候（农历正月），在农业生产方面，应该整顿田地，兴修水利，修理农具，这一类的事情，是要同天时配合的。在孟秋的时候，要号召人民，准备种麦，预备棉衣，储藏柴炭，修理仓库，这也是和天时相配合的。至于说，春天是万物生长的时候，国君也应该举行庆赏，秋天是万物衰落的时候，国君也应该在这个时候施行刑罚。其实，庆赏刑罚，这一类的事情是"不俟时而行"的，完全没有与天时配合的必要。可是《月令》还认为，非在春天不能行庆赏，非在秋天不能行刑罚，国君在政治上的措施和号令，不能违反时令，如果反时令，那就要有天灾人祸。柳宗元说："若是者特瞽史之语，非出于圣人者也。"就是说，那些话完全是宗教迷信。

《月令》的迷信部分所根据的原则，是"天人感应"。它认为人的行事的善恶得失，可以感动天。天是有意志的，它能够随着人事的善恶得失给他们以应得的赏罚。比如说，风调雨顺就是天的赏，自然的灾害就是天的罚。柳宗元又作《断刑论》（《唐柳先生集》卷三）批判这种迷信。《断刑论》说："赏以春夏，而刑以秋冬，而谓之至理者，伪也。"意思就是说，有些人肯定必须在春夏才能行赏，必须在秋冬才能刑罚，认为这是一个真理。这个真理，是假的。

《断刑论》又说："或者务言天而不言人，是惑于道者也。胡不谋之人心以熟吾道，吾道之尽而人化乎？是知苍苍者焉能与吾事而暇知之哉？"意思就是说，有些人专讲天而不讲人，这是对于真理的不了解。应该注意人的思想，以熟习我们所说的道理，如果完全懂得我们的道理，人的思想就起了变化。那个苍颜色的物质是天，不能干预我们的事情，我们也没有工夫去考究它。

《断刑论》说："或者乃以为雪霜者，天之经也；雷霆者，天之权也。非常之罪，不时可以杀，人之权也。当刑者必须时而杀，人之经也。是又不然。夫雷霆、雪霜者，特一气耳，非有心于物者也。圣人有心于物者也。春夏之有雷霆也，或发而震破巨石，裂大木，木石岂为非常之罪也哉？秋冬之有霜雪也，举草木而残之，草木岂有非常之罪也哉？彼岂有惩于物也哉？彼无所惩，则效之者惑也。"

意思是说，有些人认为，也不是说不在秋冬就绝对不可以杀人。什么事情都有"经"有"权"。"经"是原则，"权"是随时的变动。比如说，秋冬有霜雪，这是天的"经"，春夏有雷霆，这是天的"权"。遇见有非常的大罪，可以不必等待秋冬就可以杀人，这是人的"权"。必须秋冬才可以杀人，这是人的"经"。柳宗元说：这种说法也不对。自然界的雷霆霜雪，都是阴阳之气的变化，并不是有意识的。而人的赏罚，是有意识的。天在春夏的时候有雷霆能够破坏大石、大木，这并不是因为大石、大木有非常的大罪。在秋冬的时候，有霜雪，能够使草木凋零，这也并不是因为草木有非常的罪。雷霆霜雪，对于木石、草木并没有有意识的惩罚。人对于人的刑法，是有意识的惩罚。说有意识的惩罚，应该仿效无意识的霜雪雷霆，这是不合道理的。

柳宗元在这里明确地指出了天与人的分别，划清了天与人的界限，也就是划清了自然和社会的界限。这里所谓天，是物质之天，或自然之天。人都是社会中的人。自然界的变化和人的行为之间的主要分别，在于柳宗元所说的无心或有心。他认为自然的变化都是无意识的，人的活动是有意识的。"天人感应论"就是在这一点上混淆了天和人的分别。这个分别一混淆，所谓天就是主宰的天和意识的天，这就成为唯心主义自然观，成为目的论。唯物主义自然观就是要在这一点上同唯心主义划清界限，反对目的论。柳宗元正是这样做的。

柳宗元的这种唯物主义主张，还表现在他所作的《非国语》中。《国语》是先秦的一部历史书，其中有许多宣扬迷信的记载。柳宗元说："而其说多诬淫不概于圣"，他"本诸理，作非国语"。（《唐柳先生集》别集上）就是说他要根据唯物主义的道理批判《国语》。

《国语·周语》中有一条记载说：在周幽王二年（公元前780年）发生了地震。有三条河都被震动而干枯了。当时有一个名叫伯阳父的人说："周将亡矣。"柳宗元批判说："山川者，特天地之物也。阴与阳者，气而游乎其间者也。自动自休，自峙自流，是恶乎与我谋？自斗自竭，自崩自缺，是恶乎为我设？彼固有所逼，引而认之者，不塞则惑。夫釜鬲而爨者，必涌溢蒸郁以糜百物。畦汲而灌者，必冲荡濆激以败土石，是特老圃者之为也，犹足动乎物。又况天地之无倪，阴阳之无穷，以顽洞缪辖乎其中，或会，或离，或吸，或吹，如轮，如机，其孰能知之？"

意思就是说，山川不过是天地之间的一种东西，阴阳是气，在天地之间的各种东西之间流动。它的流动和静止都是出于自然，并不是有什么打算。山有时崩了，水有时干了，这都是自然而然，并不是为人而设。这些自然情况，是受一种自然力量的支配。认为自然界的变动，都是为人打算，这是错误的。这种错误说法，如果不把它批判掉，那就会使人迷惑。一个老太太烧火做饭，必有热气冲激，饭才能熟。一个种菜园的老人用水浇菜，也必须有冲激的力量，才能把土石冲开。一个老太太和一个种菜的老人，还能够引起自然界的变动，何况天地之大是无限的，阴阳之气的力量是无穷的。气在天地之间有各种各样的变动，这是人所不能完全知道的。

柳宗元在这里指出，像地震、山崩、川竭这些自然现象，都是阴阳之气流动冲激的作用。人的认识不能完全了解这些作用。但是有一点是肯定的，那就是这些作用都是出于必然，并不是替人打算，也不是替人的行动准备什么条件。柳宗元在这里所说的，气与天地万物的关系，和他在《天说》中所说的是一致的。他认为气是天地之间的流动的东西，并不是先天地而有的。

柳宗元接着说："且曰：'源塞国必亡'。'人乏财用，不亡何待？'则又吾所不识也。且所谓者天事乎？抑人事乎？若曰天者，则吾既陈于前矣。人也，则乏财用而取亡者，不有他术乎？而曰'是川之为尤'，又曰'天之所弃，不过其纪'。愈甚乎哉，吾无取乎尔也。"

意思是，有人说，河里水源塞住了，这对于生产是很大的危害，生产受害，经济受其影响，所以要灭亡。回答说：你这个说法，我不能懂。你所说的究竟是天事还是人事？如果你讲的是天事，天事不是为人事打算，这一点我上面已经讲过。你如果讲的是人事，在人事中间伤害生产、妨碍经济的事情多得很，为什么把山崩、川竭特别提出来作为罪魁祸首？况且又断定西周在十年之内就要灭亡，这就更荒唐了。这种荒唐的话，我是不相信的。

柳宗元关于人事方面的主要著作，是他的《封建论》（《唐柳先生集》卷三）。

这里所谓封建，同我们现在所谓封建，意义完全不相同。我们现在所谓封建，指的是五种社会制度中的一种。《封建论》所说的封建，是封土建国。同封建制相对立的是郡县制。

秦始皇统一中国，在郡县制的基础上建立了封建专制主义的中央集权的中央政府。在这种制度中只有皇帝是世袭的，其余的统治者，无论大小，都是皇帝的官吏。这样就结束了以前的诸侯割据的局面。这是中国历史中的一次大改革。秦朝以后，统一与地方割据的斗争，在实际政治上，屡次反复。在思想辩论上也时断时续。梁昭明太子的《文选》中有曹冏的《六代论》、陆机的《辩亡论》都主张恢复封建制。在唐朝的初年，唐太宗也讲"封建事，欲与三代比隆"。当时有许多人反对，没有实现。在武则天以后，又有人主张恢复封建制。（《宗室传赞》，《新唐书》卷七八）隋唐以来，历史发展的趋势是恢复秦汉建立的统一的中央集权，反对地方割据。唐朝中期以后，军阀专权，实际上又形成了诸侯割据的局面。在这种形势下，柳宗元作《封建论》，反对封建制。

复古主义者的一个论点，就是认为封建是圣人规定的制度，圣人所规定的必然是好的，所以不可改变。

对于这个论点，柳宗元驳斥说："封建非圣人意也，势也。"就是说封建并不是圣人有意规定的制度，并不是圣人的意志所决定，只是当时的形势必须如此。

213

《封建论》引历史的事实，以说明所谓"势"的意义。它说："又以为殷周圣王也，而不革其制，固不当复议也。是大不然。夫殷周之不革者，是不得已也，盖以诸侯归殷者三千焉，资以黜夏，汤不得而废。归周者八百焉，资以胜殷，武王不得而易。徇之以为安，仍之以为俗，汤、武之所不得已也。"

意思就是说，有人认为殷朝和周朝的创始人都是圣人，可是他们都没有改革封建制，所以对于封建制是不能批判的。这种意见是错的。殷周之所以没有改革封建制，是为当时的形势所迫，不得已而如此。在殷朝以前，本来就有许多诸侯。殷朝的汤王伐夏的时候，有三千诸侯归附，汤王靠这些力量才能把夏朝灭了。成功以后，他不能把原来帮助他的诸侯都废了。周武王伐殷的时候，有八百诸侯来归附，武王靠这些力量才能把殷朝灭了。成功以后，他不能把原来帮助他的诸侯都废了。所以汤王和武王只能够维持现状，使之成为风俗习惯。汤、武并不是愿意如此，只是不得已而然。

主张恢复封建的人的第二个论点是，过去行封建制的殷周朝代都能维持很久。周朝能维持八百多年。秦朝废封建制，行郡县制，只维持了两代就灭亡了。可见对于统治者说，封建制比郡县制优越多了。

对于这个论点，《封建论》说："余以为周之丧久矣，徒建空名于公侯之上耳。得非诸侯之盛强，末大不掉之咎欤？遂判为十二，合为七国，威分于陪臣之邦，国殄于后封之秦。则周之败端其在乎此矣。秦有天下，裂都会而为之郡邑，废侯卫而为之守宰，据天下之雄图，都六合之上游，摄制四海，运于掌握之内。此其所以为得也。"

意思就是说，从形式上看，周朝维持了八百年，实际上并没有那么久。周朝平王东迁以后，也就降为诸侯之一，不过是有一个王的空名。后来诸侯兼并，先并为十二国，后并为七国。就是这七国之中，也有许多为它们的原来的臣所篡夺。秦国在周朝是后封的，可是它把其余的六国都灭了。可见，周朝衰败的原因就是封建制。秦朝夺得政权，把原来各国的都会改为直接隶属于天子的郡的首府，废除世袭的诸侯，代之以由天子直接任免地方官。天子自己占住天下的要害之地，把天下都掌握在自己的手中，这是郡县制的优越之处。

《封建论》又说："周之事迹断可见矣。列侯骄盈，黩货事戎。大凡乱国多，理国寡。侯伯不得变其政，天子不得变其君，私土子人者，百不有一。失在于制，不在于政。周事然也。秦之事迹亦断可见矣。有理人之制而不委郡邑是矣，有理人之臣而不使守宰是矣。郡邑不得正其制，守宰不得行其理，酷刑苦役，而万人侧目，失在于政，不在于制。秦事然也。"

意思就是说，周朝的事情是很清楚的。当时的诸侯骄奢淫逸，只知道要钱、打仗。总起来说，那个时候的列国，乱的占多数，治理好的占少数。侯伯（率领一个地区的大国）也不能改变它们的政治，天子（周王在名义上称为天王）也不能废黜它们的国君。有人说，这些国君必然把他的国当成他的私产，把他的老百姓当成他的子女。出于他的私心，他必然要好好地管理他的私产，保护他的子女。其实，能够这样做的，一百个之中也没有一个。这就证明封建制是不好的。周朝的错，就错在封建制上。它的政治也不见得特别的坏，错在制上，不在政上。周朝的事情就是这样。秦朝的事情也是很清楚的。秦朝行郡县制，这种制是可以治理人民的，但是它没有把这种权完全交给郡邑。它有能够治理人民的官僚，但是不用他们到郡邑里面当长官。郡邑不能正确地实现这种制度，各地方的长官也不能很好地治理人民。它的刑法是残酷的，徭役是困苦的，以至于引起广大人民的怨恨。秦朝的制度是好的，政治是坏的，错在政治上，不在于制度上。《封建论》用历史的事实证明郡县制优于封建制。

柳宗元认为，封建和郡县是两种制度。一个时期的政治上的措施，同制度不是一回事。坏的制度不一定就有坏的政治，好的制度也可能有坏的政治。他用这种分析法，驳斥了从汉朝以来拥护封建制的复古主义论点。

柳宗元认为，在封建和郡县这两种制度中，后者优于前者。其所以优，因为有利于地主阶级的专制主义的中央集权的政权。他指出，在秦朝灭亡的时候，"有叛人而无叛吏，人怨于下而吏畏于上"。就是说，在当时的农民大起义中，人民背叛了秦朝，可是，统治郡县的官僚没有背叛的。人民在下面怨恨秦朝最高统治者，可是，统治地方的官僚还是害怕最高统治者的刑罚，不敢背叛。汉朝部分地恢复了封建制。《封建论》说："然而封建之始，郡国居半。时则有叛国而无叛郡。秦制之得，亦以明矣。"就是说，在汉朝初年，全国之内有的地方是封建制的国，有的地方是郡县制的郡。郡、国各有一半。后来，那些封建制的国叛变了。当时只有叛变的国，没有叛变的郡。这就可以证明了秦朝的郡县制是好的。《封建论》接着说："唐兴，制州邑，立守宰，此其所以为宜也。然犹桀猾时起，虐害方域者，失不在于州，而在于兵。时则有叛将而无叛州。州县之设，固不可革也。"意思就是说，在唐朝的初年，也是行郡县制，这是很合适的。到了后来，各地的军阀搞割据，对于中央政府半独立，甚至叛变。在这个时候，只有背叛的有兵权的将领，没有背叛的州县的官吏。这可见郡县制是不可变的。在柳宗元的时候，正是唐朝的藩镇地方割据最厉害的时候。《封建论》的这一段，表现了这篇文章在当时的现实意义。

在中国的封建（现在所说的封建）社会中，秦朝建立了中央集权的专制主义地主阶级政权，郡县制是中央集权的专制主义政权的必然产物，这种政权对于中国的统一是必要的。中国的统一，也是今天社会主义中国的繁荣富强的必要的条件。这是中国历史发展的规律和趋势。主张割据的人想恢复封建制，这是违反

215

历史发展的规律。柳宗元的《封建论》是同当时地方割据势力斗争的一篇重要著作。

在《封建论》中，柳宗元还提出了他的社会观和历史观。《封建论》说："天地果无初乎？吾不得而知之也。生人果有初乎？吾不得而知之也。然则孰为近？曰：有初为近。孰明之？由封建而明之也。……彼其初与万物皆生，草木榛榛，鹿豕狉狉，人不能搏噬，而且无毛羽，莫克自奉自卫。荀卿有言，必将假物以为用者也。夫假物者必争，争而不已，必就其能断曲直者而听命焉。其智而明者，所伏必众，告之以直而不改，必痛之而后畏。由是君长刑政生焉。故近者聚而为群，群之分其争必大，而后有兵有德。又有大者，众群之长又就而听命焉，以安其属，于是有诸侯之列。"

意思就是说，人类的存在是不是有一个开始，这是很难决定的一个问题。但是，认为有一个开始，似乎是近于事实。怎么知道呢？从封建这个历史事实就可以知道。在初有人类的时候，人同其它生物，同生出来，同草、木、鹿、豕是一样的。可是，人没有像其它动物所有的那样爪牙，不能攫取食物。也没有像其它动物所有的羽毛，以御寒冷。人不能像其它动物一样，自己养活自己，自己保护自己。正是像荀子所说那样，人必须利用别的东西为自己服务。每一个人都要利用别的东西，他们之间就要争夺。争夺之中，必定有是非曲直。人之间必定有比较明智的人，能够判断是非曲直。人争夺不已，必定要找这些比较明智的人以判断他们的是非曲直。这些能判断的人，就得到人的信服。越能判断，信服他的人就越多。他作出的判断如果有人不听，他就加以惩罚，叫他害怕。这样就生出来君长刑政的制度。这样，周围的人就组织起来，联合成为一个群。有了群以后，这个群和那个群之间又有争夺。这种争夺，不是个人与个人之间的争夺，而是群与群之间的争夺。所以其规模就更大，这种争夺，就要用有组织的军队。有些人有更大的明智和道德。那些群的长就要找这样的人，请他判断是非曲直，听他的命令，以保卫他们自己的群里面的人。《封建论》用这样的逻辑一层一层地推下去，到后来就推论说最后有一个最有道德、最明智的人，能够判断天下的是非曲直。天下的人就都服从他，他就成为最高的统治者——天子。

柳宗元说这些话，是要证明历史中原来的诸侯割据，并不是什么人特意安排的。可是，在这一段话中，他提出了一个社会起源论和一个社会发展观。他的这种说法，有许多可以批评处。他的说法，有一点像恩格斯在《反杜林论》中所批判的暴力论。他专从政治方面讲社会起源，经济方面则没讲，而这一方面其实是最重要的。他讲"是非曲直"，好像在社会建立以前，本来就有一种道德标准。其实，道德标准是社会的产物，是随着社会而发展的。在阶级社会中，各阶级有各阶级的道德标准。《封建论》的这种说法，又特别强调所谓有道德的明智的人的作用。

但是,《封建论》在这个问题上,基本上是继承荀况的唯物主义传统的。同荀况相对的是孟轲的唯心主义传统。在社会起源这个问题上,孟轲讲的是"天生蒸民","作之君,作之师",认为君是天所立的。这是君权神授论。在这个问题上,荀况和孟轲的两种说法代表了在这个问题上的唯物主义和唯心主义的斗争。上面讲过,韩愈推崇孟轲,他是继承孟轲的唯心主义传统的。柳宗元的《天说》和《封建论》,与韩愈的主张成了鲜明的对比。

《封建论》虽然强调所谓有道德的明智的人的作用,但是,他又认为决定历史发展的主要力量,是社会的形势,不是圣人的意志。《封建论》说:"彼封建者,更古圣王,尧、舜、禹、汤、文、武而莫能去之。盖非不欲去之也,势不可也。势之来,其生人之初乎?不初,无以有封建。封建,非圣人意也。"意思就是说,从古以来,经过许多"圣王",都不能把封建制去掉,并不是不想把它去掉,而是形势不允许。这个形势就是初有人类的时候的那种情况。所以从有封建制这一点,就可以证明人类的存在是有始的。而人类开始存在的时候的形势,就决定必有封建制。

上面讲过,《封建论》指出,殷汤和周武王都是依靠当时诸侯的力量,才能成功。成功以后,他们当然不能废除封建制。他们保存封建制,是当时的形势决定的。还有一种形势,《封建论》没有说。秦国灭了六国,统一了全中国,这是光靠它自己的力量,并不靠别的诸侯的帮助。在它本国之内,它已经用法家的学说,以暴力消灭了国王以外的其他世袭奴隶主贵族。在这种形势下,在它统一中国以后,它必定要废除封建制,实行郡县制,以建立专制主义的中央集权的国家。就是这种形势,使郡县制确立下来。这一种形势,《封建论》没有说,但是照他的逻辑,是应该这样说的。

《封建论》的逻辑认为,决定历史发展的主要力量是势,而不是某一些大人物的意志。这包含有一种思想,认为历史的发展有客观的规律,这个思想也是唯物主义的思想。

《封建论》指出,殷汤、周武王行封建制,是由于不得已。下面接着说:"夫不得已,非公之大者也,私其力于己也,私其卫于子孙也。秦之所以革之者,其为制,公之大者也。其情私也,私其一己之威也,私其尽臣畜于我也。然而公天下之端自秦始。"意思就是说,殷汤、周武王保存封建制是出于私心。他们的私心认为,保存这些诸侯,可以为他们自己出力,也可以保护他们的子孙。秦朝废封建制,行郡县制,按郡县制这种制度说,它是大公的制度。当然,秦朝之所以行这种制度,也是出于私心。他的私心认为,行这种制度,君主可以有最高的权威,所有的人都必须服从他。虽然如此,秦朝行郡县制为公天下作了一个

217

开始。

《封建论》的这一段话，包含有一种思想，认为历史的发展有一定的趋向。这个趋向就是公天下。在柳宗元的时代，他当然不能完全了解公天下的完全意义，也不能指出达到完全公天下的必由途径。但是，他能知道秦朝施行的郡县制，只是公天下的一个开始，而历史方面的趋向就是公天下。这就是很突出的具有进步意义的历史观。

《封建论》接着说："夫天下之道，理安斯得人者也。使贤者居上，不肖者居下，而后可以理安。今夫封建者，继世而理。继世而理者，上果贤乎？下果不肖乎？则生人之理乱，未可知也。将欲利其社稷，以一其人之视听，则又有世大夫世食禄邑，以尽其封略。圣贤生于其时，亦无以立于天下。封建者为之也，岂圣人之制使至于是乎？吾固曰：非圣人之意也，势也。"

意思就是说，按道理讲，能够使国家治安，能得人民的拥护。有道德才能的人占高级地位，没有道德才能的人占低级的地位，这样才可以使国家治安。在封建制的下面，国君都是世袭的，在上边的不一定是有道德才能的人，在下边的也不一定是道德不高、没有才能的人。这就不能保证这一国一定是治不是乱。即使一国的国君是道德高有才能的人，想把国治好，可是在他下面的中小贵族也都是世袭，也有他们自己受封的土地。一个国的土地，除了封给中小贵族以外，也就所余无几了。即使有"圣人""贤人"生在那种制度下，也不能有所作为，有所表现。这都是封建制所有的恶果，"圣人"的制度会生恶果吗？所以说，封建并不是出于"圣人"的意思，而是由于当时的形势。

这一段所讲的，大概就是柳宗元所说的"公天下"的内容。他所谓"公天下"，就是叫道德高和有才能的人居于统治的地位，道德不高、没有才能的人，就居于被统治的地位。他所谓"公天下"，就是使这些合理的安排得到实现。其实，在剥削阶级统治的社会中，统治阶级的人总是认为他们自己是道德最高、最有才能的人，照我们现在的标准看，柳宗元所理想的"公天下"的标准，实在是太低了。但是，拥护封建制的复古主义者，竟然连这一点的理想都没有。两下比较起来才可以看出，《封建论》在当时思想斗争中的积极意义。

柳宗元还作有《六逆论》（《唐柳先生集》卷三）。论中说："春秋左氏言卫州吁之事，因载六逆之说，曰：'贱妨贵、少陵长、远间亲、新间旧、小加大、淫破义，六者乱之本也。'余谓：少陵长，小加大，淫破义，是三者固诚为乱矣。然其所谓贱妨贵，远间亲，新间旧，虽为理之本可也。何必曰乱？"意思就是说，《左传·隐公三年》记载卫国州吁的事情，讲到六逆的说法，认为六逆是祸乱的根本。柳宗元认为，所谓六逆，其中三者，固然是乱之本；其中另外三者，不但不是乱之本，而且是治之本。这另外三者，就是所谓"贱妨贵、远间亲、新间旧"。

《六逆论》接着说:"所谓贱妨贵者,盖斥言择嗣之道,子以母贵者也。若贵而愚,贱而圣且贤,以是而妨之,其为理本大矣。而可舍之以从斯言乎?此其不可固也。夫所谓远间亲、新间旧者,盖言任用者之道也。使亲而旧者愚,远而新者圣且贤,以是而间之,其为理本亦大矣,又可舍之以从斯言乎?必从斯言而乱天下,谓之师古训,可乎?此又不可者也。"

意思就是说,所谓贱妨贵,说的是一个国君选择他的继承人的原则。国君的儿孙们,有的是正夫人生的,有的不是正夫人生的。正夫人生的就是贵,他的贵,是从他的母亲的贵来的。这就叫子以母贵。不是正夫人生的就是贱,贱不能妨贵。正夫人生的应该有继承权。《六逆论》认为,如果贵的是愚人,贱的是道德高而又有才能的人,那就应该立这个贱的为继承人,贱的就是应该妨贵。这是治的根本。如果贱妨贵是逆的话,这是不可以的。所谓远间亲,新间旧,说的是任用人的原则。《六逆论》认为,如果亲而旧的人是些愚人,远而新的人是道德高而且有才能的人,那就应该任用那些远而新的人。远的就是应该间亲,新的就是应该间旧。这不但不是逆,而且是顺,不但不是乱之本,而且是治之本。

柳宗元在这里所说的,是他"公天下"的理想的内容的一部分。《六逆论》可以说是《封建论》的补充。在封建制下,一个国君是世袭的,在他下面的卿大夫那些大小贵族,都是世袭的,都是国君的亲和旧。郡县制就是要打破这一种贵族世袭的制度。在郡县制下,远的就要间亲,新的也就是要间旧。

《六逆论》又说:"噫!古之言理者罕能尽其说。建一言,立一辞,则嶷巇而不安。谓之是可也,谓之非亦可也,混然而已。教于后世,莫知其所以去就。明者慨然将定其是非,则拘儒瞽生,相与群而咻之,以为狂为怪。而欲世之多有知者,可乎?夫中人可以及化者,天下为不少矣。然而罕有知圣人之道,则固为书者之罪也。"

柳宗元在这篇文章里,反对盲从"古训",沉痛地说出了反复古主义的人所受的压力以及他们所有的困难。柳宗元指出,复古主义者所用的武器就是书。其实,书里边的话,有许多是错误的,不妥当的,怎样解释都可以,以致造成人们的思想上的混乱。这是书的罪过,也是复古主义者的罪过。柳宗元在这里所讲的,是他自己同复古主义者作坚决斗争的经过和经验。

柳宗元又作有一篇《天爵论》(《唐柳先生集》卷三),论中说:"仁义忠信,先儒名以为天爵,未之尽也。夫天之责斯人也,则付刚健、纯粹于其躬,倬为至灵,大者圣神,其次贤能,所谓贵也。刚健之气钟于人也为志。……纯粹之气注于人也为明。……明离为天之用,恒久为天之道。举斯二者,人伦之要尽是焉。……然则圣贤之异愚也,职此而已。使仲尼之志、之明,可得而夺,则庸夫矣。

授之于庸夫，则仲尼矣。若乃明之远迩，志之恒久，庸非天爵之有级哉。……道德与五常存乎人者也。克明而有常，受于天者也。……或曰：子所谓天付之者，若开府库焉量而与之耶？曰：否。其各合乎气者也。庄周言天曰自然，吾取之。"

意思就是说，从前的人说过，仁义忠信，是天给人的爵位。这个话，说得不够全面。人类是万物中最灵最贵的。天给人刚健、纯粹之气，最大的成为"圣神"，其次成为"贤能"。有些人所受的刚健之气比较多，其表现是"志"。意志坚强的人，有毅力能坚持。有些人所受的纯粹之气比较多，其表现为"明"。有"明"的人，特别聪明，长于理解和分析。《周易》的离卦说的是明，明、离是天的作用。《周易》的恒卦讲的是"志"，是坚持、恒久，是天的原则。关于人的各种事情，只要举出来"明"和"志"就够了。圣贤同愚人的分别，就在这两点上。如果把孔丘的"明"与"志"剥夺了，孔丘就是一般的人了。把"明"与"志"授予一般的人，一般的人就成为孔丘了。"明"有大小，有的"明"照得很远，有的"明"照得比较近。志也有大小。有的志，能够坚持很久，有的比较差一点。这说明，天爵也有等级。道德和仁义礼智信，是属于人这一方面的。聪明和坚持是属于天的那一方面，是人所受于天的。有人问，你说天给人以"明"和"志"，你的意思是不是说，天有这种仓库，打开仓库，称出一定的分量，把它交给人？回答说，不是这样。意思不过是说，人的某种天生的品质，跟某种气相合。庄子说，天是自然，这个话是可取的。

柳宗元在这里所讨论的问题是，道德原则是不是人的本性中所本有的？孟轲认为，仁义礼智信这些封建道德的原则，是人的本性中所本有的，是天给予人的，所以称为天爵。至于人在封建等级中的地位，那是人所安排的，不过是人爵。这是唯心主义的先验论。柳宗元批判了这种先验论，他指出，道德原则是属于人这一方面的事情。至于属于天的方面的事情，不过是人的聪明和毅力。他又说明，他所说天，是自然之天。他划清了天和人的界线，也就是划清了自然和社会的界线。这就有力地批判了孟轲的唯心主义先验论。

上面讲过，韩愈的《原性》认为仁义礼智信是人性中所本有的，他继承了孟轲的唯心主义先验论。柳宗元批判孟轲，也就是批判韩愈。在道德原则的来源这个问题上，柳宗元和韩愈作了针锋相对的斗争。

柳宗元为惠能所作的碑文中说："自有生物，则好斗夺，相贼杀，丧其本实，悖乖淫流，莫克返于初。孔子无大位，没以余言持世。更杨、墨、黄、老益杂，其术分裂。而吾浮图说后出，推离还源，合所谓生而静者。梁氏好作有为，师达摩讦之，空术益显。六传至大鉴。……其教人，始以性善，终以性善，不假耘锄，本其静矣。"（《曹溪第六祖赐谥大鉴禅师碑》，《唐柳先生集》卷六）

意思就是说，自从有生物以来，他们互相争夺，互相残杀，失了他们的本性，这样悖乱下去，不能回到他们的本性。孔子没有得到君位。他死以后，只有他的教训遗留下来，维持世界。经过杨朱、墨翟、黄帝、老子这些派别的扰乱，孔子的道理也分裂了。以后来了佛教，这才能够把离开本性的事情推回到它的本源。《礼记》中的《乐记》说："人生而静，天之性也。"佛教的学说，是合乎这个道理的。在梁朝的时候，来了禅宗的中国第一代祖师达摩。梁武帝问达摩说：我修了很多的佛寺，抄了很多的佛经，度了很多的和尚，这些作为有什么功德？达摩回答说，并没有什么功德。达摩的这个回答给梁武帝以很大的讽刺。自此以后，佛教中讲"空"的学说，更为兴盛。又经过六代的传授，到了禅宗的六祖大鉴（这是当时皇帝给惠能的称号），他所讲的、所用以教人的，开始是性善，最后还是性善，不用修行，因为人的性本来就是"静"的。

碑中的这一段话，可能是叙述当时佛教徒的话，但是，他对于这段话所说的意思是赞赏的，在碑的铭文中，他又用自己的话，把这段的意思重述了一遍。

照这段话的意思，佛教和儒教不但不互相矛盾，而且他们的中心思想基本上是一致的。他们都讲性善，都讲"人生而静"。从孔子以后，儒教衰败了，抵挡不住道教的干扰。幸而有佛教来了，这才把儒家的基本道理恢复过来。这样说起来，佛教不但不是儒家的敌人，而且是儒家的功臣。

柳宗元给另一个和尚写的碑铭说："一气回薄茫无穷，其上无初下无终。离而为合蔽而通，始末或异今焉同。虚无混冥道乃融，圣神无迹示教功。"（《南岳弥陀和尚碑》，《唐柳先生集》卷六）意思就是说，无穷的气，是无始无终的。有时候分离，但是分了还是要合。有时候蔽塞，但是蔽了还是要通。其中虽然有些小异，但是基本上还是大同。它是虚无混冥，融化为一。圣人用这个道理教人，但是他的教训，也没有什么可以看得见的迹象可寻。

在这一段话里，柳宗元又认为，佛教所讲的性，就是儒教所讲的气，也就是他所讲的元气。

柳宗元本来是学佛的，他说："吾自幼好佛，求其道积二十年。"（《送巽上人赴中丞叔父召序》，《唐柳先生集》卷二五）当时禅宗中分成许多派别，互相攻击，柳宗元很厌恶这种情况，批判了这种情况。（《龙安海禅师碑》，《唐柳先生集》卷六）他赞成天台宗，他说："呜呼！佛道逾远，异端竞起。唯天台大师为得其说。"（《岳州圣安寺无姓和尚碑》，《唐柳先生集》卷六）

柳宗元反对道教，他说："若苟焉以图寿为道，又非吾之所谓道也。大形躯之寓于土，非吾能私之。幸而好求尧、舜、孔子之志唯恐不得，幸而遇行尧、舜、孔子之道唯恐不慊，若是而寿，可也。求之而得，行之而慊，虽夭其谁悲。今将以呼嘘为食，咀嚼为神，无事为闲，不死为生，则深山之木石，大泽之龟蛇，皆老而久，其于道何如也？"（《送娄图南秀才游淮南将入道序》，《唐柳先生

集》卷二五）

这一段话是柳宗元对于一个打算入道教的人说的。意思就是说，如果说得到长寿就算是道，这不是我们所说的道。我们的身体，住在大地之上，这并不是我们的私产。如果我们幸而喜欢尧、舜、孔子的道，努力求它，唯恐不能得到，如果我幸而遇到机会能行尧、舜、孔子之道，我们唯恐怕行的不满意，如果能够这样，能够长寿是有好处的。如果求到了，行得也满意，虽然早死，也没有什么可悲的。如果专讲究怎样呼吸气功、吃药、养生，什么事都不做，认为只要不死就算长生，如果这样，深山里面的树木、石头，大湖里面的龟、长虫，都能够活得很久，这些东西也能算得道吗？

柳宗元对于道教的这种批判，打中了它的要害。道教所谓长生，其实仅只是不死，何况不死也是不能得到的。

柳宗元的最后的意思是以儒教为主的三教合流。他作有一篇《送元十八山人南游序》（《唐柳先生集》卷二五）。序中说：元十八山人对于儒释道，"悉取向之所以异者，通而同之，搜择融液，与道大适。咸伸其所长，而黜其奇 。要之与孔子同道"。

意思就是说，元十八山人对于三教能够去异求同，消化融合，发挥三教的长处而去其不合乎道的地方。这个道就是孔子之道。柳宗元赞扬元十八山人的这种做法。这也就是他自己的作法。

柳宗元又作有一篇《送僧浩初序》（《唐柳先生集》卷二五），这篇序开头说：儒者韩退之是我很好的朋友。他认为我的缺点是嗜好佛教的道理，批评我跟佛教徒在一起。近来他又写信来，说他看了我作的《送元十八山人南游序》，并批评我不驳斥佛教。柳宗元说："浮图诚有不可斥者，往往与《易》《论语》合。诚乐之，其于性情，奭然不与孔子异道。退之好儒，未能过扬子。扬子之书，于庄、墨、申、韩皆有取焉。浮图者反不及庄、墨、申、韩之怪僻险贼耶？曰：以其夷也。果不信道而斥焉以夷，则将反恶来盗跖而贱季札由余乎？非所谓去名求实者矣。吾之所取者，与《易》《论语》合，虽圣人复生，不可得而斥也。退之所罪者，其迹也，曰：髡而缁，无夫妇、父子，不为耕农蚕桑而活乎人。若是，虽吾亦不乐也。退之忿其外而遗其中，是知石而不知韫玉也。"

意思就是说，佛教是有不可以驳斥的地方，它所讲的道理，往往与《周易》、《论语》所讲的相合，它的关于性情的学说，与孔丘之道没有什么差别。韩退之对于儒家的喜好，也未必超过扬雄。扬雄的书，对于庄子、墨子、申不害、韩非，认为都有可取之处。这四家都很怪僻、险贼，难道说，佛教反不及这四家吗？韩退之说，因为佛教是夷狄的教，所以要反对。在中国古代，恶来、盗跖，这两个恶人倒是中国人。还有季札、由余两个贤人，这两个人是夷狄。如果我们评论人，不是以道为标准而是以是否中国人为标准，难道说就可以恶来、盗跖为朋友，而贱视季札、由余？韩退之所着重的是名不是实。佛教中，我认为可取的地方，都是同《周易》和《论语》相合的，这些地方，就是"圣人"再生也不能驳斥的。韩退之所以认为是佛教的罪状，都是表面上的迹象。他说，佛教的信徒，把头剃光了，衣服也换了，没有夫妇、父子的关系，也不从事生产，专靠别人的劳动以维持他自己的生活。这些情况我也是不赞成的。韩退之所恨的是佛教的外表，至于它的内部精神，韩退之就遗弃了。这好像遗弃一块石头而不知道其中有蕴藏的玉。

照柳宗元"诚乐之"的说法看来，他对人生"乐"的精神境界还是有所追求，后来的道学教人寻孔颜乐处，柳宗元对这一点似先有了解，似有所见。如果再进一步，就过渡到了道学。

上边讲过，韩愈没有从哲学的根本问题驳斥佛教。他自己的哲学思想也是唯心主义。他是不能从根本上反对佛教的。柳宗元就其哲学思想说，本来可以应用其在自然观和社会观上的唯物主义思想，比韩愈进一步批判佛教。但是他所说的是以儒教为主，而采取佛教中跟他所认为是同孔丘之道相合的地方。他认为佛教所讲的"佛性"，就是儒家所说的"性本善"，佛教所说的能够创造世界的"心"，就是儒教所说的"元气"。这是很粗糙的比附，但是，这是佛学向道学的过渡。

第四节 刘禹锡的唯物主义和法制思想

刘禹锡（772—842）字梦得，洛阳人。唐代著名的诗人、文学家和唯物主义哲学家。他和柳宗元一起参加了王叔文的政治改革，在失败后，与柳宗元同样受到迫害。他的著作，后人编辑为《刘梦得文集》（本书用的是《四部丛刊》本）。他的哲学著作，主要的有《天论》三篇（《刘梦得文集》卷一二）。

《天论》的序说：向来讲天的人有两种说法。一种是说，天与人之间，有互相感应的影响，作恶的人必然得祸，行善的人必然得福。作恶或行善是感，得祸或得福是应。有个主宰之天，赏善罚恶。这种说法称为"阴骘之说"。另一种说法，是说"天人相异"，没有感应的关系，就自然界说，好的东西也不免于雷霆的打击，坏的东西，在春天也能同样地生长。天是没有选择的。宇宙之间，没有什么主宰。这种说法称为"自然之说"。韩愈的天说，主张"阴骘之说"。柳宗元作《天说》，主张"自然之说"。柳宗元的文章是很好的，但也是"有激而云"，讲得不够全面。刘禹锡说，所以他自己又作《天论》，把这个辩论进行到底。刘禹锡的这篇序言,说明了他们三个人关于天的辩论的过程。就实际情况来说,柳宗元、刘禹锡与韩愈的遭遇一样,立场一样。韩愈遭贬而发牢骚,刘宗元、柳宗元是帮助韩愈说话,为之补充,并不是和韩愈作斗争。

从哲学上说,韩愈主张"天人感应",这是唯心主义的主张。柳宗元主张"天人相异",否认有主宰之天。就这一方面说柳宗元的思想,是唯物主义的。但是,专从他所讲的话看,似乎天与人是完全分开,各不相干,中间没有任何关系。这就不够全面。刘禹锡认为"天人感应"这种说法固然是不对,但是天人之间也是互相联系、互相影响的。这种情况,刘禹锡称之为"天人交相胜"。

他们三个人所讨论的问题,是自然界和人类的关系的问题,即中国传统哲学中所说的"天人之际"的问题。宗教迷信对于自然界作了歪曲,认为有一个主宰,能够干预人事,赏善罚恶。人的行为也能招来它的干预。这种主宰称为天,这个所谓天就是主宰之天。韩愈所说的天,就是主宰之天。这种天本来是没有的,韩愈的说法完全是虚妄的。柳宗元和刘禹锡所说的天是自然之天。自然之天本来是没有意识的,当然不能对于人事作有意识的干预。人的行动也不能招来它的有意识的干预。就这方面说"天人相异",天人不相影响。但是人类也是自然的一部分,自然的各部分都是互相影响的。刘禹锡就是在这一方面补充了柳宗元。

《天论上》开头就说:"大凡入形器者,皆有能有不能。天,有形之大者也;人,动物之尤者也。天之能人固不能也;人之能天亦有所不能也。故余曰:天与人交相胜尔。"在这段话里,刘禹锡肯定,天也是一种"形器",就是说,它也是有形的,具体的东西。就是说,它也是物质的东西。《天论下》说:"天之有三光悬寓,万象之神明者也,然而其本在乎山川五行。浊为清母,重为轻始。两位既仪,还相为庸。嘘为雨露,噫为雷风,乘气而生,群分汇从。植类曰生,动类曰虫。"意思就是说,天上有日、月、星三光,高悬在万物之上,是很神明的。其实,其根本还是在于"山川五行"(水、火、木、金、土)。天有阴阳二气,阳气的性质是清轻;阴气的性质是重浊。清是浊所生的,重是轻的开始。阴阳这两仪,是不同的,但是互相为用的。阴阳二气生出有雨、露、雷、风。有了雨、露、雷、风,就生出了万物。万物有许多类,主要的是植物和动物两类。

以前的唯物主义者也都认为天地的形成是由于元气的分化:"轻清者上浮为天;重浊者下沉为地。"刘禹锡继承了这个原则,但有不同的提法。他着重在"两仪"的交互作用,认为轻清的阳和重浊的阴,是交互错综、互相依存和互相转化的。"浊"反而为"清"的"母","重"反而为"轻"的"始"。这说明他的唯物主义自然观也兼有辩证的意义。

所以天也是一种有形的物质的东西,不过是特别大的而已。人也是一种动物，但是在动物之中最为突出。所以天和人都是有所能，有所不能。天所能的，人固然不能，人所能的，天也有所不能。在天所能而人所不能的问题上，天固然可以胜人，在人所能而天所不能的问题上，人也可以胜天。这就叫"天人交相胜"。

什么是天之所能而人之所不能的？什么是人之所能而天之所不能的？《天论上》接着说："天之道在生植，其用在强弱。人之道在法制，其用在是非。"

刘禹锡在这里所讲的天与人的分别，接触到赫胥黎在他的《天演论》所讲的"天择"和"人治"的对立。赫胥黎认为，在自然界中，生物都是竞争生存，优胜劣败，弱肉强食。谁最强，谁就拿到别的生物当食物吃。而在社会中，就不由强弱所决定，社会所保护的，往往是弱者。刘禹锡也认为生物都是天所生的，生殖万物是"天之道"。天的作用表现在强弱。就是说，生物既生以后，能否存在，要看它的体力是强是弱。至于在人类社会中，人组织了社会，其中就要有维持社会存在的规章制度，这就叫法制。人生在社会中，是社会的成员。谁能存在，就不是靠他的体力强弱，而是靠他的行为能否合乎法制。法制是人所立的，是人之道，人之道的作用表现为是非。合乎法制的就是是，不合乎法制的就是非。体力强弱出于天，一只鸡怎么样也打不过老虎。法制是非，出于人。人可以在社会的范围内改变体力强弱相胜的自然状态，这就是"人之道"战胜了"天之道"。

刘禹锡举了一个例，以说明这个道理，他在《天论中》说："若知旅乎？夫旅者群适乎莽苍，求休乎茂木，饮乎水泉，必强有力者先焉，否则虽圣且贤莫能竞也。斯非天胜乎？群次乎邑郛，求阴于华榱，饱于饩牢，必圣且贤者先焉，否则虽强有力莫能竞也。斯非人胜乎？苟道乎虞芮，虽莽苍犹郛邑然；苟由乎匡宋，虽郛邑犹莽苍然。是一日之途，天与人交相胜矣。"

意思就是说，譬如人旅行。走到离城市相当远的地方，想在大树下面休息一下，到泉水旁边喝一口水。在这种情况下，身体强壮有力量的人跑在前边。虽有圣人、贤人，也不能和他竞争。这不是"天胜"吗？人进了城，想在华丽的房子里面休息，想吃好饭。在这个时候，圣人、贤人就在先，身体强壮有力量的人也不能和他竞争。这不是"人胜"吗？如果社会上的秩序很好，在野外也就和在城里一样，都是"人胜"。如果秩序不好，在城里也和在野外一样，都是"人胜"。在走一天的路之中，就可以看出来这种差别。

《天论中》接着说："吾固曰：是非存焉，虽在野，人理胜也。是非亡焉，虽在邦，天理胜也。然则天非务胜乎人者也。何哉？人不宰则归乎天也。人诚务胜乎天者也。何哉？天无私，故人可务乎胜也。"

意思就是说：是非是人理；强弱是天理。如果有是非，虽然在野外，也是人理胜天理。如果没有是非，虽然在城里，也还是天理胜人理。天并不是有意要胜人。人不管的地方就归于天。人是有意要胜天。天没有意志，所以人可以有意地胜天。

《天论上》说："人能胜乎天者法也。法大行则是为公是，非为公非。天下之人，蹈道必赏，违善必罚。当其赏，虽三旌之贵，万钟之禄，处之咸曰宜。何也？为善而然也。当其罚，虽族属之夷，刀锯之惨，处之咸曰宜。何也？为恶而然也。故其人曰：天何预？乃人事邪。……法小弛则是非驳，赏不必尽善，罚不必尽恶。或贤而尊显，时以不肖参焉。或过而僇辱，时以不辜参焉。故其人曰：'彼宜然而信然，理也。彼不当然而固然，岂理邪？天也。……法大弛，则是非易位，赏恒在佞而罚恒在直。义不足以制其强，刑不足以胜其非。人之能胜天之实尽丧矣。……故曰：天之所能者，生万物也。人之所能者，治万物也。法大行，则其人曰：'天何预人邪？我蹈道而已。'法大弛，则其人曰，'道竟何为邪？任人而已'。法小弛，则天人之论驳焉。……天恒执其所能以临乎下，非有预乎治乱云尔。人恒执其所能以仰乎天，非有预乎寒暑云尔。生乎治者人道明，咸知其所自，故德与怨，不归乎天。生乎乱者人道昧，不可知，故由人者举归乎天。非天预乎人尔。"

意思就是说，人之所以能胜天，是因为它能有社会组织。社会之所以能组织起来，因为它有法制（简称为法）。法是社会中的是非的惟一标准。合乎法的为是，违反法的为非。这种是非，不是哪一个人和哪一部分人的私见，而是社会上的公是公非，在法得到彻底贯彻的时候，就是这个样子。社会中的人，照着公是而行，就是善的行为。违反公是的行为，就是恶的行为。善的行为必然得赏，恶的行为必然得罚。如果一个人得到的赏和他的善的行为完全相当，无论得到怎么重的赏，大家也都认为是应该的。为什么呢？因为这是他行善的结果。如果一个人所得的罚和他的恶的行为完全相当，无论他得到怎么样重的罚，大家也说是应该的。为什么呢？因为是他作恶的结果。在这种情形之下，人都说天是不干预人事的。如果法有一点废弛，是非就混乱了。受赏的人不一定都是善人，受罚的人不一定都是恶人。于是人们就认为，这是天的干预。在法完全废弛的时候，是非完全颠倒了，受赏的是那些长于逢迎谄媚的人，受罚的倒是那些正直的人。道德伏不了那些强暴的人，刑罚也止不住那些为非作歹的人。于是人之所以能够胜天的那一点实在的东西，完全丧失了。所以说：天之所能的，是生长万物。人之所能的，是治理万物。在法大行的时候，人们说：天同人有什么关系？我照着道而行就是了。法在废弛的时候，人们说：道有什么用？人爱干什么就干什么；在法部分废弛的时候，人们对于天人关系的认识就混乱了。实际情况是，天总是用天的所能以对待人，对于社会上的治乱，它是不能干预的。人总是用人的所能以对待天，像四时寒暑这些自然界的变化，人是不能干预的。在法制完全的时候，人道是光明的。生在这种时候的人，都知祸福是怎样来的，对于天，既不感恩，也不怨恨。在法制混乱的时候，人道是暧昧的，不发生作用了。生在这种时候的人，不知祸福是怎样来的，就把本来属于人的事，归之于天。其实，天对于人事是不干预的。

刘禹锡严格地区分了天和人的界限，由此建立了他的唯物主义自然观。他又提出了"天人交相胜"的理论，这又肯定了人的主观能动性。他认为天之所能的是生万物，人之所能的是治万物。他所说的治万物范围很广。他说："阳而阜生，阴而肃杀，水火伤物，木坚金利，壮而武健，老而耗眊，气雄相君，力雄相长，天之能也。阳而艺树，阴而揪敛，防害用濡，禁焚用酒，斩材窾坚，液矿硎铓，义制强讦，礼分长幼，右贤尚功，建极闲邪，人之能也。"（《天论上》）

意思就是说，在春夏阳气盛的时候，万物都生长。在秋冬阴气盛的时候，万物都衰落。水火能够伤物，木头是坚的，金属是锋利的。凡生物在年轻的时候，都很强壮，在年老的时候，都要萎靡。谁有雄气，谁有体力，谁就为长。这都是天之所能。在春夏阳气盛的时候，人就种庄稼，在秋冬阴气盛的时候，人就收获耕种的果实。水火能够伤物，但是人可以防治。木头是坚的，但是人能够把它砍断做成器具。金属是锋利的，但是人可以把它化为液体，铸成兵器。人也可以用义以制裁那些强横的人，制定礼以别长幼，尊崇有贤能、有功劳的人，建立是非的标准以防止邪恶的人。这是人之所能。刘禹锡所说人之所能是治万物，这个治万物，包括建立社会和改造自然界。一切改造自然界的事情都是治万物。

刘禹锡把《天论》送给柳宗元看，柳宗元回信说："详读五、六日，求其所以异吾说，卒不可得……若子之说，要以乱为天理，理（按即治字）为人理耶，谬矣。……独所谓无形为无常形者甚善。"（《答刘禹锡天论书》，《唐柳先生集》卷三一）意思是说，他细读《天论》，没有发现同他的《天说》有根本的不同。刘禹锡认为，乱是天理，治是人理，这是大错，只有说无形是无常形，这一点很好。

照这封信看起来，柳宗元完全没有懂得刘禹锡的"天人交相胜"这个基本思想，没有分清自然和社会的界限。所谓治、乱，完全是就社会中的社会秩序而言。自然界不是社会，无所谓治、乱。"乱为天理，治为人理"，这是把自然界也看成社会，把社会的范畴强加于自然界，这正是刘禹锡所反对的。"无形为无常形"，这一点柳宗元赞同，这是他的唯物主义思想的表现。但是刘禹锡在这一点上的混乱，如上面所分析的，柳宗元没有看出，也是不可能看出的。

刘禹锡又指出，人对于天的迷信，如"阴阳之说"之类，还有其认识论的根源，那就是对于自然的不认识，不了解。刘禹锡举了一个比喻。一条船在小河里边走，走快走慢都是由人控制，什么时候停，什么时候走，也都是由人控制的。河里面也不会有大风、大浪。有些船走得快，走得平稳，这是由于人力；有些船翻了，有些搁浅了，这也是由于人。船里面的人没有讲天的，为什么呢？因为道理是很明白的。要是在大江、大河、大海里面，船走快或走慢，人不能控制什么时候停，也不能掌握什么时候走。遇见大风大浪，船能平稳地走是靠天，船沉了也是由于天，船危险了但是还能不沉，也是靠天。船里面的人没有不讲天的，为什么呢？因为道理不明白，"理昧故也"。

刘禹锡设问说：有几条船齐头并进，风和水的情况都是一样。可是，其中有的沉了，有的没有沉，这不是由天管住的吗？回答说："水与舟，二物也。夫物之合并，必有数存乎其间焉。数存然后势形乎其间焉。一以沉，一以济，适当其数乘其势尔。彼势之附乎物而生，犹影响也。本乎徐者其势缓，故人得以晓也。本乎疾者其势遽，故难得以晓也。彼江海之覆，犹伊淄之覆也。势有疾徐，故有不晓尔。"（《天论中》）

意思就是说，水和船是两个东西。这两个东西合在一起，就有行船这种事情发生。凡不同的东西合在一起，其中必有一定的规律（数）。有了规律，就有一定的形势表现出来。有的船走过去了，有的船沉了。这是因为那些船恰好碰到某一种数和某一种势相乘的结果。形势是附于物而生的，就好像影子是跟着形象而生的，回响是跟着声音而生的。附于走得慢的东西而生的形势，是缓和的，所以人容易明白；附于走得快的东西而生的形势是急遽的，所以人不容易明白。船在江海里翻了同在小河里翻了道理是一样的，但是，小河里面的水流得慢，随着来的势也缓和。江海里面的水流得快，随着来的势也急遽，所以不容易明白。

总起来说，刘禹锡认为人对于天的迷信有两个来源，一个是社会中的法制的松弛，如果法制得到贯彻，迷信的这个来源就没有了。一个是对于自然的不认识，不了解，如果对于自然增加认识和了解，迷信的这个来源也就没有了。

关于认识和了解自然这一方面，刘禹锡提出"数"和"势"这两个概念。他又提出一个原则："数存而势生。"他解释说："天形恒圆而色恒青，周回可以度得，昼夜可以表候，非数之存乎？恒高而不卑，恒动而不已，非势之乘乎？今夫苍苍然者，一受其形于高大，而不能自还于卑小，一乘其气于动用而不能自休于俄顷。又恶能逃乎数而越乎势邪？吾固曰：万物之所以为无穷者，交相胜而已矣，还相用而已矣。天与人，万物之尤者尔。"（《天论中》）

意思就是说，有某一个规律，就有某种形势生出来。天的形是圆的，颜色是青的，周围是可以用度数量的，昼夜是可以用仪表测的，可见是有规律（数）存于其间。天的形是高大的，已成为高大就不能回到卑小。天的气是动而发生作用。动就不能一刻停止。可见天也不能逃出它的规律，超出它的形势。所以我说，万物之所以是能存在无穷，因为它们是交相胜，互相用。天和人不过是万物中比较突出的东西。天人交相胜，不过是万物交相胜、互相用的一个突出的例子。

刘禹锡在这里接触到哲学中的一个重要问题，就是一般和特殊的问题。数这个字在中国古代思想中，有很多不同的意思。如算命占卦那些迷信，也称它们讲的是数，刘禹锡所说的数是规律的意思。他说，天周围可以用度数量，昼夜可以用仪表测，这说明他认为自然界的运行是有规律的，他所说的数是一般，他所说的势是特殊，一般存于特殊之中。他讲数的时候，用"存"字，他讲势的时候用"形"字，一般是不能有形的，有形就成为势。"形存而势生"，就是一般存在特殊之中。这就是所谓数和势相"乘"。这个"乘"可以解释为乘马乘车的乘，也可以认为是加、减、乘、除的乘，有互相依存、互相作用的意思。

刘禹锡接触到另一个哲学问题，就是万物之间的关系问题。刘禹锡用六个字说明这个关系，就是"交相胜""互相用"。就是说，万物都是互相联系在一起的，其中有斗争，有统一。斗争就是交相胜，统一就是互相用。刘禹锡接触到万物变化的总规律，矛盾统一的规律。

刘禹锡又设问说：天是有形的东西，所以不能逃乎数。那些没有形的东西，你把它的数寓在什么地方？回答说："若所谓无形者，非空乎？空者，形之希微者也。为体也不妨乎物，而为用也恒资乎有，必依于物而后形焉。今为室庐而高厚之形藏乎内也。为器用而规矩之形起乎内也。音之作也有大小，而响不能逾；表之立也有曲直，而影不能逾。非空之数欤？夫目之视，非能有光也，必因乎日、月、火炎而后光存焉。所谓晦为幽者，目有所不能烛尔。彼狸、猩、犬、鼠之目庸谓晦为幽邪？吾固曰：以目而视，得形之粗者也。以智而视，得形之微者也。乌有天地之内有无形者邪？古所谓无形，盖无常形尔，必因物而后见尔，乌能逃乎数邪？"（《大论中》）

意思就是说，你所谓无形的东西，大概是空吧？空是稀微的形。就它的本体说，它对于别的东西不成为窒碍。就它的用说，它必须依靠别的东西，它才能有自己的形。盖一所房子，其中就藏有高厚之形。做一件器具，其中就显出来方圆之形。发出来的声音有小有大，它的回响也有小有大。立一个标尺有曲有直，它的影子也有曲有直，这个不就是空的数吗？人的眼睛看东西，不能自己发光，必须借日光或火光，然后才能看见东西。在没有光的地方，人看是黑的，这不过是人的眼看不见而已。像狸猫、猩猩、狗和老鼠，它们的眼能够看见人所看不见的东西，它们就不说没有光的地方是黑的。我一直说，用眼看，所得到的是粗的形，用智力看，所得到的是稀微的形。天地之内岂能有无形的东西？所谓无形，不过是没有平常所见的形，必须依靠别的东西才能显出自己的形来。它岂能逃出一般的规律之外？

刘禹锡的这一段话，提出了一个重要的唯物主义原则命题，就是说，没有无形的东西。所谓无形的东西，只是人的感觉器官所不能感觉到的。比如原子、电子之类，并不是无形，只是因为人的感觉器官能力有限，不能感觉这样的微形。就人说，只能凭自己的智力才能认识这些似乎是无形的东西。凡有形的东西，都必须受一定的规律的支配。这就是刘禹锡所说的不能逃乎数。

但是，刘禹锡所举的例，有些是不恰当的。比如他说，盖了房子就有高厚之形，做了器具就有方圆之形。其实高厚和方圆是房子和器具的性质。高厚和房子的关系，方圆和器具的关系，是一般与特殊的关系。一般必须寓于特殊之中，必须依靠特殊而后存在。但是，这种分别并不是粗和微的分别。不能说房子是粗的形，高厚是细的形，器具是粗的形，方圆是细的形。至于声音的回响，标尺的影子，就人的感觉说，也本来就是有形的东西。这两个例子不说明什么问题。

大概刘禹锡讲无形的时候，他所讲的"无形"包括一般，也包括细微的物质。他所说的"空者，形之希微者也"以下几句话，讲的是一般。就下边所举的例说，高厚这个一般对于别的东西没有窒碍，又必须依靠别的东西才能有形。这就是说，高厚这个一般存在于高厚的房子中，它是高厚房子的性质。这里所说的是一般和特殊的关系，抽象和具体的关系。一般和抽象是不能凭感觉认识的，只可凭智力认识。刘禹锡所讲的，人的视力所不能见到的东西，狗和猫的视力可以见到。这里所讲的是粗和微的分别。这同抽象和具体的分别完全是两回事。刘禹锡所讲的无形，似乎包括这两回事。所以有点混乱。但古人究竟是古人，不能苛求。

《天论下》作了一个总括说："倮虫之长，为智最大，能执人理，与天交胜。用天之利，立人之纪，纪纲或坏，复归其始。"意思就是说，动物之中人是最突出的，他的智力最大，他能用人理同天斗争，能改造自然，利用自然为自己服务。他能立法制以建立社会。法制是最重要的，如果法制没有了，社会就坏了，人就回返到原始自然状态。这是刘禹锡对于人类在宇宙中的地位所作的估价。这种估价是正确的。他对于人类的前途也作了指示警告，指出人类之所以能存在，由于有社会，社会人的存在，由于有法制。如果没有法制，社会就要破坏，人类就要毁灭。这种指示和警告，也是正确的。

对于佛教，刘禹锡还是非常尊崇的。他说：他做官二十年，在思想上没有什么成就。于是他认为，世上所讲的"道"，都难走通，只有佛教的"出世间法"，值得用心。他"事佛而佞"，就是说尊奉释迦牟尼，达到谄媚的地步。（《送僧元暠南游》，《刘梦得集》卷七）这是刘禹锡对于佛教的态度。

刘禹锡又说："天生人而不能使情欲有节，君牧人而不能去威势以理至有。

乘天工之隙以补其化，释王者之位以迁其人，则素王立中枢之教，懋建大中；慈氏起西方之教，习登正觉。至哉！乾坤定位，有圣人之道参行乎其中，亦犹水火异气，成味也同德。轮辕异象，致远也同功。然则儒以中道御群生，罕言性命，故世衰而寖息；佛以大悲救诸苦，广启因业，故劫浊而益尊。……革盗心于冥昧之间，泯爱缘于死生之际，阴助教化，总持人天。所谓生成之外，别有陶冶，刑政不及，曲为调揉，其方可言，其旨不可得而言也。"（《袁州萍乡县杨歧山故广禅师碑》，《刘梦得文集》卷三〇）

意思就是说，天生人，可是不能叫人的情欲有节制。君治理人，可是不能不用威势以办事。天和君的作用，都有一定的限制，一定的缺陷。总还需要有些人出来，他们也是人，但是，他们能够弥补天的不及。他们没有君位，但是他们能够用一种教使人改变心性，像中国的孔丘，西方的释迦牟尼，就是这样的人。孔丘之教的要点是"大中"，佛教的要点是"止觉"。自从有了大地，这两种圣人之道就存于其间。它们有所不同，这就比如水和火是不同的，但做饭菜需要水也需要火。车轮和车辕是不一样的，但是用车走路，必须要轮，也必须要辕。不过儒教用"中道"教人，不多讲性命，所以在世衰的时候，儒教也逐渐地衰了。佛教用大悲救众生，脱离苦海，宣传因果报应，所以世道越衰它就越得到人的信仰。它能够在人没有生的时候，就把他的贪爱之心消灭了。它在无形之中帮助教化。他的教化不仅普及于人，也普及于"天"，佛教所说的天也是一种有情之物。而在天地生成之外，还有一种造作，于人群的政治之外，还有一种教化。它的具体的表现是可以用言语说的，它的根本的精神，是不能用言语说的。

刘禹锡在这段话里，说出了他心目中的儒教和佛教的作用，以及这两教的优劣。在《天论》中，他认为社会之所以能够建立，主要的是靠法制。在这段话里，他又认为仅只法制还是不行，因为人生来都有情欲，而又不能对于自己的情欲有所节制。这是人生来就有的缺陷，所以要用法制、威势以作节制。但是，专靠威势还是不行，还需要教化。刘禹锡认为，儒教和佛教，它们之间有所不同，但是可以起同样的作用，相互为用。在这一点上，刘禹锡的主张和当时的三教平行论是一致的。刘禹锡又认为，儒教讲的是"中道"，其作用就个人说，可以节制情欲，就社会说，可以缓和阶级矛盾。但是，儒教不着重讲人生的根本问题，就社会论社会，所以在社会秩序混乱的时候，它就不行了。佛教着重讲生死轮回、因果报应，所以社会越混乱，人就越向佛教中逃避现实，寻求安慰，就越信仰佛教。刘禹锡认为，这是佛教优于儒教的地方。

柳宗元为慧能作碑文，刘禹锡为慧能作第二碑。碑的铭文说："至人之生，无有种类。同人者形，出人者智。蠢蠢南裔，降生杰异。父乾母坤，独肖元气。一言顿悟，不践初地。"（《刘梦得文集》卷三〇）他说："独肖元气"。可见他认为佛教所说的真心，相当于儒教所说的元气。在这一点上，他也有用儒家思想解释佛教的倾向，像柳宗元那样。不过在这一点上他没有发挥。

从上面四个人所讨论的问题看，他们所注意的不是人的生死问题，而是社会的治乱问题。他们所注意的不是因果报应，而是人和自然的关系，个人和社会的关系。他们所注意的不是人的来生，而是人的今生。他们都企图用儒家的一些范畴解释佛家，虽然他们的解释都粗略比附，不是融会贯通。他们对于儒、佛两家都有所联系。这是一个过渡时期常有的现象。他们的时代是从佛学向道学过渡的时代，他们是这个时代的思想上的代表人物。